新世纪高等学校教材 | 中国语言文学系列教材

现代汉字学（第2版）

XianDai HanZiXue

杨润陆　著

北京师范大学出版集团
BEIJING NORMAL UNIVERSITY PUBLISHING GROUP
北京师范大学出版社

图书在版编目（CIP）数据

现代汉字学/杨润陆著. －2 版. —北京：北京师范大学出版社，
2017.1（2023.7 重印）
ISBN 978-7-303-21178-4

Ⅰ.①现… Ⅱ.①杨… Ⅲ.①汉字－文字学－高等学校－教材
Ⅳ.①H12

中国版本图书馆 CIP 数据核字（2016）第 193239 号

图书意见反馈：gaozhifk@bnupg.com　010-58805079
营销中心电话：010-58807651
北师大出版社高等教育分社微信公众号　新外大街拾玖号

出版发行：北京师范大学出版社　www.bnupg.com
　　　　　北京市西城区新街口外大街 12-3 号
　　　　　邮政编码：100088
印　　刷：北京天泽润科贸有限公司
经　　销：全国新华书店
开　　本：730 mm×980 mm　1/16
印　　张：19.5
字　　数：385 千字
版　　次：2017 年 1 月第 2 版
印　　次：2023 年 7 月第 11 次印刷
定　　价：43.00 元

策划编辑：周劲含　　　　　责任编辑：齐　琳　李双双
美术编辑：陈　涛　李向昕　装帧设计：陈　涛　李向昕
责任校对：陈　民　　　　　责任印制：马　洁

第 2 版序

　　时隔 8 年，杨润陆同志的《现代汉字学》出了第二版，书中更新了一些内容，补充了新的研究成果，在对于汉字的理论研究和实际规范方面进行了更全面更深入的阐释。我很有同感，借此机会对于汉字的性质、汉字的规范发表一些意见。

　　以前人们常拿来做比较的是采用拉丁字母的拼音文字，如英文，经过比较，有些人得出汉字是一种落后文字的结论。我也主张比较，问题在于怎么个比法：以人之长比己之短，是一种比法；既看人之长，也看到自己之长，又是一种比法。我们要学人之长，还要看到自己的长处，不妄自菲薄，自惭形秽，从而使所得结论比较符合事实。比较就要摆事实，讲道理。学习国外的语言学理论是必要的，但是对汉字性质的理性认识主要靠我们自己。实践是检验真理的唯一标准。要对汉字做深入的研究，做到就事论理，进行必要的理论概括。总而言之，我们既要看到拼音文字的长处，也要看到汉字的长处。拉丁字母是人类文化的一颗灿烂的明珠，汉字也是人类文化的一颗灿烂的明珠。对于汉字的前途我们应该有充分的信心。

　　世界上所有的文字都是表示语言的，汉字自不例外。例如，window，英文用 6 个字母，字母只表示音，字母经组合表示词、表示词义；在汉语里相应的汉字是"窗"，指"房屋通气透光的装置"。"窗"在古代是一个词，杜甫诗"窗含西岭千秋雪，门泊东吴万里船"，而现代是一个词素，可以用来构词，如窗户、门窗、天窗、窗帘、纱窗等，一般情况下不能自由造句。"窗"的语用功能古今有所不同。汉字何不称为意音文字、音意文字而称表意文字？这是因为音意不是处在同一层次上。汉字在表意时具有唯一性、排他性，如《新华字典》(第 11 版)yī 音节有"一、弌、伊、咿、洢、衣、依、铱、医、鹥、繄、袆、猗、椅、欹、漪、揖、壹、噫、黟"20 个字，其表示的字义是各不相同的，而 20 个汉字的音都读 yī，每字的读音不具备唯一性、排他性。上面的"窗"字，古今读音不同，各方言读音也不同，不具备唯一性、排他性。赵元任先生曾说过，语言是一种线性的流，文字从根本上说就是对这种流进行切分。可以从不同的方面去切分，切分的尺码也有大小。例如，拼音文字，从音上去切分，音节文字的尺码比音素文字大；尺码越小，所用的符号量越少，所以音素化的拉丁字母只需 26 个。也可以从意义上去切分，汉字便是如此，其切分的尺码可以是词，也可以是词素；无论是词、词素，相匹配的音都是汉语的一个音节。语素一般说其构词能力强，如"色"读 shǎi，是词；读 sè，是词素。据《现代汉语双序词语汇编》(武汉大学出版社，2003 年)的资料，"色"读 sè，是词素，构成的顺序二字词"色彩"等 22 个，逆序的二字词"春色"等 107 个；读 shǎi，是词，构成顺序的二字词只有"色子"，可构成逆序的二字词"落色"等 7 个。又如，"失"，不能单用，可以构词，可构成顺序的二字词"失察"等 92 个，逆序的二字词"报失"等 19 个。"失"，后代产生相应的词是"丢"，丢字可构成的顺序二字词"丢丑"等 11 个，逆序的为 0。汉语的历史发展是逐渐复音化，汉字跟进：许多字语素化了。古今汉字常用字字量大概为三千个左右，但是在现代汉语里其构词能力却远远大于古代。

汉语的音根据什么定的？随环境走。普通话以北京语音为标准音，故采用北京语音系统，如果到方言区，按方言读出字音，就采用相应的方言音，如"一"、"壹"在广州话要读成收－t 的入声字，"揖"则读成收－p 入声，闽方言、吴方言，皆作相应的变化。随环境走也不是随意的，它是受汉语总的音韵系统控制的。汉字传到日本，汉字的古音也随汉字传去。在日语里，汉字的音读，反映古汉语的音韵系统，而训读则是日语的本有系统了。例如，"东"音读为单音节 to(古汉语收后鼻音的字在日语中变为开音节的)；训读ひがし，变成多音节的了。汉字有超方言、超古今的功能。假如没有这种功能，汉字文本何以达四方？秦始皇在统一中国后发布的篆文诏版："廿六年皇帝尽并兼天下诸侯，黔首大安，立号为皇帝，乃诏丞相状、绾，法度量，则不壹、歉疑者皆明壹之。"秦辖天下三十六郡，言语异声，用各地方言读，一定是吴楚不同，燕赵有别。不管什么文本，在内容上要求不得走样。不必担心，诏版内容会原原本本传至天下，而这完全得益于汉字是表意文字了。这是汉字的大优点，从共时说，维持广袤的神州大地的思想交流，信息交换，不可须臾有缺；从历时说，维系着我们民族的历史绵延而无穷。我们中华民族伟大的过去，屈辱的近代，辉煌的今天和未来，是靠汉字记录和承载的。

汉字是表意文字，对表意文字要做具体分析。表意文字在发展水平上一般比拼音文字低，历史上两河流域的苏美尔文字、古埃及的圣书字，都曾经是表意字，后来消亡了，被表音文字取代。我国水族的"水书"，周有光先生说"其发展水平低于甲骨文"(周有光《世界字母发展史》第 50 页，上海教育出版社，2003 年)；纳西族的"东巴文"是一种表意文字，周先生说："东巴文接近甲骨文，跟小篆距离较远。"(同上，第 64 页)汉字为什么会流传至今，光荣地自立于世界文字之林？这是因为汉字能自我更新，当然是咱们华夏民族使然。古训云"周虽旧邦，其命维新"，在汉字这个问题上表现为华夏人不失时机地将指号性的表意文字改造为符号性的表意文字。这一点是至关重要的。从符号学分析，符号分两种：一种是 sign，符号内容和现实有联系，具有象形性，是一种不成熟的符号，汉字在开始的时候属于这种指号；另一种是 symbol，为符号，和现实无联系，隶变之后的汉字失去象形性，就成为符号了。汉字通过由指号向符号的转变，乃凤凰涅槃，在烈火中永生了。拉丁字母是典型的符号，但是它先祖也来自指号，如字母 A 本像牛头，B 像房子，周有光先生的《世界字母简史》中有这样的话："字母除极少例外，都是简化改造得跟原来图形没有关系了。"（《世界字母简史》第 273 页，上海教育出版社，1990 年）杨润陆同志在《现代汉字学》第二版中根据美国哲学家皮尔斯的符号学理论解释汉字的历史演变，说明文字和语言的关系。

皮尔斯把符号分为三种：（1）像似符（icon），指外部形式和内部结构与所代替的事物相似的符号。（2）指示符（index），指与所代替现象有各种相关联系的符号。（3）规约符（symbol），指与所传递的信息之间无任何联系的，仅靠约定俗成的符号。像似符传达的往往是直观的简单的信息，如在动物园熊猫馆的招牌上画一只熊猫。指示符传达的往往是需要通过相关联系即可推测的信息，如在包装箱上画有高脚酒杯，表示物品需要轻拿轻放。规约符传达的往往是不可直观的、不易联想的、抽象而复杂的信息，例如数理化的符号、公式，又如通讯电码。文字是记录和传播语言的书写符号，文字是能指，语言是所指。拼音文字的基本字符是音符，是记录和传播语言的规约符，如 26 个拉丁字母的形体与它代表的读音没有任何必然的联系。汉字形体从古至今经历了甲骨文、金文、大篆、小篆、隶书、楷书等不同阶段，同是楷书又有繁体字和简化字的不同。书体作为甲骨文、金文、大篆、小篆的汉字，属于古文字，文字的形体和结构与它记录的词义具有密切的或者比较密切的联系。甲骨文的线条与结构距离图画文字最近，是典型的像似符。从甲骨文以下，到金文、大篆、小篆，都不同程度地与它记录的词义具有密切的或者比较密切的联系，或者属于像似符，或者属于指示符。隶变是古今文字的分水岭。隶变以后的方块汉字变成了笔画的组合，几乎失去了所有的象形的意味，而独体的字符成为区别符，或称记号，也就是规约符。例如，甲骨文中"日"字像一轮圆圆的太阳，"月"字像一弯弦月，是像似符，而隶变以后成为规约符。合体汉字，即会意字和形声字，是由有音有义的汉字构成的，它们的构形具有一定的理据，与它们记录的词义具有一定的联系，所以属于指示符。构成合体汉字的意符或音符，如果丧失了表意或表音功能，就成为区别符，或称记号，也就是规约符。有些简化字打破了繁体字的构形理据，如"棗"简化为"枣"，"辦"简化为"办"，由指示符变成了规约符。甲骨文也并非都是像似符或指示符。甲骨文记录语言有百分之八十是假借字，假借字都是规约符。为了在书面上避免同形字过多影响交际，古人用增加形旁的方式造就了形声字。形声字都是指示符。我们由此可知，汉字由像似符和指示符发展为规约符和指示符，是文化发展的结果，是历史的进步。

润陆同志从符号学的角度研究汉字开阔了人们的视野，我为此点赞。

汉字在发展中体现一种精妙性。小篆没有成为传至永久的字体，但是它的功绩至伟至巨。表现在两个方面：从字形上说，可以上探甲骨金文等古字体，下察隶楷之变；从字音上，保存了汉语成套的音韵系统。应当充分注意小篆的这种作用。我们研讨《说文解字》的字形与解说，可以很清楚地看到在构建汉字谐声系统中小篆的作用。试举三例来说明。圃，在甲骨文里作甶，指的是长有作物的田，是一个象形字，到《说文》里变成了一个形声字"圃"，从口，甫声；声符"甫"，从用，父声。以"父"为第一代声符可以构成"甫、斧、蚁、釜、布"等，以"甫"为第二代声符可以构成"铺、浦、圃、埔、莆、匍、辅、脯、黼"等，以"尃"为第三代声符可以构成"赙、缚、傅"等，形成一个大家族(参看沈兼士《广韵声系》)，这样"圃"字就纳入了一个大的谐声系统中了，从汉语说是纳入汉语的语音系统里了。又如，"聿"，在甲骨文里它是一个象形字，是"笔"的初文，《说文》将"聿"分析为以"一"为声符的形声字，古音为质部，"聿"为物部，二者韵尾都是收-t的。"聿"作为声符可构成"律"，为物部。又如，"必"，甲骨文里是象形字"1"，像一个手杖其下加一短横，是一种兵器，小篆为"㢸"，为形声字，从弋，八声(段玉裁的解释)。八是质韵，必也是质韵。由"必"构成的形声字有"秘、泌、宓"等；由"宓"构成"密、蜜"等，都是韵尾收-t的质部字。汉字的形符古今没有什么变化，变化在声符，而声符的扩展正是汉字与汉语语音结合的结果。为什么汉字在表达共同语的同时，又可以在各方言区通行无阻？道理在这里。汉字真奇妙！

作为汉字，其具有的符号性从开始的时候就存在两种元素：一种是符号的元素，另一种是美学的元素。汉字由不成熟的符号(指号)发展为成熟的符号，是一个演进的过程，由后者取代前者，而美学元素是不断变化的过程，并不是由后者取代前者。从美学说，甲骨文的书法具有对称、质朴的艺术风格，后来的金文、篆文、隶书、楷书等历代书法各臻佳境，异彩纷呈，成为不同时代的艺术瑰宝。汉字表意的唯一性，不是天生如此，而是在历史的发展中形成的。古文字里多通假的用法，就是汉字的表意性尚不成熟的反映。汉字表意的唯一性是一个不断调整的过程。

与汉字优点伴生的是汉字的缺点和不足，这就尤其需要规范。首先说汉字字量大的问题。以前说汉字总数有多少，大概是查字典，比如以收字多少论，较早是《康熙字典》(47 043)坐头把交椅，后来是《中华大字典》(48 000)、《中文大辞典》(49 905)、《汉语大字典》(56 000)、《中华字海》(86 000)，后出转多矣。现在计算机交换用 CJK 字符集是 7 万多字，还在扩展。如何科学统计汉字的字数？

有两个问题需要做说明：（1）字符与词符。所有的汉字都是应用的书写单位（字符character），而其中有些又是表词单位（词符word），有的仅仅是书写单位，证据是无例词、例句可提供；其数量不太大，不影响字典的主体是词符。现在计算机交换用的大型字符集，所增加的主要是字符。不应该拿字符集与字典收字做比附。（2）对具有词符功能的字还要注意两种情况：A. 一字多体，即异体字问题，如"柿"《汉语大字典》列了四个异体。B. 多音字问题。例如，宋代的《集韵》收字53 525，比《康熙字典》多，这是由于它是按音编的，像"押"在《康熙字典》中是一个字，而《集韵》为三个字。宋代《类篇》收字31 319，其中有重音字21 846，二者相加53 165。我们在统计字量的时候必须注意到这种情况，为此周有光先生提出"字种"的概念（见《中国语文纵横谈》，人民教育出版社，1992年）。"字种"的含义：A. 不管单音、多音，只算一个字；B. 几个异体字只算一个字；C. 排除字次，如《红楼梦》字数为731 017，这是字次，字种为4 462。A与B是静态的，C属于动态的。在编纂大型字符集的时候，很大的困难是异体字多、多音字多，如古今字、隶古定、偏旁替换字、正俗字，以及繁简字、新旧字形字等。对此要有一个合理的处置。我以为可以按字种的要求编字表。字种作为打头字，而在它的后面排列的是繁简字、古今字、隶定字、新旧字形字等以及多音字的各种不同读音字。这个字表是按字种要求整理的，其所辖每个字都给个编号，依靠计算机强大的检索功能，就可做各种查询、交换了。

下面说说部分汉字笔画多、结构复杂的问题。汉字发展到楷书，成为笔画文字（古文字为线条文字），我们是在楷书范围内讨论这两个问题的。第一，不能笼统去讲笔画多和结构复杂，不是全部汉字都是笔画多结构复杂，而是其中的一部分。第二，对笔画多结构复杂的也要具体分析，分析的标准是：应用方便性如何。第三，既看单字，还要从字的系统性考虑。例如，"兒"简化为"儿"，但是"霓、睨、倪"等没有简化，从系统上欠合理。郭，读guō，同音的崞，二字形符、声符所据位置相反，也影响字结构的分析。第四，还要看与字量的关系，简化汉字中有偏旁类推，类推字减少了字的笔画，适度类推是可以的，但是大量类推甚至全部类推，将大大增加汉字字量，因为被代替的繁体字不会废弃，这必然增加汉字的总量。第五，字的使用频度。使用频度高的字在简化后给社会带来方便，如"釁"简化为"衅"、"顋"简化为"凶"（实为本字），例子很多。简化实在太好了。然而用四个龍字组成的字龘，64画，笔画之多，排第一名，但是很少使用，就不必简化了。我们说笔画多的字是全部汉字中的一部分，在通用字、常用字的范围内其数量要少。

很早以前有人提出"识繁写简"，现在又提出来了。这个问题与汉字笔画多、结构复杂有密切关系。我们就从这个问题切入，联系笔画问题来谈。上述建议看起来很合理，既能识繁，又能写简，何乐不为呢？但操作起来是否合理就需要打一个大问号了。习惯了用简体字的再去识繁写简，阅读和书写肯定不方便。习惯看似小事，实则影响很大。两套字都得学是很大的负担。识繁写简这个问题提出来，动机为何？估计有便民的考虑。从便民考虑，我认为：有时候识繁写简合理，有时候识简写繁才合理，例如"台湾"二字，可以识"臺灣"写"台湾"；而"阴阳"二字，无疑写"陰陽"更方便。"阴阳"二字区别度很低，手写一不小心就看不出其区别了。以前医院的化验单就遇到这种情况：医生字稍潦草点就分不清"康氏反应"等是阴性还是阳性，后来医院干脆改为盖上戳。这说明在讨论汉字笔画多少、结构合理问题时，应提出一个原则：方便使用，繁简取舍皆以此为判定。笼统地说，繁体字比简体字好或简体字比繁体字好，都是欠考虑的。

汉字检索，除了有部首检字法，还有音序检字法，等等。汉字不能在大量的排序上做到线性化，拉丁字母的优越性显示出来了。汉语拼音采用拉丁字母，是一个有远见的选择。我们的辞书、医院的病例等，用到大量排序的，一般都采用汉语拼音；电脑的汉语拼音输入，很是方便。

《通用规范汉字表》是继1986年国务院批准重新发布《简化字总表》后的又一重大汉字规范，是对50多年来汉字规范整合优化后的最新成果，是新中国成立以来汉字规范的总结、继承和提升，也是信息化时代汉字规范的新起点和新发展。润陆同志在教材中对于制定公布《通用规范汉字表》的意义、《通用规范汉字表》的主要内容、研制《通用规范汉字表》的主要原则，都予以充分的阐释，这是非常必要、非常适时的。

我们国运昌盛，汉语汉字的发展进入了新的历史时期。《现代汉字学》要出第二版了，以此文为序，志贺。

曹先擢

2016 年 8 月 2 日于北京

第 1 版序

不久前我国成功举办了世界第 29 届奥林匹克运动会，这是一届绿色的奥运、科技的奥运、人文的奥运。奥运会的成功举办，必将大大推进我国的环境建设、科技建设、人文建设。

在本届奥运会上，汉语和汉字彰显了其独特的魅力。我们会自然生发这样的思考：应进一步加强汉语言文字的学习、应用和研究，应出版更多的优秀著作，因为在人文建设中这是不可或缺的内容之一。杨润陆同志《现代汉字学》的出版可以说是适逢其时。

一部好的汉语言文字学教材应该把普及和提高语言文字知识结合起来，应该能适应不同人群的学习需要。许多著作喜欢以"读本"冠名，这固然反映了市场和读者的需求，但更重要的在于内容。

写一部好的教材并非易事。需要有资料、知识、学术和教学经验的积累。我认为《现代汉字学》体现了作者在以上诸方面的丰厚积淀。

今年奥运会期间，杨润陆同志通过电子邮件告诉我，他将出版一本《现代汉字学》，邀我写序。因为我对润陆同志本已有相当的了解，看到书稿中的许多新资料、新思考，更加感受到他精益求精的为学品格的可贵。这本书所引的著作、文章有 160 多种，体现出了作者对资料性、知识性的重视。资料引用有择善而从的，如在谈复合词的词义与字义（语素义）的联系时，介绍了清华大学黄昌龄先生归纳的 5 种类型。有异说并存的，如汉字的现代声旁有效表音率，周有光的统计是 39%，李燕、康加深的统计是 66.04%。前者"只把声旁分为表音、半表音、不表音三类，并且把部首以外的半边一概看作声旁，所以求出的数据低。李燕、康加深以 7 000 通用字为对象，对其中的 5 631 个形声字结构以模糊数学的方法进行测查"。在介绍字母文字时，全书既介绍伊斯特林《文字的产生和发展》的相关内容，又用较多的篇幅介绍了周有光的《世界文字发展史》等著作。我非常赞赏这种做法，因为它为读者留下了探索的空间。学术性方面我认为对汉字形、音、义的分析，有很多亮点。作者师从陆宗达先生，有很好的小学功底，如他说字形体现的意义与文献中使用的意义，可能一致，也可能不一致，他把前者称为"造义"后者称为"实义"，如"颇"，《说文解字》释为"头偏也"，而《尚书·洪范》则有"无偏无颇，遵王之义"这类的句子。"颇"指"头偏"是"造义"；指"偏"是"实义"。

最后我很同意杨润陆同志说的：汉字有许多优点，永远不会被废弃；《汉语拼音方案》也有许多优点，其应用范围肯定会被逐步扩大。拉丁字母是音素字母，是古希腊人的创造。古代腓尼基人创制了一种辅音文字，辅音字母带有不固定的元音，属于音节字母性质。周有光先生说："希腊人把带有元音的'辅音字母'分解成为纯粹的辅音字母和元音字母，使语音分析达到完备的程度。这好比第一步把物质分成分子，第二步把分子分成原子。"[①]拉丁字母是人类文化的一颗灿烂的明珠。汉字是一种独特表形文字，也是人类文化的一颗灿烂的明珠。关于这个问题有很多话要说，这里无法详说了。日前收到本年《文史知识》的第9期，封一上转引了唐德刚《胡适杂忆》(广西师范大学出版社，2005)中的一段话："平心静气地说，八千年来的人类文明史中，学者们还未找到第二种文字能与我们的传统语文比。它替我们保留了19世纪以前人类文明最丰富的记录，它保留的总量超过人类文明史上所有其他文字所保留的总和……它更是高度文明世界里独一无二的、全始全终的、未经任何周折的原始语文。所以三岁的中国孩子便可背诵八世纪大诗人李白'床前明月光'的'原文'；今日国文程度好的中学生把公元前一世纪史学名著《史记》的原文，当小说来看，也不算什么稀奇。但是这些在其他任何文明国家里，都是不可想象的事。"汉字的奥妙在什么地方？汉字具有世界文字的共性，它是表示语言的符号，记录语言的音、义。汉字在表义时一般说具有唯一性、排他性，而记录音时是随环境走的。《新华字典》yī音节有一、伊、咿、衣、依、铱、医、袆、漪、壹、揖、黟等字，其表示的字义各方言没有什么不同，读音在普通话里读yī，而在各方言里就不一致了。因此汉字文本有相当程度的超方言的功能，有一定程度的超历史的功能。汉字是在历史的发展中不断完善的。汉字是一种符号系统，符号的最重要的属性，是它与所表示的东西在意义上没有直接的联系，但是汉字在开始是有联系的，这就是象形性，如甲骨文、金文。古人很聪明，他们改造这种文字初始的象形性，办法是：1. 具象造字，抽象用字，如甲骨文里的一句话"其自东来雨"，其的字形义指簸箕，自指鼻子，东指囊袋，来指麦子。这里全是假借的用法，以表示抽象的词义(只有"雨"不是假借的用法)。2. 改造这种象形字系统。符号要求和客观世界没有直接的联系，而我们的古文字却不是这样。符号分两种：一种是sign指号，和现实有联系，是不成熟的符号，汉字一开始是这种指号；一种是symbol符号，和现实无联系。古人先用假借的办法，使用指号来记录语音，如上举例。另外，把指号进行改造，慢慢去掉象形的尾巴，这种变化的关键是隶变。隶书始于战国晚期，当时秦国出现了

---

① 周有光：《世界字母简史》，10页，上海，上海教育出版社，1990。

古隶，也称秦隶，篆书的弧线有拉直的趋向，降低了象形程度。到汉代，隶书进一步发展，后演变为简便的新隶体，在汉魏之际再演变为楷书。到魏晋时楷书的地位进一步巩固，汉字的符号化完成，这种符号化过程经历了六七百年时间。像"日"字就不再是圆形的，脱离象形性，告别了"指号"。这真是凤凰涅槃，汉字在烈火中永生了。符号化以后是改进的问题，如新中国成立后对一些笔画繁多的字进行简化，以方便应用。

我们使用汉字，又稳妥地根据需要扩大汉语拼音的应用范围，从文化上说前者是华夏文明的代表，后者是希腊文明的代表，二美具，可谓相得益彰。

值《现代汉字学》出版之际，特写了这些感想以志贺。

曹先擢
2008 年 8 月 29 日于北京

目　录

第一章　汉字的性质和特点

性质指的是一种事物区别于其他事物的根本属性。要了解汉字的性质，不能孤立地就汉字论汉字，而应该把汉字置于文字类型学中去考察，看有哪些性质是各种类型的文字共有的，哪些性质是汉字独有的。

第一节　文字的共性

文字的定义有广义和狭义之分。广义上说，"文字是作为社会记录和交际工具用的和语言日益适应的书写的符号体系"。[①] 为了便于说明文字和语言的关系，本书采用的是狭义的定义：文字是记录和传播语言的书写符号系统，是扩大语言在时间和空间上的交际功能的文化工具。文字是社会发展到一定阶段的产物，对人类文明的发展起了很大的促进作用。

一、文字起源于图画

世界上所有的自源文字都起源于图画。人类很早就学会了画画儿，如果这种图画是为了欣赏或巫术，那么这就是原始的绘画艺术；如果这种图画是用来记事或传递信息，那么这就是文字的前身——文字画，也就是广义上的文字。

文字画由简单到复杂，最早的文字画应该是独体的。合体的文字画是由独体的文字画构成的，而合体的文字画又可以分析为一个一个的独体。独体的文字画可以传达简单的信息，合体的文字画可以传达比较复杂的信息。独体的文字画与语言中相对应的事物的名称有着天然的联系，其图形很自然地从语言中获取了声音和意义。在独体的文字画与合体的文字画反复地综合分析、分析综合的过程中，逐渐地产生了与语言相结合的表意单位，这些表意单位由提示事件到提示语言，而所提示的语言单位一旦确定为词，就自然而然地产生了词的表意符号。当这些表意符号覆盖了语言中的所有的音节，并且借助假借的方式，能够完整地按语言中的词的顺序去记录实词和虚词的时候，成熟的文字体系就诞生了。

---

① 王凤阳：《汉字学》，21页，长春，吉林文史出版社，1989。

古埃及的圣书字，古代苏美尔人的楔形文字，以及中国商代的甲骨文，都是起源于图画的古老文字体系。至于契刻符号，它们产生的时代不会晚于产生文字画的时代，并且在文字产生以后作为指事符号进入到文字体系，成为文字的一部分，但是单纯的契刻符号除了可能提示数目之外，不可能用来记事或传递信息，更不可能由提示事件到提示语言，所以契刻符号不是文字产生的源头。

二、文字是记录和传播语言的符号系统

人类在长期的劳动和生活中创造了语言，把对世界的认识成果用语言的形式固化下来，由此产生了文化。语言是人类所特有的交际工具和思维工具。语言的历史长达数万年，而文字的历史不过几千年。文字是人类社会发展到一定阶段的产物，只有生产力的发展构成了产生文字的需求和可能，文字才会产生。这个时间通常是在阶级社会产生前夕。世界上现存的语言多达几千种，而文字的数目要少得多。许多民族都有自己的语言，但是没有自己的文字。这就是说，语言是第一性的，而文字是第二性的。

语言是一种符号系统，文字是记录这种符号系统的符号系统，文字存在的首要理由就是记录和传播语言，把听觉符号变成视觉符号，使语言克服空间和时间的局限，得以广泛流传。

人们在借助字形分辨词义的时候，事实上仍旧是通过用文字记录的语言来分辨词义，并不说明文字高于语言。人们在对话的时候有语境和语气，有表情和体态，表达的是语言的完全信息，而通过文字的书面的表达，传达的是语言的不完全信息，所以才需要增加羡余度，用不同的字形来区别同音词。

三、文字既表音又表意

语言就自身而言，是由语音和语义结合而成、由词汇和语法所构成的符号系统。语音是语言的形式，是能指；语义是语言的内容，是所指，二者的关系密不可分。"人们把这种具有两面的单位比之于由身躯和灵魂构成的人。这种比较是难以令人满意的。比较正确的是把它比作化学中的化合物，例如水。水是氢和氧的结合；分开来考虑，每个要素都没有任何水的特性。"[1] "语言还可以比作一张纸：思想是正面，声音是反面。我们不能切开正面而不同时切开反面，同样，在语言里，我们不能使声音离开思想，也不能使思想离开声音。"[2]

---

① ［瑞士］德·索绪尔：《普通语言学教程》，147页，北京，商务印书馆，1980。
② ［瑞士］德·索绪尔：《普通语言学教程》，158页，北京，商务印书馆，1980。

语音和词义是不可分割的双面符号，文字作为书写语言的视觉符号，记录的只能是音义结合的词，而不可能是单纯的语音或单纯的语义。文字和语言的关系也是能指和所指的关系。由于汉字构形的特点，有些人认为汉字可以不通过语音直接表示观念。这种认识是完全错误的。传统认为，汉字有形、音、义三大要素，其实属于汉字本身的仅仅是"形"而已，而音和义都属于语言。

说汉字可以不通过记录语言而直接表示观念，似乎是在褒扬汉字，其实恰恰是在贬低汉字。因为只有文字画或者一般的符号才不通过记录语言而直接表示观念。例如，在包装箱上画一支高脚杯或画一把雨伞表示物品易碎或防止雨淋，在瓶子上头画一个骷髅和两根交叉的骨头表示瓶子里装的是毒药。这些一般的符号，哪国人看了都明白是什么意思，甚至文盲也可明晓其意。

从古至今的各种类型文字，尽管跟语言的关系密切程度不同，但都是记录和传播语言的符号，都是既表音又表意的。

第二节 汉字的个性

通过不同文字体系的比较，我们既可以了解到文字的普遍性质，又可以了解到文字的特殊性质。其特殊性质集中地体现在不同体系的文字记录语言的特点不同。

一、从记录语言的切入点看汉字的性质

德·索绪尔是这样分析文字的体系的。

只有两种文字的体系：

（1）表意体系。一个词只用一个符号表示，而这个符号却与词赖以构成的声音无关。这个符号和整个词发生关系，因此也就间接地和它所表达的观念发生关系。这种体系的典范例子就是汉字。

（2）通常所说的"表音"体系。它的目的是要把词中一连串连续的声音摹写出来。表音文字有时是音节的，有时是字母的，即以言语中不能再缩减的要素为基础的。

此外，表意文字很容易变成混合的，某些表意字失去了它们原有的价值，终于变成了表示孤立的声音的符号。①

语言既有声音又有意义。所谓表意文字，指的是仅仅根据意义构形的文字体系，字形与声音没有直接的联系。而表音文字则是根据语音构形的文字体

---

① ［瑞士］德·索绪尔：《普通语言学教程》，50～51页，北京，商务印书馆，1980。

系。也就是说，语言作为双面符号，表意文字从语义切入记录语言，表音文字从语音切入记录语言，两种文字体系记录语言的理据不同。

值得注意的是，表意文字体系中的某些表意字可能失去它们的表意功能，而变成表音的符号，德·索绪尔已经看到了这一点。以汉字为例，如果全面地分析汉字记录汉语的情况，可以归纳出三种类型。第一种，来源于象形字、指事字和会意字，是从意义入手来记录语言的。例如，"日""月""山""川"原来是象形字，"一""二""上""下"原来是指事字，"取""逐""森""蠱"是会意字。这些字的字形与语义有直接或间接的联系，与语音没有任何联系，字的读音是由词的读音决定的。第二种，来源于表意字或形声字的假借字，如"其""或""权""难"，这些字的字形与所记录的假借义毫无关系，只是由于同音被借来记录语音，并通过语音表示出同音词的意义。第三种，由意符（形旁）和音符（声旁）构成的形声字，如"芳""旱""财""忆"，既与语义有联系也与语音有联系。

由此看来，汉字记录汉语不仅仅由语义切入，也部分地以音节为单位由语音切入，而表音文字记录语言则百分之百地由语音切入，并且可以由音节或音素两种单位切入。这说明表意文字和表音文字两种文字体系的不同体现为它们记录语言的切入点不同。

二、从记录语言单位的不同看汉字的性质

对于汉字是表意文字的说法，有的语言学家提出了不同的意见。布龙菲尔德认为："……所谓表意文字（ideographic writing），这是一个很容易引起误会的名称。文字的重要特点恰恰就是，字并不是代表实际世界的特征（'观念'），而是代表写字人的语言的特征；所以不如叫作表词文字或言词文字（word-writing 或 logographic writing）。"①

赵元任认为："在世界上通行的能写全部语言的文字当中，所用的单位最大的文字，不是写句、写短语的，是拿文字一个单位，写一个词素，例如我们单独写一个'毒'的字形，来写'毒'这个词素。如果一个词是几个词素复合成的复合词，那么就写几个词素，比方说'片儿汤'，这有三个词素；虽然只有两个音节，可是有三个词素。'片儿'是'片'加词尾'儿'（词尾是有意义的，是代表小的）；'片'、'儿'、'汤'三个词素，我们写'片儿汤'三个字，因为词素的定义，是最小有意义的单位。中国文字跟词素的配合大体上是这样子。有少数的例外，用两个字写一个词素……比方'仿佛'，得写两个字，来

---

① ［美］布龙菲尔德：《语言论》，360 页，北京，商务印书馆，1980。

代表一个词素；'葡萄'得写两个字，这是一个词素。"①

伊斯特林认为"既然文字用来表示言语，所以书写符号和图形就应根据它们表达言语的何种要素来分成各种类型。文字类型的名称也应该据此而来"。② 他把书写符号和图形分为"句意字""表词字""词素字""音节字""语音字（音素字）"等5种。他说："表词文字是这样一种文字类型：它的符号表达单个的词。"③"词素文字是其符号由词素表示的文字。词素字一般是由于表词文字发展的结果而产生的。"④ 按照伊斯特林的分类，古汉字是表词字，而现代汉字是词素字。

赵元任一再强调，"一字一言的中文跟一字一音的西文都是写语言，都是辨意义，不同的就是单位的尺寸不同就是了"。⑤ 他所说的一字一言就是一个文字单位写一个词素，而语言"单位的尺寸"是个通俗的说法。我们知道，每一种语言都有一个由若干音位、音节组成的语音系统和由语素（过去译为词素）、词、短语、句子组成的语法系统。不管音节与语素一致（单音节语素）还是不一致（多音节语素），音节文字都是通过为音节制定符号来记录语言，日文假名就属于这种文字。音素文字（音位文字）则是通过为音素（音位）制定符号来记录语言，英文、俄文、阿拉伯文就属于这种文字。汉字记录的不是音节或者音位，而是词或者语素。在古代汉语中，单音节词占优势，大多数情况下，一个汉字记录的是一个词，也是一个语素（成词语素）。在现代汉语中，双音节词占优势，大多数情况下，一个汉字记录的是一个语素，而不是一个词。但还有一些像"仿佛""葡萄"等连绵词、译音词中的汉字，一个字记录的仅仅是不能单独表意的一个音节，不过这些词在汉语体系中所占比例很小。所以现代汉字可以称为语素文字或语素——音节文字。

三、从记录语言的文字的字符看汉字的性质

裴锡圭认为："作为语言的符号的文字，跟文字本身所使用的符号是不同层次上的东西"，"一种文字的性质就是由这种文字所使用的符号的性质决定的"。⑥ 他认为："语言有语音和语义两个方面，作为语言的符号的文字，也必须既有音又有义。就这一点来说，各种成熟的文字体系之间并没有区别。只有

---

① 赵元任：《语言问题》，142页，北京，商务印书馆，1980。
② ［俄］伊斯特林：《文字的产生和发展》，31页，北京，北京大学出版社，1987。
③ ［俄］伊斯特林：《文字的产生和发展》，34页，北京，北京大学出版社，1987。
④ ［俄］伊斯特林：《文字的产生和发展》，39页，北京，北京大学出版社，1987。
⑤ 赵元任：《语言问题》，147页，北京，商务印书馆，1980。
⑥ 裴锡圭：《文字学概要》，10页，北京，商务印书馆，1988。

根据各种文字体系的字符的特点，才能把它们区分为不同的类型。"①

这就是说，表音文字和表意文字的不同在于为文字所制定的字符的性质不同。字符大体上可以分为3类，即意符、音符、记号。跟文字所代表的词在意义上有联系的字符是意符，在语音上有联系的是音符，在意义上和语音上都没有联系的是记号。记录英文、俄文或日文假名的音位符号或音节符号仅仅同语音相联系，从字符角度来讲，是音符，所以说这些文字是表音的。而汉字的字符构成比较复杂，意符是构成汉字的最基本的符号。从字源来说，意符是独体的表意字，它通过图解词义的方式构形，与语音没有联系。举例来说，汉语中"日""月""山""川"等字符是根据太阳、月亮、山峰、河流的形象来构形的，与语音没有联系。

汉字中也有音符，但汉字的音符都是"借音符"，不管是假借字，还是形声字的声旁，都与专职表音的音位符号或音节符号不同，它们是借用既有音又有义的现成文字充当的。举例来说，"日""月""山""川"在形声字"驲""刖""舢""钏"中只表音不表义，它们是"借音符"。"花费"的"花"与"花草"的"花"意义无关，"神采"的"采"与"采摘"的"采"意义无关。作为词的符号，"花费"的"花"和"神采"的"采"既有音又有义，但是作为假借字所使用的字符，它们只表音不表义，是"借音符"。"借音符"的形体可以是独体字，也可以是合体字，同样的字音可以借用这个字，也可以借用那个字，所以与表音文字所使用的少量字母不同，汉字的"借音符"数量很多，仅古今用作声旁的字就超过1 500个。

汉字在隶变以前，主要由意符和音符构成，记号为数极少。隶变以后，字形发生了剧烈的变化，独体表意字作为字符大都丧失了原来的表意作用，变成了记号。例如，"日""月""山""川"这4个字符就已经由意符变成了记号。如果不考虑字源，人们根本无法找出"日""月""山""川"这4个字的字形与它们所记录的4个词有任何联系。

这些原本是独体表意字的记号，按照历史形成的规定关系去记录音义结合的词，并承受着词的音义。当它们被用作合体字的偏旁或假借来记录其他词的时候，仍然能起到意符或音符的作用。

汉字在长期发展的过程中，有不少字形、字义、字音起了变化，致使意符、音符丧失了原有的表意、表音作用，成为记号。例如，"春""舂""秦""泰"等字的上半部分，在小篆和小篆以前的古文字里字形不同，是有表意或表音作用的，隶变以后，它们变成了不成字的部件，这也是一种记号。

---

① 裘锡圭：《文字学概要》，11页，北京，商务印书馆，1988。

尽管绝大部分的独体表意字变成了记号，而历史上汉字字形、字义、字音的变化又形成了不少记号，但是这并不妨碍占汉字绝大多数的合体字仍然由意符和音符构成。考虑到汉字在隶变前后的变化，可以把隶变前的古汉字称为意符音符文字，把隶变后的今文字以至现代汉字称为意符音符记号文字，或简称意符音符文字。

第三节　汉字的特点

汉字记录汉语的特点，决定了汉字的根本属性。如果我们要更全面地了解汉字，就要从各个角度分析汉字有哪些不同于拼音文字的独特的地方。我们可以从以下 5 个方面来论述汉字的特点。

一、汉字符号繁多，以语素定型，孤离性强

汉字与表音文字相比，特点非常突出，首先是书写符号多。英文字母有 26 个，俄文字母有 33 个，日文假名有 46 个，而《通用规范汉字表》分为三级，共收字 8 105 个。记录汉语之所以需要这么多汉字，是因为汉字记录的是语素。汉语音节有 400 多个，如果加上声调的区别，大概有 1 300 个，而汉语的单音节语素在 8 105 个通用规范汉字的范围内不少于 8 000 个，平均每个音节差不多包容 6 个语素。现代汉字绝大多数情况下是一个字记录一个语素，从书面上起到了分化多义音节的作用。语言中的同音词，大都写成不同的汉字，脱离了语境，同音现象基本上不影响意义的表达。

音位文字，如英文和俄文，基本上是以字母载送音位信息，为了表达足够清楚的信息，必须分词连写，以词定形。汉字与音位文字不同，它只需要以语素定型，因为在绝大多数情况下，一个汉字足够容纳一个语素的全部信息。例如，"yì"这个音节，《通用规范汉字表》共收 74 个字，其中一级字表共收 23 个字，它们是"亿""义""艺""忆""艾""议""屹""亦""异""抑""邑""役""译""易""绎""疫""益""谊""逸""意""溢""毅""翼"。这些汉字在以语素或词的形式单独使用时，不会受到同音语素或同音词的干扰，所以可以不进行词的定型，不实行分词连写。

语言的口头形式永远是按句出现的（包括非主谓句），并且是在一定的语境中出现的，它所传达的是语言的完全信息。文字作为语言的书面形式，不可能把语言所传达的所有信息都记录下来，因而是语言的不完全信息。对此可以作出相应补偿的是，文字可以不按句而按词或按语素出现，可以脱离一定的上下文和语境孤立地出现。文字的这种特点被称为"孤离性"。音位文字的孤离

性体现在以词定型上，汉字的孤离性体现在以语素定型上。

二、汉字是音义二维的语素文字

文字作为语言的书写符号系统，有形、有音、有义，但是不同体系的文字与语义发生联系的途径不同。音位文字，如英文和俄文，字母符号大体上表示音位，文字都要通过语音中介才与语义发生联系。汉字基本上是用一个字记录一个语素，即用一个特定的形体记录一个最小的音义结合体。这就是说汉字的形体同时与音、义两个方面发生联系。但这两种联系并不是相同的，汉字专字专用，与语义的联系具有特定性，与语音的联系则不具有特定性。举例来说，"虎"字记录了汉语"hǔ"这个音节，同样记录"hǔ"这个音节的在《新华字典》里还有"唬""琥""浒"3 个字，但是只有"虎"指的是"大型猫科食肉类哺乳动物"，另外 3 个同音字则用来表示另外的词义或语素义或只是不能单独表义的音节。因为汉字所记录的词义或语素义具有特定性，而汉字在记录汉语的时候，可以在书面上分别同音词或同音语素，所以说汉字与语义的联系具有特定性。与此相反，汉字记音不具有特定性，如"虎"字，它在现代汉语普通话中读"hǔ"，它在古代汉语中或者在别的方言中就不读"hǔ"。尽管对"虎"的字义的理解古今一致，各方言的含义也都一致，但是读音则有差异。因为汉字与语义的联系具有特定性，与语音的联系不具有特定性，所以在存在民族共同语的前提下，不同方言地区的人可以用汉字来交流思想。同样的道理，汉字在某种程度上可以沟通古今。《诗经》是 2 000 多年前春秋时代的诗歌总集，其中有这样的诗句："谁谓雀无角，何以穿我屋"（《召南·行露》），"一日不见，如三月兮"（《王风·采葛》）。而今天稍有点古汉语常识的人们，理解它们不会有什么困难。汉字这个特性和阿拉伯数字或数学符号有类似的地方，即意义是确定的，读音却不确定，所以汉字在历史上曾经被日本、朝鲜、越南等邻国借用去记录它们的语言，直到现在日本和韩国仍在自己的文字中夹用汉字。

三、汉字构形具有理据，绝大多数是形声字

对于汉字构形的有理性，古人早在春秋战国时期就已经有所认识，并且把它用到识字教学当中，称之为"六书"。到了东汉，许慎著《说文解字》，全面系统地分析了小篆字系，为六书作出了明确的界说："象形者，画成其物，随体诘诎，日月是也"，"指事者，视而可识，察而见意，上下是也"，"会意者，比类合谊，以见指㧑，武信是也"，"形声者，以事为名，取譬相成，江河是也"，"转注者，建类一首，同意相受，考老是也"，"假借者，本无其字，依声

托事，令长是也"。

传统上认为：六书中的前四书，即象形、指事、会意、形声，讲的是汉字的构形法，即造字之法，后二书，即转注、假借，是用字之法。我们今天从记录语言的角度来阐述六书的性质，可以把六书看作是用汉字记录汉语的 6 种写词法。这 6 种写词法可以概括为 4 种，即：表形、表意、表音、音意兼表。象形字是用表形的方法来记录语言。指事字和会意字是用表意的方法来记录语言。假借字是用表音的方法，即借用同音字的方法来记录语言。形声字是用形旁表意、声旁表音的方法来记录语言。至于转注字，历来众说不一，一般认为，它是汉字记录汉语同义词时采用的一种特殊方法——为了说明同义关系而采用同一个部首。

汉字在造字初期是依据它所记录的某一个词义来构形的，在字形和词义之间存在着一定的联系，所以可以利用字形分析来了解词义。汉字由甲骨文发展到金文、大篆、小篆，又从小篆发展到隶书、楷书，其形态由图形到线条，由线条到笔画，发生了很大的变化。其中象形的独体字大多不再象形了。但是，合体字的结构形态古今变化不大，也就是说，大多数合体字的构形理据保存下来了，尤其是占汉字绝大多数的形声字的理据依然存在。

形声字的形旁在 7 000 个通用字中大约有 240 多个，每个形旁表示的是笼统、粗疏的义类，或者说，表示的仅仅是大致的意义范畴。形旁当然不可能是严格的科学分类，但是它体现了我们的先人对于物质世界和精神世界的概括的认识，是逻辑推演的成果。

在现代汉字中，形旁主要有两个作用：一是提示，二是区别。所谓提示，指的是形旁具有"见山之旁知山，见水之旁知水"的表意作用。拿元素周期表上所列出的用汉字记录的 110 个元素来说（其中有 109 个形声字）："氢""氦""氮""氧"等 11 个从气的元素毫无疑问都是气体元素。如果拿"硼""碳""硅""磷"等 10 个从石的元素与"锂""镁""铝""钾"等 86 个从金的元素比较，可知从石的元素是非金属元素，从金的元素是金属元素；如果拿从石的元素与"溴""汞"两个从水的元素比较，可知从石的元素是固态元素，从水的元素是液态元素。对于绝大多数缺乏化学学科知识的人来说，形声字的形旁帮助他们认识了这些元素的分类并进而掌握了这些形声字。形声字的形旁是约定俗成的，具有社会性，它能使人产生联想，初步了解该字所记录的语素义或词义的大致范围，进而掌握、运用这个形声字。

形声字形旁的区别性能突出地体现在声旁相同的同音字上。比如，"侏""诛""邾""茱""洙""珠""株""铢""蛛"9 个字都读 zhū，都以"朱"字为声旁，我们依靠形旁就可以把它们区分得清清楚楚。大量的形声字是在假借的基础上通过加形旁或改形旁分化而成。例如，"襞""避""壁""臂""璧""襞"（以上字读 bì）和"僻""譬""劈"（以上字读 pì）等字都是由"辟"字通过加形旁分化出来的。汉字由假借到形声，大大增强了表意的理据。现代汉字形声字形旁的提示作用与古汉字相比虽然有所减弱，但是基本上保存完好，并且在人们学习和使用现代汉字的过程中发挥着积极的作用。现代汉字形旁的区别作用，较好地解决了现代汉语拥有众多同音语素的难题，使现代汉字能够完成记录现代汉语的任务。

在汉字 7 000 个通用字中有声旁 1 325 个。由于早期形声字是在假借字上加意符形成的，如果本源字和分化字存在着意义上的联系，那么声旁不仅有示音作用，而且有示源作用。至于后期直接由形旁和声旁拼合而成的形声字，由于受到早期形声字声旁示源功能的类推影响，也往往选择具有示源作用的声旁。例如，"诽"字的音义来源于"非"，"闺"字的音义来源于"圭"，"楣""湄"等字的音义来源于"眉"，"熨""慰"等字的音义来源于"尉"，"枝""肢""翅"等字的音义来源于"支"，"厮""澌""撕""嘶"等字的音义来源于"斯"。换句话说，"非""圭""眉""尉""支""斯"等字作为以上形声字的声旁，不仅有标示语音的作用，而且有指示语源的作用。这是语言的同源系统在文字系统上的体现，也是构成形声字声旁的一种理据。

形声字声旁具有表音作用，因为声旁本身也是汉字，所以声旁的表音性质与拼音文字的字母表音决然不同。它记录的不是音素，而是音节，在记录音节的时候又不像音节文字那样采取一个音节符号记录一个音节的形式，而是一个声旁可以表多个读音，多个声旁可以表一个读音。所以说，形声字的声旁并不是理想的表音符号，远不如拼音文字用字母记音准确、方便。

与形声字形旁的显示语义的功能相比，形声字声旁的显示语音的功能较弱。早期形声字是通过多义字或多音多义字的分化而产生的，在分化多音多义字时，同一声旁的形声字自然继承了不同的读音。对于直接合成的形声字来说，声旁的选择受到时间、地域等多种因素的影响，所以从一开始就未必能够准确地标音，声旁在有些时候只能提示一个相近的读音。对于《说文解字》的形声系统来说，只能做到"同声必同部"，也就是说，同样的声旁属于同一个韵部。

《说文解字》成书于公元 121 年，时间过去了 1 800 多年，古今音发生了很大变化。由于声旁读音的变化与整个形声字的读音变化并不同步，所以声旁的表音功能与古代相比，更弱了。据周有光的测查，现代汉字声旁的有效表音率是 39％。① 因为周有光只把声旁分为表音、半表音、不表音三类，并且把部首以外的半边一概看作声旁，所以得出的数据较低。在《现代汉语形声字声符研究》一文中，李燕、康加深以 7 000 个通用字为对象，对其中的 5 631 个形声结构以模糊数学的方法进行测查，声旁的总体表音度是 66.04％。

形声字的形旁提示语义，声旁提示语音，声旁相同的字以形旁区别，形旁相同的字以声旁区别，即使是形旁相同的同音字，也可以用不同的声旁区别。例如，"铂""钹""镈"同读 bó，"浣""涣""漶"同读 huàn，"潢""湟""蟥""蝗"同读 huáng，"枥""栎""砺""砾""疠""疬""痢""粝""粒""荔""苈""莉""荔""俐""俪""例""猁""笠""篥"同读 lì。

汉字构形的理据，尤其是形声字的构形理据，为记录汉语提供了一定的依据，为人们学习和掌握汉字提供了方便。

四、汉字是方块形，结构复杂

现代汉字的构字单位分为笔画、部件、整字三级。一个汉字，不论有多少笔画、多少部件，都要均衡地分布在方方正正的框架里，不能超越，所以汉字又被称为"方块字"。

英文、俄文等拼音文字的书写单位是字母，字母按照分词连写的规则依次排列，呈线形分布。其结构简单，易于拼读。

方块形的汉字以平面作为信息分布形式，字形结构复杂，各有各的模样，视觉分辨率高，有利于提高阅读的速度。

如果根据一般的几何学的常识，面比线贮存的信息多，汉字作为平面性的文字，其易阅值应该高于线形文字。如果要准确地计算和比较，还要研究阅读的心理特点、生理特点和物理特点。这些研究涉及心理学、生理学等多门学科，涉及如何了解大脑对文字的认识过程。目前对这些问题的研究还很不够，我们只能介绍一下语言学家个人的经验。

黄典诚在《汉字前途之我见》一文中提到：写汉语拼音是很快的，但要看起来，就慢得多。他认为汉字学起来比汉语拼音难，但辨认起来要容易得多。

赵元任说："至于文字的传递，中国文字啊，有两幅度的变化；外国文字虽然每个字母可以算是两幅度的形状，可是主要的字的结构还是一个一个字母。一条线排下去，一连串的是一度的。那么在这个上头啊，除掉刚才说的学习上的困难之外，在已经学会了过后，就有些方便的地方。比方我可以说我对于读英文跟读中文差不多一样熟吧，可是我在书里头找一个东西，那找中文就

---

① 周有光：《现代汉字声旁的表音功能问题》，载《中国语文》，1978（3）。

找得快多了，因为中文的这个字跟那个字实在不同，你翻翻，翻到了，那个字就好像对着你瞪着眼儿，就看见了。英文字都是那二十六个字母颠来倒去的，即使拼起来还是缺乏个性一点儿，难找一点儿。在这一面德文比英文更糟糕。英文'loop'左高右低，'pool'左低右高，'plop'中高外低，'lapel'中低外高，这样全字多少有一点儿个性，并且字短就首尾字母的不同看得出一点儿。德文的名词就一长串拼得一块儿，就比英文更难认了。俄文多数字母一般高，更缺乏个性了。"①

五、汉字历史悠久，具有深厚的文化传统

汉字是独立发展起来的自源文字，如从甲骨文算起，至今已经有3 000多年的历史。从甲骨卜辞、钟鼎铭文，到浩如烟海的经史子集，都是用汉字记录下来的，都是祖先留给后人的宝贵的文化遗产。古汉字是记录文言文的工具，文言文是汉民族的书面语。共同的书面语，共同的汉字文化，增强了各方言区人民的认同感和凝聚力，是维系国家统一、民族团结的有力纽带。汉字文化造就了人们的语素意识和审美心理。"完全没有意义的音节，完全没有意义的字，在说汉语的人的心理上几乎是难以接受的。"② 而书法艺术、篆刻艺术，使人们获得极大的审美享受。但这种文化传统，是宝贵的财富，也是沉重的负担，是汉字走上拼音化道路的巨大障碍。赵元任认为："所以现在如果说，取用国语罗马字的时期，还没有成熟，那是一般的社会——我说一般的社会就是指整个儿社会喽，因为在咱们民主国家里头，不能把样样事情都推在政府身上，人人都有责任的，我们也都是社会的一部分，'一般的社会'，是连一般人，连政府都在内——心理上还没有进展到相当的程度，完全不是文字学的技术上的问题。"③

以上我们讲到了汉字的5个特点，这些特点既是优点，又是缺点，所谓"有一利必有一弊"，优点和缺点是一个问题的两个方面，它们是共生的。比如说：汉字符号繁多是特点，作为优点来说是分辨性能好，作为缺点来说是难学难用。汉字形声字多是特点，作为优点来说是强调形旁声旁尚有示义示音功能，作为缺点来说是强调形旁声旁的示义示音功能很弱。方块汉字结构复杂是特点，作为优点来说是便于视读，并且形成了书法艺术，作为缺点来说是难于

① 赵元任：《语言问题》，224页，北京，商务印书馆，1980。
② 郭良夫：《词汇》，7页，北京，商务印书馆，1985。
③ 赵元任：《语言问题》，151页，北京，商务印书馆，1980。

安排字序，检索困难。因为对象本身复杂，所以需要我们从不同的角度来分析问题，在比较中明辨是非曲直。

【思考与练习】

一、汉字和拼音文字有哪些共同点和不同点？

二、你怎样看待汉字的优点和缺点？

三、有人称汉字为表意文字，有人称汉字为语素文字，有人称汉字为意符音符记号文字，根据是什么？

四、为什么汉字可以不分词连写，汉字分词连写的话有哪些利和弊？

第二章　决定文字类型的内因和外因

　　每种类型的文字都有自身发展演变的历史。各种类型的文字是否处于不同的发展阶段呢？是否存在着文字发展演变的普遍规律呢？这种普遍规律对汉字是否有效？汉字有无自身演变的特殊规律？这些都是本章所要讨论的问题。

第一节　语言形态变化对文字类型的要求

　　文字作为语言的书写符号，作为社会交际中使用的最重要的辅助工具，必须与语言相适应，必须满足社会发展的需要。换句话说，语言对文字的需求是文字发展演变的内因，社会发展对文字的需求是文字发展演变的外因。

一、语言的类型和特点

　　世界上的语言根据词的结构有无形态变化以及形态变化的特点，分为孤立语、黏着语、屈折语 3 种类型。

　　孤立语又叫词根语，它的特点是词形没有形态变化，词在句中的各种语法关系主要靠词序和虚词来表达。汉语、彝语、壮语、苗语、越南语等属于孤立语。

　　黏着语的特点是词具有形态变化，但是没有内部屈折。一种构形形态只表示一种语法意义，而一种语法意义也只以一种构形形态表示。黏着语的词根和构形形态的结合不紧密，两者都有很大的独立性，构形形态仿佛是黏附到词根上去似的。日本语、朝鲜语、土耳其语、匈牙利语属于黏着语。

　　屈折语的特点是词形变化丰富，采用词内部的语言形式变化，即内部屈折，来表达词在句中的语法关系。一种构形形态可以同时表达多种语法意义，而每一种语法意义又可以同时用几种不同的构形形态来表示。屈折语的词根和构词形态结合得非常紧密，甚至很难分开。俄语、德语、阿拉伯语、印地语属于屈折语。

　　语言的类型分类还可以根据语言的句法特点分为分析语和综合语两种。分析语的句法特点是主要靠词序和虚词来表示多种句法关系。汉语、英语、法语、保加利亚语等属于分析语。综合语的句法特点是主要靠构形形态来表示各种句法关系。俄语、德语、印地语等属于综合语。

19 世纪欧洲语言学家曾经认为，孤立语、黏着语、屈折语三种语言类型代表了语言进化的三个阶段。而汉语被认为是孤立语的典型，代表着语言发展的低级阶段。后来有些语言学家发现，语言发展的趋势是越来越偏重于依靠词序和虚词的手段来表示各种句法关系，也就是说，语言从综合型向分析型发展，比如说英语的发展就代表了这种趋势，于是汉语又被认为是代表着语言发展的高级阶段的语言。其实每种语言都有自己的发展方向，都能够满足使用这种语言的社会在一定历史时期的表达要求，无所谓先进落后之分。语言学家们后来抛开了庸俗进化论的偏见，达成共识，既承认语言的共同性，又承认语言的多样性。

二、文字的类型和特点

文字也存在着共同性与多样性的问题。长期以来，人们通过对文字演变规律的探索，认为："从总的历史方面来看，文字的发展是从偶然的图画文字的图形到经过整理的，但又是复杂的表词文字体系，然后再由后者发展为更简单的词素文字体系，以及（特别是）音节文字和字母——音素文字体系。"① "文字发展的特点（从总的历史方面来看）就是连续不断地向表示语言愈来愈小的要素过渡。"②

这种观点被学术界普遍接受，中国具有权威性的《大百科全书·语言文字卷》对文字类型是这样表述的："名副其实的文字有 3 种主要类型：词符与音节符并用的文字、音节文字和字母文字。这 3 种类型代表文字发展的 3 个阶段。"③ 从总的历史角度看，音节文字的形成要晚于表词文字、语素文字，而字母——音素文字的形成又要晚于音节文字；如果从文字记录的语言单位来看，从记录词、记录语素，到记录音节、记录音素，记录的语言单位越来越小，文字的使用越来越经济，所以把文字类型和文字发展的阶段联系起来并不是没有道理的。但是这仅仅是文字发展的一般规律，而更重要的是文字发展的特殊规律，即使由表意到表音是世界上各种独立发展的文字所要共同走过的道路，但是每一个民族的文字都是通过自己的特殊的形式，特殊的途径，走向这共同的归宿的。这种特殊性一方面取决于不同语言的特殊性；另一方面取决于社会发展的特殊性。对于我们来说，首要的任务是根据语言结构的不同去探求文字向不同类型发展的内因。

---

① ［俄］伊斯特林：《文字的产生和发展》，550 页，北京，北京大学出版社，1987。
② ［俄］伊斯特林：《文字的产生和发展》，550 页，北京，北京大学出版社，1987。
③ 中国大百科全书编辑委员会《语言文字》编辑委员会：《中国大百科全书·语言文字卷》，400 页，北京，中国大百科全书出版社，1988。

最早的成熟的文字体系是词符与音节符并用的文字。词符来源于文字画，作为字符来说是意符；音节符来源于假借，作为字符来说是借音符。只有词符与音节符并用，才能完整地记录语言。这种文字体系，简而言之，就是用 1 个字记录 1 个词：这个词读几个音节，这个字就跟着读几个音节；如果这个词处于不同的语法位置有不同的念法，那么这个字也要跟随着词的变化有不同的念法。词的音节长短不一，词形的变化非常丰富，可是字却只能以不变应万变，这时候字与词之间，也就是文字系统和语言系统之间，产生了很大的不协调。正是这种不协调，产生一种力量，促使文字向适应语言的方向发展。

三、不同的语言类型对文字类型有不同的要求

不同的语言类型对文字类型有不同的要求。孤立语的绝大多数词或语素是单音节的，词形没有语法变化，用 1 个字记录 1 个词或 1 个语素，读作 1 个音节，非常整齐、一致。可以说，表词字基本上与孤立语相适应。我们由此可以理解，为什么作为自源文字的汉字至今仍然作为记录和传播汉语的文字体系。黏着语的词分为不变化的词根或词干和表示词与词关系的构形词缀。不变化的词根可以用表词文字记录，也可以用音节符号或音素符号记录，至于构形词缀只有靠音节符号或音素符号才能准确表示。如果构成某种黏着语的音节数目不是太多，而它的语音结构又比较简单的话，音节文字是完全可以与之相适应的。我们由此可以理解，为什么作为黏着语的韩语和日语可以借用汉字记录词根或词干，而谚文是语素文字，假名是音节文字。屈折语的词根和词缀结合得十分紧密，很难切分，用表词文字或音节文字记录屈折语，无法表达词的语法形式的变化，这种变化只有用音素符号才能准确记录。一般地说，因为音素符号记录的语言单位最小，所以可以最经济、最准确地记录各种类型的语言。

文字发展的趋势，就是越来越贴近语言。语言类型的多样化，决定了文字类型的多样化。文字准确全面地记录语言的程度，是衡量文字进步程度的标尺。文字记录语言的理据由表意到表音的发展，也是为了和语言相适应。而汉字由记录词到记录语素，形成世界上唯一成熟的语素文字体系，与汉语由单音词发展为双音词的趋势密切相关。

第二节　社会发展的需要对文字类型的要求

语言类型是决定文字类型发展的重要因素，此外对文字发展起作用的还有许多因素，比如说，外来文化的影响，社会发展对文字的需求等。每个民族都有自己的历史、自己的文化传统，文字发生发展的过程正是文化史的重要组成

部分。我们只有用历史的眼光去分析问题，才能全面合理地解释世界上文字类型的多样性问题，才能科学地认识汉字的过去、现在和将来。

一、文字的稳定性和演变性

当人们开始从成串的话语中切分出词来时，就意味着学会了给词制定文字符号。当人们开始对词加以切分，知道词是由音节组成的时候，就意味着学会了给音节制定文字符号。当人们进一步把音节切分为音素，首先切分出辅音然后又切分出元音的时候，这意味着学会了给音素制定文字符号。人们对文字的认识是一个漫长的过程。

当人们把言语切分成表意的词时，在词义和与词相对应的符号之间存在着直接的明显的联系；而从言语分解出音节，从音节分解出音素时，在音节符号和音节之间、音素符号和音素之间，不存在着直接的明显的联系，所以切分表音单位比切分表意单位困难些。这好比第一步把物质分成分子，第二步把分子分成原子，而第二步要求人们具有更发达的分析能力。只有当社会发展到了一定阶段，人们才可能具有这种抽象思维的能力。

其实，仅仅有这种能力还不足以把词切分为音节，把音节切分为音素，因为表音文字并不是表词文字内部发展的结果，而是被其他民族借用和改造的结果。文字既具有稳定性，又具有演变性。对于自源文字来说，由于有长期使用表词文字的习惯，社会基础广泛，文字的改进和变革往往采取累积的、渐进的方式，所以很难产生文字性质的突变和飞跃。以汉字的演变来说，从 3 000 多年前的甲骨文到今天的楷书，其间字体经过多次变化，即使是作为古今文字分水岭的隶变，也只改变了汉字的线条及结构，并没有产生任何使汉字变为表音文字的倾向。汉字如果要发展为拼音文字，只能在外来字母的启发下制定自己的民族化的字母（如注音字母），或者借助外来的如拉丁字母之类的音素字母（如汉语拼音方案）。

至于他源文字，相对自源文字来说，习惯势力所造成的保守性要小，历史负担要轻，所以除了吸收域外文字的成果之外，还可以根据本国语言的特点以及社会需求来改造外来文字，创立自己的文字，使文字的发展产生飞跃。举例来说，音素字母的故乡既不是埃及，也不是两河流域，而是位于地中海东岸的叙利亚、巴勒斯坦。

二、辅音字母的产生

埃及圣书字是 5 000 多年前埃及第一王朝创始的文字，楔形文字是 5 500 年前美索不达米亚的苏美尔人所创造的文字，甲骨文是 3 000 多年前中国商王盘庚迁殷以后到纣亡国时的占卜文字。圣书字、楔形字和甲骨文都是独自起源的语词——音节文字。

字母产生的时间晚于圣书字、楔形字，早于甲骨文。腓尼基字母在 3 500 年前就已经得到了应用。腓尼基人当时居住在黎巴嫩周边，包括现在的叙利亚和以色列等地区，从事着地中海的海上贸易。腓尼基这个词的原义就是商人的意思，腓尼基人当时在地中海贸易中处于领先地位。经商需要契约，贸易往来需要记账，而商人们四处奔波，没有闲暇寒窗苦学、细读慢写。他们迫切需要一种最便于学习和使用的文字，至于这种文字是否正统、是否典雅，他们并不在意。字母文字用数量不多的符号就可以应付自如地记录语言，正符合了他们的要求。可以说是商业的需要促成了腓尼基文字的产生。因为腓尼基语具有丰富的辅音，几乎所有腓尼基词都是从辅音或半元音开始，这种结构赋予了辅音特殊的音值，有利于把辅音从词中切分出来。腓尼基字母是辅音——音节文字，这种字母被腓尼基人传播到地中海沿岸各地，并逐步流传、演变为近代西方的各种音素字母。

三、文化传播对文字产生的影响

文字传播到异地，可能得到飞跃性的发展。正如周有光所比拟的："鱼类有到异地产卵的习性。语词·音节文字传到异地，为了适应不同语言和不同应用的要求，脱胎出字母文字，也可说是异地产卵现象。"[①] 汉字传入朝鲜和日本以后，为了适应语言的需要和僧俗民众对文字的需求，日本从 9 世纪开始先后创制了平假名、片假名两套音节字母，朝鲜在 15 世纪颁布《训民正音》，创制了一套以后被称作谚文的音素字母。这都是文字到"异地产卵"的结果。汉字也曾经传入越南，越南人在汉字基础上创立了本民族的表词文字——喃字，越南语也属于孤立语。越南放弃汉字而采用拉丁字母，是汉字文化跟西洋文化接触的结果。由于文化原因而进行文字改革的还有土耳其和印度尼西亚等国家。土耳其文字从阿拉伯字母改为拉丁字母是伊斯兰文化和西洋文化接触的结果。印度尼西亚文字历史上先从印度字母改为阿拉伯字母，继而又改为拉丁字母，这是三种文化先后接触的结果。

第三节　从世界的多样性看文字的多样性

世界的多样性，指的是自然界生物的多样性和人类文明的多样性。指出生

---

① 周有光：《世界文字发展史》，201 页，上海，上海教育出版社，1997。

物的多样性，目的是倡导人与自然和谐相处。指出人类文明的多样性，目的是倡导不同文明之间的对话和交流。我们要以看待世界多样性的视野，从生物的多样性、人类文明的多样性、文化的多样性、语言文字的多样性切入，来看待文字的多样性。

一、生物的多样性

生物多样性是描述地球上生命的变化及其形成的自然格局的术语。地球上所有的生物，包括植物、动物、微生物等生命有机体及其借以存在的生态复合体所具有的多样性、变异性、丰富性和复杂性，构成了生物的多样性，包括物种的多样性，遗传的多样性，生态系统的多样性。它是地球 40 亿年长期发展的结果，也是先人留给后人的宝贵财富。

世界上存在着千千万万的生物种类，热带雨林中生存着全世界半数以上的物种，大约有 500 万种，生物多样性表现得最为明显。我国是全球生物物种最丰富的国家之一，有高等植物 3 万多种，脊椎动物 6 347 种，分别约占世界总数的 10％和 14％。我国不但野生物种和生态系统类型众多，而且具有繁多的栽培植物和家养动物品种及其野生近缘种。我国生物特有属、种多，动植物区系起源古老，珍稀物种丰富，如松杉类世界现存 7 个科中，我国有 6 个，动物中我国特有的大熊猫、白鳍豚、扬子鳄等都是古老的孑遗物种。

生物多样性形成了一个生命的网络，保护生物多样性对于人类社会的生存和可持续发展具有重要意义。1992 年由联合国环境规划署发起通过的《生物多样性公约》，是全面探索生物多样性的第一个全球性协议，是世界各国保护生物多样性、可持续利用生物资源和公平分享其惠益的承诺。这对于保护濒临灭绝的植物和动物，最大限度地保护地球上的多种多样的生物资源，以造福当代和子孙后代，具有重要的意义。

二、人类文明的多样性

人类文明发展的历史告诉我们，多样性是人类文明的一个基本特质。

世界上有 60 多亿人口，分别生活在 200 多个国家和地区，分属于 2 500 多个民族，讲 6 000 多种语言，信仰着名目繁多的宗教，也有许多无神论者……

人类文明的多样性造就了不同的种族和文化，造就了不同的历史和国家，造就了不同的社会制度和发展模式。文明多样性是人类社会的现实，意识形态、社会制度、发展模式的差异不仅不应成为人类文明交流的障碍和相互对抗的理由，而且应该成为促进世界文明进步发展的积极因素。

人类文明的总体内容与价值，既由各种文明中的共同价值组成，又由不同文明色彩纷呈的多样性予以丰富。人类社会的共同进步和追求，只能通过不同的文明来表达。各国人民的美好生活理想，可以通过不同的发展模式来实现。人类文明的多样性是世界保持活力和进步的基本动力。只有维护世界的多样性和多元化，不同文明、民族、宗教和发展模式在竞争中共处，在交流中发展，才能够实现构建和谐社会的理念。

三、文化的多样性

2001年联合国教科文组织通过了《世界文化多样性宣言》。宣言指出：文化多样性是人类的共同遗产，应当从当代人和子孙后代的利益考虑，予以承认和肯定。宣言认为：保护文化多样性意味着对人权、自由和尊严的承诺，特别是对少数族群和土著居民权利的承诺。每个人都有权用自己选择的语言，特别是母语来表达思想，创作并传播作品。宣言强调，必须保护、改善和传承那些记录着人类经验和理想的一切形式的文化遗产，以便促进多种多样的创造力，鼓励文化间的真正对话。

《世界文化多样性宣言》的法理依据是联合国1948年通过的《世界人权宣言》以及联合国其他有关法律文书，其所针对的问题是现实世界的困境。经济的全球化与单边主义政治，对于相对处于弱势地位的发展中国家及其文化，势必造成一种不可回避的冲击。也就是说，全球经济一体化在摧毁各民族原有生产方式和社会关系的同时，也必然导致传统民族文化的危机。《世界文化多样性宣言》正是针对这种经济和政治的现实，从文化角度做出的回应，其目的就是要通过对话避免"文化间的冲突"，"使全球化具有人性"。

中国政府提出了"和谐世界"的理念，这一理念蕴涵了中国传统文化所主张的"和而不同"的思想，符合当今世界文化多样性发展的根本诉求。

四、语言文字的多样性

语言是文化的重要组成部分，又是文化的载体，世界文明的多样性在很大程度上表现为世界语言的多样性。在经济全球化的大背景下，保持世界语言的多样性面临着严重的挑战。不用说那些濒危的使用人口较少的语言，即使是那些使用人口较多的语言也面临着激烈的竞争。联合国有6种工作语言，据联合国内部统计，原始文件用英语的占80％，用法语的占15％，用西班牙语的占4％，用俄语、阿拉伯语和汉语的合计占1％。互联网上的信息，有85％是用英语传播的。在国际经贸活动中所使用的语言，几乎100％是英语。由于英语风行世界，不少语言的生存空间越来越小，人类语言种类的消亡速度比起物种的消亡速度有过之而无不及。据专家测算，目前世界尚存的6 000多种语言中，在 21 世纪将有一半消亡，200 年后，80％的语言将不复存在。一种语言的消亡，标志着通过该语言代代相传的文化知识也会随之消亡，其后果的严重性决不亚于一个物种的灭绝。这种情况已经引起了有识之士的关注和焦虑。保护弱势语言，积极推进各种语言的发展，其本身就是对世界文化多样性的一种贡献。

文字是记录和传播语言的符号，是文化的主要承载体。全世界 200 多个国家，都有自己的官方语言和记录官方语言的文字。例如，欧洲有 44 个国家，38 种官方语言和文字。每个民族所使用的文字，都构成了民族文化的重要组成部分。在经济全球化的今天，英文成为世界通用的文字，拉丁字母成为世界通用的字母。在这种背景下讲文字的多样性，就是拒绝文化的霸权主义，拒绝文化的一体化；就是在坚持发展国际文化的同时，大力发展区域文化，尤其是民族文化。

在今天的世界上存在着“拉丁文字圈”“斯拉夫文字圈”“阿拉伯文字圈”“印度文字圈”和“汉字文化圈”。这些文化圈之所以存在，是文化传播的结果。

“字母跟着宗教走”。拉丁字母形成于公元前 7 世纪，并伴随着罗马天主教的传播而传播，这使得《圣经》在当时成为传播文化的最主要的读物。斯拉夫字母形成于公元 9 世纪，斯拉夫字母的最初创造是为了传播希腊正教。在斯拉夫各民族当中，信奉希腊正教的采用斯拉夫字母，如俄罗斯、乌克兰、保加利亚、塞尔维亚等；信奉罗马天主教的采用拉丁字母，如波兰、捷克、斯洛伐克、克罗地亚等。塞尔维亚和克罗地亚使用的是一种语言，但前者使用斯拉夫字母，后者使用拉丁字母，这完全是由宗教的不同造成的。

阿拉伯字母大约形成于公元 5 世纪，《古兰经》是阿拉伯语的范本，是伊斯兰教的唯一经典。在伊斯兰教、《古兰经》产生之前，不存在统一的阿拉伯语。从宗教的角度讲，阿拉伯语言文字是全世界穆斯林共同使用的宗教语言文字。但是阿拉伯文字圈在西欧文艺复兴以后大为缩小，在第二次世界大战后，再次缩小，东南亚的印尼、马来西亚、菲律宾、都从阿拉伯字母改用拉丁字母。而非洲中南部新独立的国家则普遍制定了拉丁化新文字。在阿拉伯字母的两次萎缩中，产生了两个以伊斯兰教徒为主体国民的拉丁字母国家：西亚的土耳其和非洲的索马里。

印度字母起源于恒河流域，在公元前 7 世纪产生了婆罗米字母，到公元 7 世纪，演变为梵文字母。印度文化的核心是印度教，佛教从印度教脱胎而来，盛传于世。印度字母文化圈曾经包括南亚和东南亚的广大地区，后慢慢缩小。

汉字产生于夏商之交，从商代的甲骨文、两周的金文、战国时代的秦系文字、秦朝的小篆、汉朝的隶书、魏晋至今的楷书，一脉相承发展到今天。汉字所代表的中华文化曾经走在世界前列，对周边的国家和民族产生过很大影响。

18 世纪以后，汉字文化圈开始萎缩。近几十年来，中国改革开放取得了令世人瞩目的成就，中国的综合国力有了极大的提高，中国的科学技术有了长足的进步，汉语汉字在国际上的地位也越来越高，于是有越来越多的外国人愿意学习汉语汉字。这预示着中国国运昌隆，中华文化日益兴旺，汉语汉字将走向世界，为五大文化圈的共同繁荣，为世界文化的多样性做出自己的贡献。

第四节　汉字基本上和汉语相适应

一、汉字是自源文字中唯一的语素文字

汉语没有严格意义上的形态变化，1 个音节包括声、韵、调 3 部分，调值不能脱离声母、韵母另外表示，它主要表现为主要元音的高低升降的变化。古代汉语单音节词占优势，绝大多数情况下，1 个汉字记录的是 1 个音节，也是 1 个词。现代汉语双音节词占优势，绝大多数情况下，1 个汉字记录的是 1 个音节，也是 1 个语素。纵观文字发展的历史，汉字是自源文字中唯一发展为语素文字的文字体系。所有的自源文字的共同特点是字与词相对应，所以当人们把言语切分成表意的词时不需要多强的分析能力，要把语音切分为音节也没有什么困难，因为音节是人们能够自然感受到的语音的天然单位，但是要把语音切分为音素就十分困难了。我国直到东汉时期在翻译佛经时受梵文的启发，发明了反切，把一个音节分析为声母、韵母和声调 3 部分。为什么独有汉字由表词文字发展为语素文字呢？因为自源文字的表词字记录的都是单纯词，单纯词通过加合的方法形成合成词。由一个表词字记录有形态的语言中的一个单纯词已经产生了很大的不适应，可以想象，由两个表词字共同记录有形态的语言中的一个合成词会产生多大的不适应。汉字记录汉语非常适应，一个汉字记录一个单纯词，两个汉字记录的是由两个单纯词构成的词组。当由两个单纯词构成的词组由于词汇化而形成一个合成词时，那么记录这一个合成词的两个汉字分别记录的是一个语素。用下列图示可以说明汉字和拼音文字的不同的发展道路。

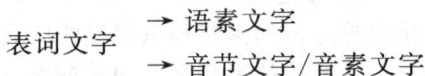

$$\text{表词文字} \begin{cases} \rightarrow \text{语素文字} \\ \rightarrow \text{音节文字/音素文字} \end{cases}$$

汉字和音素文字记录的都是语言中的最小单位，不同的是，汉字记录的是最小的语法单位和词汇单位，而音素文字记录的是最小的语音单位。

二、汉字记录汉语的适应性

古人没有词的概念，因为在古代汉语中单音节词占绝大多数，一个字记录的就是一个词，字和词在绝大多数情况下是重合的。对于由两个汉字记录的单纯词，古人称之为联绵字。例如，在《说文解字》中，"鸳"释为"鸳鸯也"，"鸯"释为"鸳鸯也"，古人把联绵字看作不能拆分解释的联为一体的两个字。

根据《广韵》，汉语的音节有 3 877 个。汉字主要通过字形分化的手段来区别单音节同音词，这样造成了大量的形声字。形声字以形旁表示意义范畴、声旁提示读音，满足了区别同音语素、准确记录语言的需要。现代汉语双音节词占优势，这是根据词典静态统计的结果。如果根据动态统计，在日常生活、文学艺术等种类的材料里，单音词的出现率占 61%，双音词的出现率约占 37%，其他 2% 是多音词；在社会科学、自然科学和技术等种类的文字里，单音词出现率约占 49%，双音词出现率约占 47%，其他 4% 是多音词。现代汉语词的平均长度是 1.48 个音节（汉字），所以准确地说，现代汉语是"单音词和双音词并重"的语言,[①] 绝大多数情况下 1 个语素是 1 个音节，用 1 个汉字记录，语素、音节、汉字"三位一体"，这充分说明了汉字记录汉语的适应性。

三、汉语造词的灵活性源于汉字的极端孤离性

从古至今，汉语词汇存在着双音化的趋势。由于汉语语素大都是单音节的，词的构成与词组的构成、句子的构成大体一致，所以汉语造词有极大的灵活性，两个语素只要语义和语法搭配，又合乎节律，就可以连用，不必顾及它是词还是词组。可以说，历史上复合词的构成大都源于词组，用法固定了，进而产生了整体的专指义，就形成了词。由于汉语的书面语不需要分词连写，一般来说，人们并不关注复合词与词组的区别。

汉字的极端的孤离性，为汉语造词提供了很大的方便。举例来说：有了"治本""治标"的说法，就可以类推出"治表"的说法；有了"治山""治水"的说法，就可以类推出"治河""治湖""治海""治塘""治滩""治洪""治田""治坡"等一系列的说法；有了"治国""治家"的说法，就可以类推出"治厂""治场""治矿""治校""治院""治园"，以至"治脏""治乱""治差"等一系列的说法。这些语素和语素的组合高度灵活，是和汉字极端的孤离性分

---

① 陈明远：《数理统计在汉语研究中的应用》，载《中国语文》，1981（3）。

不开的。由于汉字以语素定型，就可以只考虑意义上和语言习惯上的要求，而不必担心是否会造成同音。例如，"治厂"和"治场"同音，"治塘"和"制糖"同音，"治病"和"致病"同音，但由于字形不同，在脱离语境之后也不会造成混淆。①

汉语构词极具类推性，有了"林海""人海""火海""云海""血海"等说法，就可以把连成一大片的鲜花称之为"花海"，把连成一大片的菊花称之为"菊海"，把连成一大片的各种场所和领域分别称之为"宦海""艺海""商海""股海"，等等。有了"鸟瞰""虎视""鲸吞""蚕食""鼠窜"等说法，就新产生了"熊抱""狼吻"等说法。有了"裸体""裸照""裸睡""裸泳"等说法，就新产生了"裸机""裸官""裸婚""裸考""裸捐"等说法。有了"睦邻"的说法，就新产生了"安邻""富邻"的说法。近年来网络语言盛行，新词泉涌。例如，"微"本指小、细、轻、少、弱等，如今成了一个时尚语素，生活中出现了一批以"微"命名的新事物，如"微博""微信""微新闻""微电影"等。以"零"命名的有"零和""零距离""零成本""零代价""零成分"等。由于汉字构词的灵活性，汉语中极易产生仿词。例如，有"阔人"便有"狭人"，有"帮忙"便有"帮闲"，有"深闺"便有"浅闺"，有"乐趣"便有"苦趣"，有"促进"便有"促退"，有"阴谋"便有"阳谋"，有"空姐"便有"空嫂"，有"军嫂"便有"警嫂"，有"人格"便有"国格"。

四、汉字区别性能好，适应了分辨同音语素的需要

汉语属于分析语，是一种有理据的语言，词义或参与构词的语素义由汉字来体现，如老师上课写板书的目的之一就是为了让学生通过文字更准确地理解语言。再比如说讲解成语，只有讲清了成语中关键语素的意义和汉字的写法，才能使学生准确、深刻地了解语义。学生之所以把"英雄辈出""汗流浃背""漫不经心""罄竹难书"写成"英雄倍出""汗流夹背""慢不经心""磬竹难书"，主要原因是他们不了解"辈""浃""漫""罄"的语素义。如果告诉学生"辈"是"批"的意思，"浃"是"遍及"的意思，"漫"是"随便"的意思，"罄"是"尽"的意思，他们就不会用错了。在许多时候，语素义对词义有重要的提示作用。例如，当我们在口语中听不大懂"高压釜""邦联""忙音"

---

① 钱乃荣：《论汉字与现代汉语相适应》，载《语文论丛》（4），上海，上海教育出版社，1990。

"网吧"这些词时，就会追问一句"釜"字、"邦"字、"忙"字、"吧"字怎么写。只要我们知道了字义，就大概了解了词义：原来高压釜就是类似高压锅的化工设备；邦联就是国家与国家的联合体；忙音指的是因为电话太忙、占线而发出的"嘟嘟"声；网吧指的是类似酒吧的、有计算机可供上网的营业场所。

汉语用语素（汉字）造词方便，人们通过汉字（语素）了解词义也方便。这些运用语素文字的方便之处，对初学汉字感到困难的人有一定的代偿作用。

五、不断提高汉字规范化水平，使汉字更加适应汉语

汉字既有优点又有缺点，汉字对汉语既有适应的一面，又有不够适应的一面，其中适应的一面是主要的。所谓不适应，通常指的是："一些口语常用词没有特定的汉字来表示，如 biā（象声词）、bèr（很的意思），tóutou（刷洗的意思）。一些常用的口语词写出来的却是生僻字，例如旮旯（gā lá），薅（hāo）草，蘸（zhàn）点儿水。汉字不便于表示轻声和儿化。"①

从汉字的发展上看，古代汉字只适合记录文言文，现代汉语必须由现代汉字来记录，从古代汉字发展为现代汉字需要时间，现代汉字记录现代汉语，也要有逐步适应的过程。我们把五四时期的白话文和当代的语体文进行比较，会发现前后有明显的不同。五四时期的白话文记录现代汉语还处于摸索阶段，如第三人称代词"他""她""它"的分用，结构助词"的""地""得"的分用等，许多词汇问题、语法问题都是以后逐步得到确定的。用现代汉字记录现代汉语的磨合过程，也是汉字规范化的过程。比如说，过去有不少口语词不知写成什么字才对，于是各行其是，造成用字混乱。现在规范化的程度高了，普通话的口语词应该怎么写大都做出了明确的规定。例如，bèr（很的意思）写作"倍儿"，bì（挡住渣滓或泡着的东西，把液体倒出）写作"滗"，kēi（打、打架；驾、申斥）写作"剋"，cèi（打碎瓷器、玻璃等易碎物品）写作"瓹"（以上见于《现代汉语词典》），tóutou（刷洗的意思）写作"投投"（见《现代汉语规范字典》）。新中国成立以后，尤其是改革开放以来，语言文字的规范化程度越来越高，许多口语的细微的区别都辨析得一清二楚。举例来说："爆肚儿"和"炮羊肉"不同，"爆"读作 bào，"炮"读作 bāo。有些词有本字的就用本字，如 zhuǎng（粗大）写作"奘"，sóng（讥讽人软弱无能）写作"尿"，lōu（看）写作"瞜"，这些本字都见于西汉扬雄的《方言》。如果没有本字或字义源流不清的可以用同音假借字。《现代汉语规范字典》有"投¹""投²"两个字头，"投²"词义是"把衣物在水中漂洗"，这就是假借用法。

---

① 张育泉：《语文现代化概论》，122 页，北京，首都师范大学出版社，1995。

讲到汉字的表音功能，应该承认，与拼音文字相比，汉字的表音功能比较差，但是并不是说，汉字就写不出某些象声词。首先要讲明的一点是，包括象声词在内的所有的词的读音，都必须符合普通话的语音体系，我们不能在普通话规范的1 300多个音节之外去搜寻汉字记录不了的音节。比如说，在《新华字典》中"叭""形容物体的断裂声、枪声等"，读作bā；"啪""形容放枪、拍掌或东西撞击等的声音"，读作pā。在《新华字典》、《现代汉语词典》等权威辞书中不存在biā和piā这两个音节。如果我们认为现代汉语有biā和piā这样的音节，就必须首先在字典辞书中确立这两个音节的存在，然后再决定书写这两个象声词的汉字。比如说，"叭"读bā，又读biā，"啪"读pā，又读piā。有一种误会，似乎拼音文字可以按照口中的发音或者什么任意的声音来拼写。事实是拼音文字也有正词法，不能随意拼写语音体系之外的音节。汉语有声调，所以"汪汪"的狗叫声也有声调，要想写出来没有声调的象声词是不可能的事。

说汉字不便于表示轻声，这是个奇怪的不合逻辑的说法，因为汉字不但不便于表示轻声，就是其他4个声调也无法表示。汉字本来就不直接表示读音，字的读音是字所记录的词转嫁给它的。汉语中除了轻声，还有"一"的变调，"啊"的变调，"七"和"八"的变调，上声的变调，汉字都不能表示。其实，除了轻声《汉语拼音方案》规定可以用不标调表示外，其他的变调《汉语拼音方案》都未加顾及，一般仍旧标原调。至于儿化，《汉语拼音方案》也并没有规定按实际的儿化韵拼读，只是在拼音音节后面加个表示卷舌的r罢了。在书面上，记录儿化词一般不必加写"儿"字，如"文字画"；如果需要，可以在汉字后面加"儿"字来表示，如"画画儿"。

五四以来近一个世纪的历史证明，随着语言文字规范化程度的提高，现代汉字越来越适应记录现代汉语的需要。不管是活泼的口语，还是周密严谨的书面语；不管是生动形象的文学作品，还是博大精深的学术著作，只要是现代汉语能够表达的，都能够用现代汉字记录。

【思考与练习】

一、应该怎样理解文字类型和语言类型的关系以及文字类型和文化传播的关系？

二、你怎样理解世界的多样性和文字的多样性？

三、举例说明文字的稳定性和演变性。

四、汉字基本上和汉语相适应主要表现在哪些方面？

五、怎样才能使汉字更加适应汉语？

第三章　汉字文化的丰富内涵

　　文化的含义非常丰富。宽泛地说，人类历史所创造的一切物质财富和一切精神财富都是文化，它包括物质文化、制度文化、精神文化等几个方面。狭义地说，文化主要指的是精神文化和制度文化，包括社会的意识形态、风俗习惯以及与之相适应的社会制度和社会组织等。文化和语言的关系非常密切，语言既是文化的重要载体，又是文化的重要组成部分。人们在认识和改造物质世界的同时，创造、丰富了自己的文化，也创造、丰富了自己的语言。文字作为语言的书写符号系统，把瞬间即逝的语言固化为视觉符号，因此要研究文化就离不开文字，因为人类的历史、人类的文化大都是用文字记载下来的。

第一节　汉字的语言功能和文化功能

一、汉字负载着丰富的文化典籍

　　汉字，作为一种自源文字体系，千百年来一脉相承，显示了旺盛的生命力。以甲骨卜辞、钟鼎铭文为发端，用汉字书写的古代文献，举世无双。以史书而言，二十五史以如椽巨笔，不间断地、全面细致地记录了中华民族所走过的 2 000 多年的历程。这是全世界绝无仅有的史学著作。当然，不仅仅是史书，在汉字典籍中，有《尔雅》这样的世界上最早的百科全书，有《永乐大典》这样的世界上最大的丛书，有《孙子兵法》这样的闻名世界的军事著作。此外，汉字还记录了世界上最古老的农业专著、医学专著、数学专著、地理学专著、天文学专著，还有许许多多名垂青史的文学作品，以及丰富的哲学著作和宗教经典。这是令世人叹为观止的图书财富，是汉字文化的最直接的体现。

二、汉字蕴含着并造就了丰富的文化

　　一切文字都是语言书面化和传播文化的载体。汉字与音节文字、音素文字的不同在于，汉字除了一般的语言交际功能之外，还具有独特的文化功能。这种功能主要表现在两个方面：一方面表现为汉字字形中所蕴含的丰富的文化信息；另一方面表现为汉字在使用过程中所造就的种种文化现象。

汉字从远古不间断地发展到今天，具有很强的继承性，我们很容易通过楷书、隶书一直上溯到小篆、甲骨文，了解到汉字的原始的构形及其在历史上的演变。几乎每个古汉字都是一幅图画，向人们展现着古代文化的风貌。现在完全得到识读的甲骨文已经超过了1 000字，收在《说文解字》里的正篆是9 353个，这是我们了解古代文化的重要窗口。

考古学家夏鼐在《中国古文明的起源》一书中通过对中国文明与世界文明的比较，指出华夏文明所具有的3个特点，这就是：玉石雕刻；马驾的车；陶器及瓷器。下面我们就通过分析与"玉石""车马""陶瓷"有关的部分汉字，揭示汉字字形中所蕴含的华夏文明、华夏文化。

第二节　汉字与玉石文化

一、治玉

"石"字的小篆和甲骨文的构形一致，都是"在厂（hǎn）之下，口象形"（《说文解字·石部》），指的是山崖下的石头。"玉"本是"石之美者"（《说文·玉部》），甲骨文的字形用一根绳子穿过多块玉片来表示。"珏"字的甲骨文用两串玉连在一起来表示。字的构形说明，"玉"和"珏"已经不是原始的石料，而是经过加工的装饰品。含玉的矿石叫"璞"，甲骨文的字形据唐兰《殷墟文字记》是这样解释的："其字实象高山之状……象两手举辛朴玉于甾、于山足之意，即璞之本字也。""其义谓初采于山之玉，则《秦策》所言'郑人谓玉未理者璞'矣。""璞"和"朴"音义同源，"璞"指的是没有从石头中剖离出的玉，"朴"指的是没有加工的木材，二者都含有纯真而没有经过修饰的意思。"治玉"叫"理"，"理"字"从玉，里声"（《说文·玉部》），指的是顺着纹理把玉从璞中剖离出来的工序。对玉的进一步的深加工是"雕"和"琢"。"雕"的异体字"彫"和"琱"是专门为"雕琢"的"雕"造的本字。据《说文·彡（shān）部》："彫，琢文也。从彡，周声。""彡"作为意符，有装饰、修饰的意思。"彫"字以"彡"为意符，强调雕琢后的成品具有文采。"琱"字也见于《说文》，以"玉"为意符，是为了强调雕琢的对象。"雕"和"琢"的不同在于，"雕"侧重于刻，使玉器有文采；"琢"侧重于磨，使玉石成形为器。在加工玉石的过程中，要注意去掉玉石上的污点。古人为了表示美玉上的污点，专门造了3个字："玷""玼""瑕"。"玷"与"点"、"耆"等字同源。"点"指小黑点；"耆"指老年人面上的黑点；"玷"指玉石上的黑点。"玼"与"疵"同源，"疵"指毛病，"玼"特指玉石的毛病。"瑕"与"霞""虾（虾）"

等字同源，它们都以"叚"为声符。汉字中以"叚"为声符的字多有赤红义。"霞"指赤红色的云气，"虾"在熟了以后呈红色，"瑕"在《说文》上解释为"玉小赤"。桂馥在《说文义证》中进一步做了说明："玉尚洁白，故谓小赤为病。"后来人们以"瑕"泛指玉上的暗斑。

玉经过雕琢变成了晶莹温润、纯洁高雅的玉器。它可以作观赏品、酒器、礼器，也可以用来作装饰品，佩戴在身上。古人以玉比德，许慎说："玉，石之美者。有五德，润泽以温，仁之方也。䚡理自外，可以知中，义之方也。其声舒扬，专以远闻，智之方也。不挠而折，勇之方也。锐廉而不忮（zhì），絜之方也。"（《说文·玉部》）意思是说，玉温润的手感和仁相似，玉贯通内外的纹理和义相似，玉清脆而悠扬的声音和智相似，玉宁折不屈的精神和勇相似，玉有尖锐的棱角但并不伤人和品行端正不苟的絜相似。

二、玉佩

"珮"音义来源于"佩"，泛指佩戴在身上的玉质装饰品。不同形制的玉佩各有专名。古人腰间有一组玉佩，上面的横玉形如残环，或上有折角，叫"珩"。"珩"释为"从玉行声，所以节行止也"（《说文·玉部》）。"珩"的下面系着3块玉，中间的叫"冲牙"，前后的叫"璜"。人一走动，"冲牙"就前后撞击"璜"，发出声音，"所以节行止"。"璜"的形制是"璧"的一半，形状与牙相似，所以中间的玉叫"冲牙"。

古人装饰在冠的前后的玉珮叫"瑬"，它用珠玉穿成。垂瑬的数目因人而异，周代天子的衮冕有12瑬，等级最低的大夫所戴的玄冕只有2瑬。古代冠冕两侧垂至耳边的玉珮叫"瑱"，也叫"充耳"，它的体积很小，可以塞在耳中。据《释名·释首饰》："瑱，镇也，县（悬）当耳旁，不欲使人妄听，自镇重也。"古人饰"瑱"是为了警示自己不要听信流言蜚语。

三、玉器文化与汉字

圆形的中间有孔的玉器有"璧""瑗""环"3种。古人把圆形的玉器的周边的玉质部分称作"肉"，把中间的空缺部分称作"好"。据《尔雅·释器》："肉倍好谓之璧，好倍肉谓之瑗，肉好相一谓之环。"意思是说，边大孔小，边为孔的一倍，称"璧"。孔大于边，孔是边的一倍，称"瑗"。边和孔比例是一比一，称"环"。

"璧"和"环"都被作为贵重的礼物送人。晋公子重耳路经曹国时，僖负羁"乃馈盘飧寘璧焉"，"公子受飧反璧"。由此产生了"璧谢"这个词，意思是不受馈赠之物，并表谢意。楚汉相争，刘邦赴鸿门宴时，匆忙之中不忘"持白璧一双，欲献项王"。成语"结草衔环"中的"衔环"讲的就是一个赠环的故事：传说东汉人杨震的父亲九岁时曾救活了一只黄雀，在放飞黄雀的当晚有黄衣童子自称是西王母使者，向杨宝拜谢搭救之恩，并赠送白环四枚，意思是"令君子孙洁白，位登三事（三公）"（《后汉书·杨震传》唐李贤注引《续齐谐记》）。

形状如"环"，但有缺口的珮玉叫"玦"。"玦"和"缺"（器缺）、"决"（水缺）、"诀"（送别，人缺）、"阙"（门缺）同源。古人因"玦"和"决"、"绝"同音，所以可以借"玦"表示决断或表示绝别。据《左传·闵公二年》记载，当狄人进攻卫国时，卫懿公给石祁子玦，给宁庄子箭，让他们下决心保卫国家。《史记》中鸿门宴上，范增"数目项王，举所佩玉玦以示之者三"的故事，更是广为流传。我们只要结合玉文化和当时的历史背景，就能理解这种信息传递方式。在项羽招待刘邦的宴会上，范增不能以言语敦促项羽下决心，就以玦示意项羽当机立断、不留遗患。

"玦"还可以表示诀别，"环"也可以借音表义，意思和"玦"相反。与"玦""环"相关的还有"瑗"。"瑗"与"援"、"媛"同源，音义同出于"爰"。"爰"字的甲骨文像二人相引之形，是"援"字的初文，意思就是伸出手来拉对方一把。"媛"是美女，之所以称为"媛"，是"人所援也"。（《说文·女部》）"瑗"是"大孔璧"，"人君上除陛以相引"。（《说文·玉部》）意思是说，国君上台阶的时候手持"瑗"的一端，另一端由臣子握持，援引助力。《荀子·大略》说："召人以瑗，绝人以玦，反绝以环。"讲的是国君用玉来表示对待臣子的态度。如果要召见臣子，国君赐"瑗"，取援引义；如果不宽恕已经被流放的臣子，国君赐"玦"，表示与之诀别；如果宽恕了已经被流放的臣子，国君赐"环"，表示臣子可以回还。从表面上看，这仅仅是同音代用，实际上是玉文化在礼制方面的特殊体现。

甲骨文中已存在"礼"（禮）字，字形以两串玉放在器皿中，器皿置于"豆"字形的高脚祭器上来表示"所以敬神求福"。（《说文·玉部》）和"敬神求福"有关的还有"灵"字，"灵"字的小篆以玉为意符，释为"灵巫也，以玉事神"。（《说文·玉部》）正如郭沫若在《十批判书·孔墨的批判》中所说过的那样："礼之起，起于祀神，其后扩展而对人，更其后扩展而为吉、凶、军、宾、嘉等各种仪制。"据《周礼·春官·大宗伯》记载，古人祭神时，"以玉作六器以礼天地四方，以苍璧礼天，以黄琮礼地，以青圭礼东方，以赤璋礼南方，以白琥礼西方，以玄璜礼北方"。"璧""琮""圭""璋""琥""璜"都是玉制礼器的名字，用它们祭神，各有其象征的意义："璧圆象天；琮八方象地；

圭锐象春物初生；半圭曰璋，象夏物半死；琥猛，象秋严；半璧曰璜，象冬闭藏，地上无物，唯天半见。"（《周礼》郑玄注）

古代人神交往用玉表示虔诚和恭敬，人与人交往用玉表示诚信和等级，它们各有专称："人执以见曰瑞，礼神曰器。"（《周礼·春官·典瑞》郑玄注）"瑞"字以玉为意符，是玉制的信物，相当于后来的印信。"瑞"是圭、璧、璋、琮等玉器的总称，不同的瑞玉代表着不同的权力等级。"以玉作六瑞，以等邦国：王执镇圭，公执桓圭，侯执信圭，伯执躬圭，子执谷璧，男执蒲璧。"（《周礼·春官·大宗伯》）王、公、侯、伯、子、男，表示不同的爵位，他们手执不同的瑞玉表示他们具有不同的权力。据《尚书·虞书·舜典》记载，舜继尧位时，"辑五瑞，既月，乃日觐四岳群牧，班瑞于群后"。意思是说，舜继位后首先把尧发给各级首领的瑞玉收集上来，一直到月末，天天接见四方的众位首领，并且把瑞玉作为新的权力象征分发给大家。历史上著名的和氏璧，不仅是权力的象征，而且被视为镇国之宝，价值15座城池。这"15座城池"并不是商品的价格，而是政治文化制度上的特殊价值。

"瑞"也可以作为符节。把瑞玉一分为二的工艺叫"班"。"班"字"从玨，从刀"。（《说文·玨部》）用刀分开瑞玉就叫"班"，"班"与"分"音义同源。据《左传·哀公十四年》记载，宋国的桓魋预谋作乱，宋景公请左师向巢和司马皇野保卫自己，"司马请瑞焉，以命其徒攻桓氏"。专门用于军事的瑞玉还有"牙璋"。据《周礼·春官·典瑞》："牙璋以起军旅，以治兵守。"发兵的符信所以叫"牙璋"，是因为这种瑞玉首似刀而两旁无刃，旁出有牙，牙齿象征军旅。

在中国古代，"玉"体现在制度文化、精神文化的各个方面，广泛地深入到社会生活的各个角落。男孩子出生被称为"弄璋之喜"，是希望他以后要读书做官、佩玉。人去世的时候要在死人口中放一些饭食，希望他到阴间不至于挨饿；有条件的人家要在死人口中放玉，希望他在进入冥世以后能够得到安宁。这块含在死者口中的玉就被称作"含"，以后写作"琀"。贵族去世，不仅要口放玉琀，而且要身着玉衣，还要在棺中堆放许多玉器，希望尸身和玉一样不朽。

据统计，收入《说文·玉部》的字共有126个，部首字以下有24个字讲的是玉名，32个字讲的是玉器，18个字讲的是玉事，包括玉的颜色、声音及治玉的名称，50个字讲的是附属于玉的事物，如似玉的石头、珍宝等，最后1个字讲的是以玉事神。收入修订本《辞源·玉部》的以玉打头的双音词有278个，3音词有66个，总计344个。仅此一点就足以说明我国古代玉文化的广博和深厚。①

---

① 何九盈等主编：《中国汉字文化大观》，343～345页，北京，北京大学出版社，1995。

第三节　汉字与车马文化

在古代车马连言，密不可分，因为远古的时候马只用来驾车，不用来骑乘。早在夏代大禹治水时已经有"陆行乘车"的记载（《史记·夏本纪》）。夏代还设有"车正"的官职，专门掌管车服。奚仲曾经担任禹王的车正，为改进车的形制做出过贡献。到了商代，车已经发展得很完备了。春秋末期的孔子非常欣赏商代的车制，愿意"乘殷之辂"（《论语·卫灵公》）。现已出土的实物令人信服地表明，商代的车已经基本上具备了汉以前独辀车结构的大致轮廓。

一、轮舆

"车"字在甲骨文中有繁简多种写法。繁写的车字图画意味极浓，有半边像两轮及车舆之形，另半边像车辀持衡及两轭形；简写的车字作"車"，中间像车舆，上下的两横像两轮，中间的一竖像车轴。古代的车主要由轮轴、舆较、辀轭三部分构成。

《周礼·考工记》说："察车自轮始。"我们首先讲一下"轮"字。"轮"与"辁"相对而来，"有辐曰轮，无辐曰辁"。（《说文·车部》）"轮"字从车，仑声，与"沦""论""伦"等字同源，音义来源于"仑"。"仑、伦古今字。伦，理也。"（《说文注笺》"仑"）"轮"之言伦，以车辐排列有序得名。"辁"在古代叫作"椎轮"，是一种圆盘式的车轮。"辁"字从车，全声。"辁之言全也，谓直斫木为之，其形完满不见空虚也。"（《说文约注》"辁"）

"轮"由辐、毂、辋等部件构成，毂和辋构成两个同心圆，由辐连接在一起。"辐"字《说文》解释为："轮轑也。从车，畐声。"屋椽叫"橑"，车盖弓叫"辌"，"辐"叫"轮轑"，这是因为车盖弓和辐排列均匀，与屋椽相似，所以得名，并通过改换形旁分化出"辌"字。"辋"指车轮的外框，又称作"輮"，又称作"牙"。"輮"字从车，柔声，因为揉木为轮，所以称车辋为"輮"。"牙"字在金文中像臼齿上下相错之形。据《周礼·考工记·轮人》："牙也者以为固抱也。"由此可知，因为车辋的交接处像上下牙相交，所以命名为"牙"。

两轮靠轴贯穿轮毂而连为一体。包裹毂外两端的金属套叫"錔"。"錔"字从车，官声。"錔之言管也。以铁为管，约毂外而端，以金冒之曰錔。"（《方言笺疏》卷九）轴末端见于毂外的部分叫"軎"。"軎"字"从车，象形"。（《说文·车部》）横看"軎"字，"以口象毂岗（端）之孔，而以车之中直象轴之出于外"。（《说文注》"軎"）"軎"字又写作"轊"。车有两轊，统称为"轩"。

"轷"字从车，开声，得名于"笄"。"笄"是古人盘头发用的簪子，穿发而过，露出两头。"轷"贯穿两轮，也露出两头，因而得名。辖上有穿孔，"辖"从穿孔贯穿轴头以防止车轮脱轴，其形状和作用都如同后代的销钉。把车轴扣接在车厢底板的两个半圆形的装置叫"椱"。"椱之言仆也。毛传曰：'仆，附也。'为伏兔之形，附于轴上，以靼固之。"（《说文注》"椱"）为增强轮辐载重力而夹着车毂绑在车轮上的两根直木叫"辅"。"辅"即大车榜木。"榜"本义训"所以辅弓弩"。"辅"与"榜"二字同源。停车时放在车轮底下防止车轮滚动的木头叫"轫"。"轫"字从车，刃声，与"切"字同源。"车碍不行谓之轫，犹言顿难出谓之切耳。"（《说文约注》"轫"）车有两轮，所以车一乘叫作一两。《诗·召南·鹊巢》："之子于归，百两御之。""两"以后写作"辆"，读 liàng。在古汉语中，凡成双配对的东西都可以称之为"两"，如"葛屦五两"。（《诗·齐风·南山》）

"舆"是车厢。小篆"舆"字从车，异声，甲骨文"舆"字像车缺两轮，由上下左右 4 只手抬持，正是车厢的形状。舆板的底部四周的木框叫"轸"。车轸之间的横木叫"横"。"横"之言横，"横"实际上是"横"的分化字。铺垫在横上的木板叫阴板，又叫荐板。阴板上铺的席褥叫"茵"。"茵"从艸取意，因为最简陋的席褥是用植物秸秆编成的。"茵"字从因得声，声中兼义，初文本作"因"，甲骨文正像席褥之形。由于席褥为人坐卧所凭依，所以引申出依靠、凭借、沿袭、承接等意义，以后加形旁分化出"茵"字来承担本义。"茵"字重文作"鞇"，字从革，表明席褥质地的改变，但在古籍中仍通用"茵"字，如《诗·秦风·小戎》"文茵畅毂"，毛亨传："文茵，虎皮也。"车厢平面为长方形，左右较宽，进深较浅。车厢前面供立乘者凭扶的横木叫"轼"。人凭轼表示敬意也叫"轼"。车厢两旁人可凭倚的木板叫"輢"，"輢"之言倚也。车厢后部供人登车的缺口叫"輇"，"輇"字从车，丞声，音义来源于"登"。人登车时用做拉手的绳索叫"绥"，即所谓"车中把"。（《说文·系部》）"绥"字初文作"妥"，本义是安抚，引申有安义。"绥"是"妥"的分化字，加糸旁表示"车中把"的质地。车厢里可以立"盖"，即伞盖。"盖"本指覆盖，以后用来覆盖的东西也叫"盖"，特指车上遮阳避雨的伞盖。

二、辀轭

马车乘人，居中一木，曲而上者谓之"辀"。"辀，句也，辕上句也。"（《释名·释车》）"辀"以勾曲得名。牛车载货，左右两木，直而平者谓之"辕"。"辕，援也，车之大援也。"（《释名·释车》）车辀前端的横木叫"衡"。"衡"字从角，从大，行声，本义训"牛触，横大木其角"。（《说文·角部》）"衡"

指的是加在牛角上以防备牛触人的横木，其音义得之于"横"。车衡的两边横驾在服马颈上的人字形的曲木叫"軶"。"軶"之音义来源于"扼"，在古籍中本用"扼"字，以后又改换形旁分化出"軶"字。车軶两边下伸反曲用来系革带的部分叫"鞫"。"鞫"字从车，句声，声义来源于"句"。凡从"句"得声的形声字多有曲义。

三、骖骓

在先秦时马车独辀，通常一车套四马，车马连言，所以把驾四马的车或一车所驾的四马称为"驷"。"驷"字从马，四声，声中有义。如果一车驾二马，叫"骈"。"骈"字从马，并声。"并"的小篆和甲骨文都像二人并立。二马并谓之"骈"，"骈"之音义来源于"并"。如果一车驾三马，叫"骖"。"骖"字从马，参声，声中有义。"骖"又用来指称驾车时位于服马两边的马。服马驾辀，骖马自其一偏数之，是服马之外的第三匹马。驾在车辀两旁的马又称为"騑"。"騑"字从马，非声。"騑之言非也，非者韦也，旁两马分居左右，各在一偏，故谓之騑也。马之在两旁者谓之騑，犹牛之两壁耕者谓之辈耳。推之门扇为扉，谓两扇相对而立也；履属为屝，谓两履分在左右也，义俱近矣。同从非声，兼从得义。"（《说文约注》"騑"）"骖"与"騑"同指驾在车辕两旁的马，如果需要分辨左右的话，"骖"特指服马左边的马，"騑"特指服马右边的马。正因为如此，所以在文学作品中"左骖"与"右騑"对举。

"匹"本是计算布帛长度的单位。一匹布面宽二尺二寸、长四丈，要从两头卷起，因此布二丈称作一端，布两端则称作一匹。古代的马车是独辀车，两匹服马驾车，两匹骖马拉偏套，都是双马，这就是称马为匹的根由。

四、衔镳

古时四匹马拉车：两匹服马在中，靠前；两匹骖马在外，靠后。骖马马首当服马之胸。服马胸上的革带叫"靳"，背上的革带叫"鞧"，腹部的革带叫"鞶"，臀部的革带叫"绡"，又叫"纣"。"绡"得名于"遒"。《释名·释车》说："鞧，遒也，在后遒迫使不得却缩也。"带有嚼口的马笼头叫"勒"，或叫镳首，又叫络衔。因为马笼头为镳所系，所以叫镳首。络衔指的是络其头而衔其口。所谓络其头，指的是给马戴上革制的项带、额带、鼻带、咽带、颊带。所谓衔其口，指的是给马戴上"衔"和"镳"。"衔"和"镳"都是勒马口具，二者连用。"衔"是横在马口里的金属小棒，两端有环。"镳"在口旁，是金属的或骨角制的，贯穿在马衔的两环中，以防马衔脱落。"衔"字从金，从行，之所以"从金"，因为质地是金属的；之所以"从行"，因为是御马行走的口具。"镳"字以"金"为形旁，字或"从角"，或"从马"。字"从金"或"从角"，表明其质地或为金属或为骨角；字"从马"，表明其为马具。牵引马匹的绳索叫"缰"，"缰之言强也，谓强有力也。控御马者全在于缰，故必以坚韧之绳为之，若用朽索，则败事矣。人之操持者，亦必多用力也。"（《说文约注》"缰"）驾取马匹的缰绳叫"辔"。"辔"字金文上从车形，下像辔形。《诗·小雅·皇皇者华》形容马缰绳的柔软洁白为"六辔如丝"，而"辔"字正是以丝的形状来象征辔。《诗》中多处讲到"六辔"。古代一车四马，一马两辔，因为骖马内辔固定在车轼前的环中，所以御者手中只有六辔。御者左手持三辔，右手持三辔，只有在遇到特殊情况下，才由一手持六辔。例如，齐晋鞌之战，张侯"左并辔，右援枹而鼓"。（《左传·成公二年》）系驾马车的鞍辔等马具统称为"鞁"。"鞁"字从革，皮声，训为"鞍上被"。（《玉篇·革部》）"鞁"之音义来源于"被"。"鞍"即马鞍，"鞍所以被马取其安也"。（《急就篇》卷三颜师古注）"鞍"的音义来源于"安"。

五、系驾法

独辀车采用的是辀靷式系驾法。驾车时把辀架在服马颈上，再用一条革带围绕马脖子，系在辀下的两个钩上。这条革带叫"靷"。《释名·释车》说："靷，婴也，喉下称婴，言缨络之也。""靷"为马之颈靷，正如"婴"为人之颈饰，"缨"为人之冠系，"靷"与"缨"和"婴"音义同源。靷的作用是将辀固定住以防脱落或前后移动。服马通过辀与衡连接以支撑车体。骖马一般不负辀，其任务就是拉偏套。两根皮套绳前端分别套在两匹骖马的颈上，或系在骖马内侧的辀钩上，后端分别穿过两匹服马背上的游环系在车轴上。古人把这两根皮套绳叫"靷"。"靷"字从革，引声，其音义来源于"引"。简而言之，这种以辀驾车、以靷拉车的系驾法就叫辀靷式系驾法。这种系驾法有两条优点：一是马的承力点在肩胛两侧，辀是受力的部件，靷并不受力，所以马的气管不受压迫，拉起车来奔跑自如。二是由于古代独辀车车轮高，轴也高，用靷传力拉车，马的力量能够集中使用，减少无谓的分力。

秦汉时期出现了双辕的马车及与之相适应的新式系驾法——胸带式系驾法。它改变了独辀车至少必须系驾二马才能行进的状况，仅用一匹马即可拉车。这种系驾法将原先拉车的单根绳套变为双根，绳套前端不再系在辀钩上，而分别系在马胸前新增加的一条宽革带上。这条宽革带被称为"当胸"，是马拉车时的承力点，而辀这时仅仅起支撑衡、辕的作用。胸带式系驾法也有两条优点：一是节约马匹，有利于发展交通运输。二是将马支撑身体的支点与马拉车的受力点分开，相对减轻了马体局部的受力。胸带式系驾法是当时最先进的一种系驾方法，沿用了1 000多年。

元代初年，产生了鞍套式系驾法。这种系驾法把肩套和小鞍用于驾马拉车，由于取消了衡、轭，放平了车辕，靠鞍来支撑车体，从而降低了车身，增加了车的稳定性。由于使用肩套，扩大了马的着力面积，充分利用了马体最强健的肩胛部及其两侧，从而增强了马的拉车能力。这种系驾法最优越，代代相传，沿袭至今。

六、驾御

古人非常重视"御"这种技艺，把"御"作为六艺之一，是贵族子弟必修的课程。"御"字六国古文作"驭"，字从马，从又，正像御马形。马车立乘，乘三人，御手在中，主人在左，左是尊位，所以有"虚左以待"的说法。位置在右的是陪乘，又称参乘，是乘车的第三个人。战争中，指挥打仗的国君或主帅位于中间，亲掌旗鼓，御手居左，居右的是负责排除险情的勇力之士，称车右。走远路或打仗前，要把驾车的马尾系好，这个动作叫"驸"。"驸"字从马，介声，是个兼类词，《说文·马部》训释为"系马尾"，《广韵》训释为"马尾结"。人结发写作"纷"，人发结写作"髻"，前字记录动词，后字记录名词。"驸""纷""髻"等字与"结"字同源。系马尾的原因是为了防止车在快速行进中马尾散开被树枝等物挂住。扬雄说："车轳马驸，可以周天下。"（《太玄·文》）意思是说，只要车辖不使车轮脱落，系住马尾不要被什么东西挂住，就可以走遍天下。齐晋鞌之战，齐侯非常骄傲地说，"余姑翦灭此而朝食"，于是"不介马而驰之"。文中的"介"历来都解释为铠甲，其实就是"驸"的假借字。正因为齐侯的战马没有系尾结，所以"骖絓于木而止"，以至于被晋军将领韩厥俘获。

古人御马射猎讲究"法度之御，应礼之射"。所谓"法度之御"，即"车轨尘，马候蹄"，就是说赶车时要把尘土控制在车厢底下两轮之间，四匹马跑起来要蹄声节奏一致。在追赶猎物时，野兽跑过了所设的田猎的界限，就不能再追；车与野兽不能横遇，只能从野兽的左后方追逐。这时射手从野兽的左后方射箭，箭顺毛而入，顺毛而出，这才是"应礼之射，正杀之禽"。（《孟子正义·滕文公下》）古人用"我车既攻，我马既同"（《诗·小雅·车攻》），"四牡騑騑，六辔如琴"（《诗·小雅·车舝》）这些诗句歌颂车马的精良和御手高超的技艺。像造父、王良等善御者的事迹广见于群书，古人甚至以造父、王良的名字为星辰命名。

七、路车、丧车、战车、指南车

马车由于形制不同、用途不同，分为许多种类。天子、诸侯所乘的车叫"路"。"谓之路者，言行于道路也。"（《释名·释车》）"路"字从足，各声，后起分化字作"辂"。大夫所乘的车叫"轩"，是"曲辀藩车"。（《说文·车部》）"轩"有高义，是由于辀的形状穹曲而上。"轩"还有藩蔽义，是由于轩车之左右有窗，后有藩蔽，仅虚其前面。士乘"栈车"。栈车是用竹木条编制成的、不用皮条缠束就上漆的一种比较简陋的车。古时坐什么车，穿什么衣服，都是某种政治权力的象征。车马服饰的等级森严，体现了古代的制度文化。

"軿"和"辎"都是有帷幕的车，故可并称为辎軿车。"軿"字从车，并声，音义得之于屏。两者区别为軿车仅仅前面有遮蔽，辎车用来载重，前后都有遮蔽。"辒"和"辌"都是卧车，后因载丧，遂为丧车。辒车密闭，辌车旁开窗牖，后人专以载丧，合为一种车，称为辒辌车。"辒"字从车，昷声，"辌"字从车，京声，分别是"温""凉"二字的分化字，其音义也分别得之于"温""凉"。"轺"是"小车"，"轻"是"轻车"。（《说文·车部》）车小则轻，车轻则易致远，二字意义相通。"槛"是囚车，字本作"槛"。"槛车，上施阑槛以格猛兽亦囚禁罪人之车也。"（《释名·释车》）"槛"字从木，监声，本指关牲畜野兽的栅栏，又特指囚车，以后分化出"槛"字作为槛车的专用字。

据《周礼·春官·车仆》记载，兵车共有"戎路""广车""阙车""苹车""轻车"5种，合称五戎。"戎"字小篆从戈从甲。甲骨文和金文的"戎"字从戈从十，"十"即甲骨文和金文的"甲"字。隶书的结构承甲骨文、金文而来。"戎"字以攻防的两种兵械构形，指代武器，又指代与战争、军旅有关的事物。戎路是王所乘的军事指挥车。广车是一种防御列阵之车，行军时用来筑临时军营。"军"字"从包省，从车。车，兵车也"，指古人驻军时用兵车围成圆形的屏障，所以"军"训释为"圆围也"。（《说文·车部》）阙车即补缺之车，就是后备车。苹车是车厢围有苇草皮革以避飞矢流石的兵车。"苹"通"屏"。"屏"字从尸，并声。"尸"为"屋""屏""层"等字所从，"一曰尸象屋形"。（《说文·尸部》"屋"）"屏"本指遮掩房舍的小墙之类的遮蔽物，引申为屏障。轻车车体轻，速度快，专门用来向敌人冲锋挑战。五戎之外还有轈车、䡎车、钝车、䡊车等专门用途的战车。轈车是用来窥望敌情的侦察车。《说文·车部》训释"轈"为"兵高车加巢以望敌也"。"轈"字，从车，巢声，本来写作"巢"字，后加车旁作为巢车的专用字。䡎车是用来冲城陷阵的兵车。䡎之言撞也。钝车是用来屯守的一种兵车。"钝"字从车，屯声，其音义来源于屯。䡊车是一种"飞石车"。䡊车本作抛车。"抛"字从手，从九，从力，本义训"掷也"。

（《玉篇·手部》）以机发石的兵车本叫作"抛"，以后通过改换偏旁的方式分化出"𥗨"字。"𥗨"又写作"礮"。"礮"字从石，駁声，又写作"砲"，从石，包声。它们既可指抛石车，也可以指抛石机，以后又用来指火砲。火砲的"砲"，以后借用炮烙的"炮"，从火，包声。

最后我们讲一下指南车。相传黄帝与蚩尤战于涿鹿之野，蚩尤作大雾，将士迷失四方，黄帝遂造指南车以指方向。周秦以后许多朝代都有人造指南车或献造车之法。宋人岳珂在《愧郯录》十三"指南记里鼓车"中记指南车的形制甚详。指南车的制造根据的是机械原理。车上装着一个木头人，依靠车子里面很多齿轮的转动，无论车子转向哪个方向，木头人的手总是指着南方。这里值得一提的是，比指南车更伟大的发明——指南针。早在春秋战国时期，我国已经发现了自然界的磁石。据《管子·地数》记载："上有慈石者，其下有铜金。"据《吕氏春秋·精通》记载："慈石召铁，或引之也。""磁石"的"磁"原来写作"慈"。正如母亲的慈爱吸引孩子一样，磁石可以吸铁，所以称为"慈石"，以后添加表示类属的形旁，分化出"礠"字，因为字形太繁，又省略声旁为"磁"。

车马文化首先是物质文化，同时又反映出精神文化，从而转化为制度文化。"御"字最能说明这种转化。"御"字小篆从彳，从卸，意思是驾车、卸车、赶车上路。"御"字甲骨文、金文像人使辔形，表示驾御。"御"由驾马引申指驾马的人，又引申为治理、统治，再进而指帝王所用或与之有关的事物，如御女、御仗、御刀、御米、御膳、御医、御札、御书、御览等。①

第四节　汉字与陶瓷文化

在我国新石器时代的仰韶文化遗址中，曾出土了许多细沙红陶，上面绘有彩色的几何图案或动物形花纹，向后人展现了大约 6 000 年前先民的杰出的工艺水平和纯真的审美观点，因此仰韶文化又称作彩陶文化。在我国新石器时代晚期的大汶口文化遗址和龙山文化遗址，曾出土了许多轮制陶器，其中有一种黑陶，陶胎较薄，表面漆黑光亮，考古学上称这个时期为黑陶文化。人们在划分奴隶社会以前的历史时期时，是把陶器作为物质文化的代表来看待的。商周时期，陶器大多是灰陶、白陶。战国时期，出现了陶俑、陶马。最令世人惊异的，是被称为世界第七大奇迹的秦始皇陵出土的大批兵马俑。其中武士俑身高

---

① 何九盈等：《中国汉字文化大观》，318～323 页，北京，北京大学出版社，1995。

1.80 米左右，陶马形体的大小也与真马相似。这些兵马俑造型生动、比例适当，细部刻画非常精致，反映了我国古代制陶工艺与雕塑艺术的伟大成就。

一、埏埴以为器

"陶"本为地名，作为瓦器之总称的本字是"匋"。"匋"字在金文中像人持缶。"缶"是用来盛酒或用来作乐器的陶制品。"器"是器皿，字形"象器之口，犬所以守之"。原来"器"是专名，专指陶器。《老子》说："埏埴以为器。"说的就是揉和黏土制造陶器。"器"后来发展为类名。《尔雅·释》中的解释包括玉器、铜器、木器、竹器、兵器等各种器物。再后来"器"进而成为哲学上的一个重要概念："形而上者谓之道，形而下者谓之器。"（《易·系辞》）"形而上者"指的是精神，"形而下者"指的是物质。①

制陶的原料是黏土，黏土经过淘洗后叫埴。"埴"字从土，直声。《释名·释地》说："土黄而细密曰埴。埴，腻也，粘眤如脂之腻也。"未烧制前的泥胎叫坯。"坯"与"坏"在古代是异体字，声旁"丕"与"不"相通。瓦器或与瓦器有关的字或从"缶"，或从"瓦"。"瓦"是"土器已烧之总名"。（《说文·瓦部》）直到现在用泥土烧成的还叫"瓦"，如瓦盆、瓦器等。古代时屋瓦也叫瓦，《庄子·达生》说："不怨飘瓦"，意思是说被飘落的屋瓦击中的人不必怨天怨地，因为这种事是无意的。"瓦"又可以指纺专。古人生女孩子叫"弄瓦之喜"，因为女孩子将来嫁人要纺线织布，所以从小给她纺锤玩儿。"专"字繁体字写作"專"，在甲骨文中上面像纺锤形状，下面用一只手表示转动纺锤。"专"作为名词，指的是纺锤，作为动词，指的是转动。"专"是"转"的初文，"转"是"专"的后起分化字。

二、陶钧

最原始的陶器是在篮筐内涂泥或用手捏制成器皿，然后放在露天火堆上烧制而成的。到了新石器晚期，人们发明了用陶钧制胎。陶钧是个以圆心为支点的可以转动的圆盘，用手或脚拨动。陶钧的"钧"字又通作"均"和"匀"。"均"字从土，匀声，意思是均匀。"匀"字从勹、二，意思是分出。"均"与"匀"二字音义相通。如果不均就要"匀"，"匀"的结果达到"均"。《说文》中"钧"字古文字形从金，从旬。"旬"字"从勹日"，所谓"十日为旬"。（《说文·勹部》）"旬"字古文字形从日、从匀。金文"钧"字或从金，从勹，或从金，从旬。这说明"旬""匀""勹"等字音义相通。

_____

① 曹先擢：《汉字文化漫笔》，5 页，北京，语文出版社，1992。

"勹"字甲骨文写作丿、乁等形，在卜辞中数量较多，前人释为"旬"。董作宾在《卜辞中所见之殷历》一文中说："按旬亘字皆象周匝循环之形，故以十干一周为一旬，商人每旬必卜，卜必于旬日之末日。"唐兰在《天壤·文释》中提到过："'乁'、'丿'实勹之古文。旬当从日勹声，许君仅误勹丿为一耳。"两位先生的意见很精辟，但如果我们联想到上古时期的物质生产，把抽象的意念和具体的行为结合起来考虑，不难得出一个新的结论：乁、丿实勹之初文，本义为陶钧的"钧"。乁、丿皆像陶钧周匝循环之形，或用左手右旋，或用右手左旋。"勹"字仍像陶钧周匝循环之形，"二"表示等均的速度。"三十斤"为一钧的"钧"字，在金文中最早也写作"勹"形。"钧"和"均"都是通过加形旁造成的分化字，在记录陶钧的"钧"时通用。

转动的陶钧令人叹服，令人产生联想。在古人看来，陶钧有如天道运行、造化万物。世上的圣王"制世御俗，独化于陶钧之上"。（《汉书·邹阳传》）冥冥中的造物者也像陶钧一样。杜甫面对长江瞿塘峡惊叹大自然的伟力："疏凿功虽美，陶钧力大哉！"（《瞿塘怀古》）白居易谪居江南后表示："行藏与通塞，一切任陶钧。"（《江南谪居十韵诗》）

三、瓷与釉

瓷器的出现是制陶业不断发展的结果。陶器的原料是黏土，烧制的温度一般在 1 000 摄氏度以下。瓷器的原料是瓷土，也叫高岭土，是因我国江西景德镇附近的高岭而得名。国际上将瓷土称为"kaolin"，就是高岭的译音。烧制瓷器需要 1 000 摄氏度以上的高温。瓷制品洁白、细密，可以薄到半透明，敲击起来音响清脆，断面具有不吸水性。

"瓷"字从瓦，次声，古人把瓷看作瓦器的一种。（《说文新附·瓦部》）原始的瓷器在商代已经出现。东汉以后，我国已经能够生产出真正的瓷器，并由此发展成青瓷、白瓷两系。六朝后又出现了彩瓷。唐朝瓷器以黄绿蓝三色为主的三彩瓷和白瓷著称。宋朝是我国造瓷技术完全成熟的时期，汝窑、官窑、龙泉窑、哥窑、钧窑、耀州窑的青瓷，定窑的白瓷，景德镇窑的影青，建窑的黑瓷等，都各有其特色。明以后，景德镇成为瓷业中心，各种釉色和彩绘瓷器又有了新的创造和发展。

使陶瓷增色生辉、光彩照人的是"釉子"。考古工作者曾经在商代遗址发现过涂釉的陶片，但是不知道是由于什么原因，以前一直没为它造专用字，只有"油"字假借。"釉"字见于《集韵》，训"物有光也，通作油"。"釉"字现在的字形疑有讹误。如果"釉"是"油"的分化字，换形旁不应该用"釆"（biàn，辨别），而应该用"采"，解释为省形字，即"彩省形"。《集韵》中的

"穬"（guàng，饰色）字"或作穬"可证。至于"釉"字的音义则源出于"油"。

釉子以石英、长石等为原料，研磨成粉末，加水调制后涂在陶瓷半成品的表面，经烧制，能够发出玻璃一样的光泽，还能增加陶瓷的机械强度和绝缘性能，防止液体和气体的侵蚀。至于瓷器上的各种颜色，是因为在釉子里施放了铁、铜、锰、金、锑等金属物质，这些金属物质与釉子结合经烧制后，就会使瓷器变得更加绚丽多彩。①

瓷器在唐宋以后大量远销国外，许多外国人是通过精美的瓷器开始认识中国的。公元 11 世纪我国的制瓷技术传到了古波斯帝国。后来又传到了阿拉伯、土耳其和埃及。大约 15 世纪瓷器传到了意大利的威尼斯。当瓷器输入到欧洲的时候，英国人先是把瓷器叫中国货（Chinaware），以后干脆称瓷器为中国（china），只不过第一个字母不大写罢了。

以上我们侧重于从汉字的字形、语源和字源、词义的引申和文字的分化等方面初步阐释了足以代表华夏文明的玉石文化、车马文化和陶瓷文化。弘扬汉字文化，可以从汉字入手讲文化，也可以从文化学的角度讲汉字，虽然各有侧重，但是殊途同归。从 19 世纪末甲骨文陆续出土以后，以字考史成为研究古代文化的一个重要内容。郭沫若识读甲骨文的目的非常明确，他在《甲骨文字研究·自序》中提到自己研究卜辞的目的在探讨中国社会的起源，而不是拘于文字史地之学。例如，他在《释祖妣》中通过对"祖""妣"等字的分析探讨先民的生殖崇拜意识，在《卜辞通纂》中曾通过对"后"字的分析论说上古的母权统治等。此后，在文化史的研究上，利用汉字形体所承载的文化信息进行论证，成为一种十分普遍的方法。郭沫若等人利用汉字研究古史，并取得重大成就，可视为开汉字文化研究之先河。

第五节　汉字所造就的独特的文化现象

当我们在讲到汉字所造就的独特的文化现象时，很容易把汉语所造就的独特的文化现象张冠李戴地扣到汉字的头上。比如说，中国文学作品注重句式工整、对称，这种追求在魏晋南北朝的骈文、唐宋的格律诗中得到最充分的体现。这些文学作品的艺术形式所以形成，关键在于古汉语单音节词占优势的特

---

① 何九盈等：《中国汉字文化大观》，345～347 页，北京，北京大学出版社，1995。

点。因为音节和词的对应整齐，绝大多数情况是一个音节对应一个词，其次才是两个音节对应一个词，所以特别容易形成工整对仗的句式。换句话说，语义的相对，词类的相对，以至平仄的相对，都是由汉语的特点决定的。至于汉字，是以它和单音节词相对应的特点，提供了外在的形式。当然，外在的形式也很重要，尤其是在言文不一致的时代，因为汉字是语素文字，所以记录的即使是根本脱离当时口语的内容，当时的读书人和以后的读书人也能看得懂。我们认为，文字对语言，尤其是对书面语，也会产生一定的影响，但是我们不能因此把本来是由语言决定的文化现象说成是由文字决定的。

句式对仗也好，谐音也好，顶真也好，修辞就是为了把话说得更准确、更生动、更形象，这些修辞方式都植根于语言。因为字是词的视觉符号，古人缺乏词的概念，所以把字作为语言单位来用，比如古代有所谓"一字师"和"半字师"的故事。

宋诗人杨万里在谈及东晋时代《搜神记》的作者干宝时，误以为是于宝，有小吏在旁曰："乃'干宝'也，非'于'也。"杨万里虚心承教，说："汝乃吾一字之师也。"

唐僧人齐己《早梅》诗："前村深雪里，昨夜数枝开。"进士郑谷把"数枝"改为"一枝"。齐己下拜称谢。时人呼郑谷为"一字师"。

东海一才女作《蓝菊诗》："为爱南山青翠色，东篱别染一枝花。"学者龚炜觉得"别"字太硬，举笔钩去偏旁"刂"，成为"另染一枝花"，因而被誉为"半字师"。

所谓"一字师"，实际上改正的是一个词。"半字师"改正的也是一个词，不过反映到字形上恰好是钩去半个，留下半个罢了。

一、对联

对联这种文学形式，从根本上说，决定于汉语的特点，只有少数对联因为内容涉及字形才与汉字发生联系。我们下面分析一下各种类型的对联。

(1) 风送香花红满地，雨滋春树碧连天。
　　天连碧树春滋雨，地满红花香送风。

(2) 香山碧云寺云碧山香，黄山落叶松叶落山黄。
　　黄山落叶松叶落山黄，香山碧云寺云碧山香。

(3) 长长长长长长长，行行行行行行行。

(4) 海水朝朝朝朝朝朝朝落，
　　浮云长长长长长长长消。

(5) 寸土为寺寺旁吟诗诗曰明月送僧归古寺，

双木成林林下示禁禁曰斧斤以时入山林。

（6）烟锁池塘柳，炮镇海城楼。

第（1）组和第（2）组是两种形式的回文联。回文联和回文诗一样，都是利用汉语里单音词多，并且没有形态变化，语法重语序，词性与语法成分并非一一对应的特点构成的。用文言写回文联、回文诗比用白话写容易。与此相反用有词尾变化的语言写回文联、回文诗非常困难，但是并非绝对不可能，英文也有这样的回文游戏，如"ABLE WAS I ERE I SAW ELBA"可以倒过来念。和汉语的回文联、回文诗不同的是，英文的回文游戏确确实实是和语言无关的文字游戏。

第（3）组和第（4）组是由两读字构成的对联。这种对联利用多音多义字的不同音义形成变化和对仗。对联应读为：

　长　　长　　长　　长　　长　　长　　长，
cháng zhǎng cháng zhǎng cháng cháng zhǎng

　　行　行　行　行　行　　行　　行。
háng xíng háng xíng háng háng xíng

上联写的是米店，下联写的是裁缝店。

海水朝（潮）朝朝朝（潮）朝朝（潮）朝落，
浮云长（涨）长长长（涨）长长（涨）长消。

这是北戴河孟姜女祠的对联。这类对联看起来比较有趣，但是从文字的角度来看，说明了多音多义字有时传达信息不够明确。

第（5）组对联运用拆字法构成整齐的对仗。第（6）组对联每联5个字，上下联都以"金""木""水""火""土"作为部首以构成对仗。

二、字谜

利用汉字字形能够拆分的特点可以写对联，也可以编字谜。字谜是谜语的一种，谜底是汉字。猜字谜的时候往往要拆分汉字的字形，如下列谜语：

（1）"一半儿"是词牌名，有专打"一半儿"的字谜：半真半假（值）；半粗半细（组）；半部春秋（秦）；吃一半、拿一半（哈）；硬一半、软一半（砍）。

（2）散曲《断肠谜》，打一到十：下楼来，金簪卜落（一）。问苍天，人在何方（二）。恨王孙，一直去了（三）。誓冤家，言去难留（四）。悔当初，吾错失口（五）。有上交，无下交（六）。皂白何须问（七）。分开不用刀（八）。从今莫把仇人靠（九）。千里相思一撇消（十）。

（3）矛盾字谜：人有它大，天没它大（一）。加上一直，却成一弯（由）。

遇到白，反成黑（七）。明明水少，却成水多（泛）。嵌上金，变成铁（失）。牵来一匹马，却成一头驴（户）。

（4）群言字谜：群言（谐）。公道话（评）。普通话（谅）。热心话（谈）。有的放矢（谢）。水经注（训）。苏白（误）。少言寡语（诚）。胡说八道（谎）。陈词滥调（试）。吞吞吐吐（诺）。一肚子委屈（谓）。童话（讶）。请帖（谏）。多语症（计）。申请书（让）。算命（讣）。说话人（诸）。阿弥陀佛（诗）。恭喜发财（诘）。

三、拆字

拆字可以根据造字理据，拆分声旁、形旁，也可以不顾及造字理据，拆分部件或笔画。拆字时有的只依据字形，有的还要兼顾到字义。与拆字有关的文化现象还有某些歇后语、笑话、酒令、书名、人名，以至隐语、谣谶、测字等。例如：

（1）王奶奶与玉奶奶——差一点儿。

七字头上切两点儿——抖出弯儿来了。

心字头上一把刀——忍了吧。

（2）两个轿夫抬着一顶轿子，里面坐着一位贵夫人。轿夫问："夫人的'夫'字和轿夫的'夫'字，有什么分别？"夫人答："夫人的'夫'是'一大'，轿夫的'夫'是'二人'。"

（3）赵、钱、孙三位各啬大爷相互请客。赵大爷发请帖，请吃"品饭"：一口饭，一口菜，一口汤。钱大爷发请帖，请吃"淼饭"：饭碗里是水，菜碗里是水，汤碗里是水。孙大爷发请帖，请吃"毳饭"：没有（毛）饭，没有菜，没有汤。

（4）陈祭酒询，字汝同，松江人，善饮酒。酒酣耳热，胸中有不平事，每对客发之。人有过，面语之，不少贷。在翰林时，尝忤权贵，出为安陆知州。同寮饯之，或倡为酒令，各用二字分合，以韵相按，以诗书一句终之。陈学士循之："轰（轟）字三个车，余斗字成斜；车车车，远上寒山石径斜。"高学士谷云："品字三个口，水酉字成酒；口口口，劝君更尽一杯酒。"陈云："蛊字三个直，黑出字成黜；直直直，焉往而不黜。"（明·陆容《菽园杂记·卷六》）

（5）鲁迅《且介亭杂文》取名于"租界"的一半，意为半租界。宋人秦桧字会之，取"桧"字右半。明末清初人郑成功，初名森，字大木，取名中三"木"之一。清人毛奇龄，字大可，尤侗字同人，庐文绍字召弓，字都由名的字形离析而成。

（6）魏武尝过曹娥碑下，杨修从。碑背上见题作"黄绢幼妇，外孙齑臼"八字……修曰："黄绢，色丝也，于字为绝。幼妇，少女也，于字为妙。外孙，女子也，于字为好。齑臼，受辛也，于字为辝（辞）。所谓绝妙好辞也。"（《世说新语·捷语》）

（7）《三国演义》中曾记述这样一首民间咒骂董卓的童谣："千里草，何青青，十日上，不得生。""千里草"，合起来便是"董"字，"十日上"，合起来便是"卓"字。此童谣影射董卓将倒台。

（8）《水浒传》中描写黄文炳诬陷宋江，举当时流行的一首歌谣为据："耗国因家木，刀兵点水工。""家木"指"宋"字，"水工"指"江"字。歌谣说宋江是耗损国家起刀兵的祸首。

（9）（茂）梦坐大殿，极上有三穗禾，茂跳取之，得其中穗，辄复失之。以问主簿郭贺，贺离席庆曰："大殿者，官府之形象也。极而有禾，人臣之上禄也。取中穗，是中台之位也。于字禾失为秩，虽曰失之，乃所以得禄秩也……"（《后汉书·蔡茂传》）

古时一些谣谶已经涉及迷信，编造传布谣谶的人希望借助文字的神秘性，使人们对谣谶的内容深信不疑。至于测字，以文字为材料占卜算命，则纯属迷信活动，是传统文化里的糟粕。

四、拼字、回文等民俗文化

在民间，与拆字相反，还有拼合汉字的，有利用汉字笔画数目及汉字字形的特殊写法造就民俗文化现象的情况。例如：

（1）"囍"是由两个喜字构成的一个表示喜庆的特殊的符号。它没有字的资格，没有一部字典、词典收它。从民俗心理来看，"囍"字可以表示双喜临门，如结婚对于男女双方都是喜庆的日子，于是要贴"囍"字。类似的由拼合汉字构成的合体符号，还有"黄金万两""招财进宝""日进斗金""抬头见喜"等吉利话。

（2）"九九消寒图"："句九字，字各九画，双钩书写，自冬至日填一画，凡八十一日而毕事。"例如，"亭前垂（垂）柳待春风（風）。""春前亭、柏风（風）送、香盈室。"都是九九八十一笔。

（3）"喜寿、米寿、白寿"："喜寿"（77 岁），"喜"字草书像"七十七"；"米寿"（88 岁），"米"字拆开为"八十八"；"白寿"（99 岁），"白"字是"百"字缺"一"。

（4）"神智体"是一种近乎文字游戏的诗体，以其能启人神智故名。神智体源于苏轼《晚眺诗》。诗云："长亭短景无人画，老大横拖瘦竹筇，回首断云斜日暮，曲江倒蘸侧山峰。"其诗以意写之，仅十二字。其写法是："亭"字写极长；"景"字写极短；"画"（畫）写作"書"，下无人；"老"字写稍大；"拖"字横写；"筇"字竹头写极细；"首"字反写；"云"（雲）字上雨下云，中间距离稍远；"暮"字下日斜写，"江"字右边工字中间有折；"蘸"字倒写；"峰"字山旁侧写。

（5）回文诗既可以从前往后读，又可以从后往前读，顺读、倒读都有诗意，令人赞叹。例如，宋代李禺的《两相思》，顺读是："枯眼望遥山隔水，往来曾见儿心知？壶空怕酌一杯酒，笔下难成和韵诗。途路阳人离别久，讯音无雁寄回迟。孤灯夜守长寥寂，夫忆妻兮父忆儿。"倒读是："儿忆父兮妻忆夫，寂寥长守夜灯孤。迟回寄雁无音讯，久别离人阳路途。诗韵和成难下笔，酒杯一酌怕空壶。知心几见曾来往，水隔山遥望眼枯。"不论是"夫忆妻兮父忆儿"，还是"儿忆父兮妻忆夫"，极道思念之苦，感情真切深沉。

五、与字形相关的词语

因为汉字字形特点突出，所以人们在说话、写文章时可以拿汉字字形打比方，并且由此产生一些与汉字字形相关的词语。例如，八字胡、八字眉、八字脚、丁字尺、丁字街、金字塔、十字街、十字路口、目不识丁等。拆分字形的也有，如八字还没一撇呢，不够人字那两撇，人字的结构就是相互支撑等。

六、书法

各种文字都讲求规范、美观，但是在世界上独树一帜的书法、篆刻艺术却只有汉字才有。这首先是因为汉字本身就具有艺术潜质，另外，中华民族对于汉字书写、篆刻有美的追求。

从广义上讲，有了汉字就有了书法的萌芽。今人所看到的甲骨文刻辞有的刻写得非常精美，不仅笔画刚劲有力，而且注重对称、均衡。而铸在钟鼎等青铜器上的金文书写刻铸精心，寄托了更多的艺术追求。金文的笔画向粗细均匀的线条化发展，字形结构大多端庄稳重，通篇铭文分行布白，极有章法。秦系文字继承两周金文的传统，结构简化固定，体势整齐划一，线条圆转匀称，字形修长呈内聚之势。作为刻石文字传留至今的石鼓文及琅邪台刻石和泰山刻石残迹，都是极具艺术魅力的书法瑰宝。

从狭义上讲，尽管小篆和小篆以前的古文字在实用中也体现出古人对于书法的审美意识，也就是说，已经产生了书法美学的萌芽，但是，汉字始终还没有作为书法艺术品单独存在，汉字的线条、结构等一切特点，主要是为了适应其记录语言的功用和满足其载体的需要而产生的。事实上，真正的书法，产生于汉字隶变以后。隶书和小篆相比，具有质的变化。隶书一方面通过变圆为方、变曲为直、调整省减线条结构等方法把小篆的线条变成了不同形态的笔画；另一方面通过同化、分化、简化、另构一体、改变偏旁部首的写法等方法打散、调整了小篆的字形结构。隶变全面调整了汉字的构形，消除了古文字中遗留的象形因素，在符号化的进程中迈出了关键的一步。隶变以后，人们书写汉字不必拘泥于具体的物象，纯粹由笔画的曲、直、伸、缩来表现力和势，以结体的多样化和彼此呼应来谋篇布局，因此书法艺术有了更为广阔的天地。

东汉的隶书千姿百态，十分优美动人，其笔画左掠右挑，蚕头燕尾，一波三折，具有鲜明的艺术特色。隶书的代表作为东汉几十块著名的碑铭。隶变促成了众多书体的产生，从东汉到魏晋时期，书法大兴，楷书、草书、行书，诸体皆备，各有名家。

楷书本称正书、真书，唐以后改称现名。"楷"是规矩整齐，可为楷模的意思。楷书是由汉隶演变来的，结构与汉隶基本相同，只是稍有简省，与汉隶主要区别在用笔与体势上。楷书的撇和长横没有波势，捺也不上挑，钩是硬钩，不用慢弯，间架结构不取横势取纵势，呈长方形。楷书兴于汉末，魏晋时成为通行字体，1 000 多年来表现出极大的历史稳定性，至今是我们理想的交际工具，并且是具有极高水平的书写艺术。楷书书法最早的楷模是唐代的颜真卿、柳公权。

草书，包括章草、今草、狂草。"草"是潦草的意思。汉隶的快写体就是草书。魏晋时出现了楷书的快写体被称为今草，于是追称以前的草书为章草。"章"是章法、条理的意思。章草脱胎于汉末，不但基本保持着隶书的体势和用笔，而且字的大小均匀、字字独立、非常明晰规范，如皇象本《急就篇》。今草是采取楷书、行书的点画用笔及章草的草法和变化而创造出来的一种字体。其字形大小相间，粗细杂糅，彼此呼应，字字勾连，格调变化要比章草多得多，如王羲之的《十七帖》。狂草是从唐代兴起的。它是在今草的基础上随意增减笔画、恣意连写而发展起来的。狂草难以辨认，虽然不济实用，但是作为书法具有很高的艺术品位，如张旭的《古诗四帖》、怀素的《自叙帖》。

行书是介于楷书和草书之间的一种字体，以"行"为名，取其生动活泼之意。行书虽然有连笔，却不失原形，易于书写，易于辨认，是使用最广泛的一种手写体，其书法成就也最引人注目，如王羲之的千古名作《兰亭序》。

书法的产生出于对汉字书写的尚美的追求，在东汉以前，实用书体和艺术书体基本上是统一的。从东汉隶书产生以后，书法字体与实用书体分道扬镳，书法成为一门最具民族特征、最能体现中华文化特色的艺术形式。

七、篆刻

篆刻与书法一样，也是汉字特有的艺术形式。从字面理解，"篆刻"就是用小篆字体刻制印章。当然，这是就秦以小篆统一文字以后而言的。其实远在春秋中期，《左传·襄公二十九年》已经有了关于"玺书"的记载。"玺书"就是在信简的封泥上加盖印章。在用纸之前，印章主要用来打在文书信札或其他物品的封泥上。流传至今的最早的玺印是战国时期的铜玺。

篆刻起源于实用，即作为凭证信物。一直到宋元时期，出于书画鉴赏与收藏的需要，才创造出主要供鉴定、欣赏的印章，于是书、画、印逐渐融合为一个艺术整体。元代的王冕、文彭亲自治印，开创了文人治印的风气，推动了篆刻艺术的迅速发展，并且逐渐形成了不同风格的艺术流派。从清代中期至现代，产生了邓石如、赵之谦、吴昌硕、齐白石等治印大家，他们利用汉字笔画的悬殊，精心布局构图，如印文的繁简、疏密、欹正及相互间的顾盼、呼应、就让等，在方寸之间创造出一个艺术世界。①

第六节　汉字是中国文化的脊梁

文字的语言功能表现在，文字是记录、传播语言的工具，是文化的重要载体之一。这是文字的共性。虽然说，文字不等于文化，改换文字不过是改换了语言的书写符号，但是实际上只有掌握了两套文字系统的人才能阅读两种书面语言。对于绝大多数人而言，他们与被废弃的书面语言只能是越来越隔膜。这就是说，文字体系的改革对于文化的传承不可避免地会产生负面作用，至于这种负面作用的大小，决定于文字的负载功能的强弱。由于各个民族文化发展的历史不同，各种文字所负载的古代文化和现代文化的情况不同。汉字的负载量，尤其是对于古代文化的负载量，是其他文字难以伦比的。

从先秦两汉到 1919 年五四运动，文言文作为中国人的共同的书面语，凌驾于各方言口语之上。从五四运动以后直到今天，汉字不断提高规范化水平，越来越适应记录现代汉民族共同语的需要，而现代汉民族共同语的书面语凌驾于各方言口语之上，承担着主要的语言交际任务。这不仅因为我国从古至今始终存在民族共同语，而且因为我们使用的汉字是语素文字，它不直接表音，所以可以超越方言形成民族共同语的书面语言。因为古今语音变化很大，词汇、

---

① 何九盈等：《中国汉字文化大观》，145～148 页，北京，北京大学出版社，1995。

语法的变化相对要小，所以后人通过汉字能够比较容易地继承古代的文化遗产，而汉字的文化功能对于汉民族的影响更是不可低估。为了维护民族的团结、国家的统一，除了需要政治、经济、军事力量做保障之外，强大的文化的力量是提高民族凝聚力的重要因素。不容否认，正是汉字和汉字文化，使生活在如此广阔疆域、说着不同方言的中华民族，由于文字的认同、文化的认同，形成了民族的凝聚力，形成了促进国家统一的强大推动力。

由此我们可以理解，为什么有些国家改变文字体系相对地说要容易一些，除了语言的原因、社会要求变革等原因之外，还有一个原因，就是原来使用的文字文化负载量比较有限。由此我们也可以理解，为什么英文拼法始终没有进行大刀阔斧的改革。英文有 1 000 年的历史。英文拼法改革，从 16 世纪就有人提出，但是一直未能成功。1949 年，英国众议院以 87 票对 84 票否决英文拼法改革提案。改革的困难之一是在拼法改革之后将如何阅读以前的著作。对于英语的拼法问题，英国语言学家帕默尔说："语言研究者首先注意到，任何革新了的拼法都会在五十年后又成为过时的东西。其次，我们该用什么正字法来翻印英国文学名著呢？把莎士比亚的作品按照现代语音来拼写，就是掺假。然而如果我们在这些著作中保留原来的拼法，只在现代文章中应用现代正字法，并在小学里教这种正字法，那么，对于那些没有时间和耐性学习旧正字法的人来说，英国文学的书就无法打开……拼法现代化的任何见效的措施，都会向博学者以外的所有人锁起英国文学的大门。"[①]

颁布新的正字法都令人如此左右为难，如果实行汉字拉丁化，即以一种全新的音素文字取代用了几千年之久的语素文字，可以推知，中华民族在文化心理上将会产生多么大的反应。其实，汉字是不可能被废除的。比如，日本的假名产生了 1 000 年了，先是汉字夹用假名，后是假名夹用汉字，汉字一直都没有消亡，而是和假名相得益彰。现在我国推行的《汉语拼音方案》不是法定的文字，但我们可以用它来协助汉语汉字教学。即使将来如果产生了拉丁化的文字，也只是可能和汉字并存，且首先用在汉字不便于使用的地方，比如说对译外来语，然后才伴随着人民群众文化心理的逐渐适应而逐步扩大应用。因此在较长一段时间，"汉字是中国通用的唯一交际工具，惟其如此，它是中国文化的脊梁"。[②]

【思考与练习】

一、你怎样看待汉字的语言功能和文化功能？

---

① ［英］帕默尔：《语言学概论》，99～100 页，北京，商务印书馆，1983。
② ［英］帕默尔：《语言学概论》，99 页，北京，商务印书馆，1983。

二、汉字的文化功能表现在哪些方面？

三、通过分析有关"玉石""车马""陶瓷"的部分汉字，揭示字形中所蕴含的华夏文明。

四、简要列举汉字所造就的独特的文化现象。

五、为什么说汉字是中国文化的脊梁？

第四章　方兴未艾的语文现代化运动

1986 年 1 月，国家教育委员会和国家语言文字工作委员会联合召开了全国语言文字工作会议，确定了新时期语言文字工作的方针和任务。新时期语言文字工作的方针是："贯彻、执行国家关于语言文字工作的政策和法令，促进语言文字规范化、标准化，继续推动文字改革工作，使语言文字在社会主义现代化建设中更好地发挥作用。"当前语言文字工作的主要任务是："做好现代汉语规范化工作，大力推广和积极普及普通话；研究和整理现行汉字，制订各项有关标准；进一步推行《汉语拼音方案》，研究并解决它在实际使用中的有关问题；研究汉语、汉字信息处理问题，参与鉴定有关成果；加强语言文字的基础研究和应用研究，做好社会调查和社会咨询、服务工作。"

新时期的语言文字工作体现了时代对语文现代化的要求：(1) 语言共同化。确立并推广现代汉民族共同语，即普通话。(2) 文体口语化。实现言文一致，书面语用白话文代替文言文，并不断提高规范程度。(3) 汉字标准化。通过简化和整理汉字，使汉字实现规范化、标准化。(4) 汉语拼音化。制订汉语拼音字母，首先是给汉字注音，拼写汉民族共同语，并逐步扩大应用范围，运用于汉字不便于使用的地方。(5) 中文信息化。加强研究汉语汉字的信息处理问题，使汉语的书面语和口语都便于用电脑等电子技术处理。①

实现语文现代化，是普及文化教育、发展科学技术、提高工作效率的一项基础工程，对社会主义物质文明建设和精神文明建设具有重要意义。全世界，包括汉字文化圈在内的五大文化圈中的不少国家都面临着或曾经面临过语文现代化的问题。我们通过古今中外的历史的比较，可以了解汉语汉字的过去和现在并展望汉语汉字的将来。

第一节　汉字文化圈的历史和现状

我国是个历史悠久的文明古国，包括指南针、纸、印刷术和火药四大发明

---

① 张育泉：《语文现代化概论》，2 页，北京，首都师范大学出版社，1995。

在内的近 300 种发现和发明，是中国对世界文明的巨大贡献。① 17 世纪以前，中国的科学技术在世界上一直处于领先地位，与此相应的是汉字文化的繁荣和传播。两千年来，汉字伴随着灿烂的中华文化流布全国、流布四邻，在东亚东南亚形成一个广大的汉字文化圈。

一、汉字文化圈的历史

汉字文化向外传播的路线有 3 条。一条从中原向南和西南，传播到广西的壮族和越南的京族，从而产生了壮字和喃字；一条从中原向东，传播到朝鲜和日本，产生了谚文和假名；一条从中原向北和西北，传播到宋代的契丹、女真和西夏，产生了契丹字、女真字和西夏字。②

1. 壮字和喃字

广西壮族从秦汉时期就开始接触汉字文化，开始是全部借用汉字文化，也就是说，不只是借用汉字，而且连一部分汉语也借用过去。唐代开始创制方块壮字。壮字有两类：一类壮字字形完全借用汉字，但是音义不同，或者取音不取义，或者取义不取音。当然，取音时也不可能照搬汉字原音，只能折合成壮语的相近似的读法。另一类壮字是仿照汉字的结构体势或采取汉字的某些部件创制的，它们的形音义与汉字都不同。但壮字没有经过系统整理，各地不完全一致，也没有成为正式通行的文字，只是夹在借用的汉字里使用，大多用来记录民歌和人名、地名等。1955 年党和政府组织专家创制了以拉丁字母为基础的拼音壮文，1981 年经修改后壮字全部采用拉丁字母。

越南从秦汉时期就与中国中原地区有着密切的交往。伴随着中原的生产技术和礼仪文化的传播，伴随着中原移民的不断迁入，汉字汉语也传入了越南。越南人称汉字为"儒字"，意思是儒家的文字。以后随着学校的兴办、科举的推行，随着本地区政治、经济、文化的发展，汉字的使用范围逐步扩大，成为越南正式通用的文字。公元 939 年越南北部建立独立政权以后，仍然同中国的封建王朝保持着藩属与宗主的关系。由于当时越南封建统治者对汉文化的重视，汉语、汉字的社会影响不断扩大和深入。在一个相当长的历史时期里，越南越语和汉语两种语言并用，并且把汉语和汉字作为正式的官方语言和文字。10 世纪以后，出现了越南民族文字——喃字。喃字是一种部分借用汉字，部分使用假借、形声、会意方法构成的方块字。12 世纪时，人们用喃字记录地名、乡名、村名、人名。13 世纪出现用喃字写的诗歌。18、19 世纪是喃字发展的

---

① 伍铁平：《语言和文化评论集》，204 页，北京，北京语言文化大学出版社，1997。
② 周有光：《世界文字发展史》，97 页，上海，上海教育出版社，1997。

黄金时代，喃字文学得到了迅猛的发展。喃字产生以后，越南使用的是两种语言和两种文字，即越南语和汉语、汉字和喃字，但是汉字始终作为国家正式通用的文字。17 世纪教会为越南语制定了拉丁化的拼音文字，以便于传教。19 世纪中叶，法国殖民主义者入侵越南以后，法语成为越南官方行政文字，殖民者同时推广学习拉丁化的越南书面语，目的是为在越南普及法语和法文铺平道路。1945 年越南独立后，把拉丁化拼音文字作为法定文字，喃字和汉字被弃置不用。①

2. 谚文和假名

朝鲜是中国的近邻。汉末到三国时期，汉字开始传入朝鲜。公元 5 世纪初，朝鲜半岛的各个国家用汉字写文言文已经蔚然成风。到了公元 7 世纪，这些国家已经可以用汉字系统、定型地记录朝鲜语，这种文字形式叫吏读。吏读的特点是，实词大致用汉语词，这些词进入句子时一般都按朝鲜语的语序，再添加用汉字标记的表示语法意义的附加成分，这些附加成分朝鲜语称为"读"。"吏读"意为带有朝鲜语助词的官方文字。吏读之外，当时还有一种借用汉字作为音符书写朝鲜语词的文字形式，被称为乡歌。"乡"指的是"朝鲜国家"，"乡歌"即"朝鲜国家的歌"，所写的多为民歌、民谣。李朝（1392—1910 年）大力发展民族文化，在世宗李裪主持下朝鲜半岛于 1444 年创制了拼音文字，称《训民正音》，俗称谚文，即通俗文字，供文化不高的老百姓使用。谚文是音位文字，但是不作线形排列，而是拼成汉字式的方块音节。谚文字母由最简单的笔画构成，并非直接源于汉字，但有意或无意之中受到汉字笔画的影响。谚文创制以后，长期流行于民间，同时吏读也在民间流行，书写文言文的汉字仍然是正式文字。在此期间，朝鲜人往往以汉字谚文并用的形式来写文章。他们用汉字写词根，用谚文写词尾，既方便，表意又明确。到了 19 世纪后期，汉字谚文混合体成为正式文字。1910 年日本吞并朝鲜，朝鲜人民民族意识高涨，使用谚文成为爱国的标志。汉字谚文混合体受到推崇，取代书写文言文的汉字成为唯一的正式文字。1945 年日本战败，朝鲜半岛解放，分成南北两部。朝鲜民主主义人民共和国在 1948 年废除汉字，完全使用谚文。韩国至今一直沿用汉字谚文混合文字，但是限定了使用汉字的数目。1972 年韩国教育部公布《中学教学用基础汉字》1 800 个，后来韩国大法院公布人名用字 2 854 个（包括 1 800 个基础汉字）。现在韩国社会上普遍使用谚文，报刊、文件上出现的汉字明显地减少，而文学作品则全用谚文。②

---

① 何九盈等：《中国汉字文化大观》，391～397 页，北京，北京大学出版社，1995。
② 何九盈等：《中国汉字文化大观》，374～383 页，北京，北京大学出版社，1995。

大约在晋朝，汉字伴随着汉文典籍经朝鲜半岛进入日本。据《日本书纪》（720年）记载，应神天皇十六年（285年）春二月，王仁博士教太子学习汉文典籍。汉字进入日本以后，日本人发现，用汉字不仅可以记录汉语，而且可以记录日语。用汉字记录日语的一种方法是，利用汉字的字形和读音来记写日语中读音相同或相近的词语，这叫"音读"。另一种方法是，利用汉字的字形和字义，找出和汉字意义相当的日本固有词语，然后用日本词语的读音来读这个汉字，这叫"训读"。日本人熟悉了汉字之后，就把汉字作为音符去记录日语的音节，这就是所谓的"假名"，即借用的文字。因为这种假名在日本最古老的"和歌集"《万叶集》（759年）中大量使用，所以被称为"万叶假名"。万叶假名缺乏系统性和科学性，但是它却是现在通行于日本的两套假名——平假名和片假名的源头。平假名大约形成于8世纪末平安时代初期，也就是《万叶集》编成的时代。平假名是在万叶假名的草体写法上简化而成，开始时主要在女性当中流行。因为当时社会上把汉字汉文看作男性的专用品，叫作"男手"，所以取意于通俗平易而命名的平假名又被叫作"女手"。片假名形成的基础是日语中对汉字的训读。和尚要阅读佛经，知识分子要阅读汉字的典籍，他们在汉字旁边注音，写虚词、词尾等，起初用的是整个汉字，后来简化楷书，只取其片段，于是形成了片假名。这种以汉字为主以假名为辅的汉字假名混合文字行用了千年之久。第二次世界大战以后，日本实行语文平民化，限制汉字的字数。1946年公布《当用汉字表》，收汉字1 850个。1981年公布《常用汉字表》，收汉字1 945个。政府硬性规定，法令和公文用字以此为限，此外用假名。现在在日本的普通教科书和一般出版物中，使用的基本上就是这1 945个汉字。这样，日本文字就变成以假名为主、以汉字为辅的混合文字。①

3. 契丹文字、女真文字、西夏文字

契丹文字是辽国（907—1125年）为记录契丹语而参照汉字创制的文字。公元907年契丹族领袖耶律阿保机（辽太祖）建立辽国。据《五代会要》记载："契丹本无文纪，唯刻木为信。汉人之陷番者，以隶书之半加减，撰为胡书。"《辽史》说："（辽太祖神册）五年（920年），始创契丹大字，诏颁行之。"又说，"回鹘（维吾尔祖先）使至，无能通其语者，太后谓太祖曰：'迭剌（太祖弟）聪颖可使。'遗迭剌之，相从二旬，能习其言与书，因制契丹小字，数少而该贯。"契丹大字是汉字式的写词文字。契丹小字是一种拼音文字，"原字"（字母）是利用汉字笔画创制出的一个语词由1至7个"原字"先左后右、先

---

① 何九盈等：《中国汉字文化大观》，384～386页，北京，北京大学出版社，1995。

上后下、多层重叠而成。金灭辽后，契丹文继续使用，并在女真制字的过程中起过很大作用。金章宗明昌二年（1191 年）"诏罢契丹字"，此后契丹字逐渐失传。①

女真文字是金国（1115—1234 年）为记录女真语而参照契丹文字和汉字创制的文字。据《金史·太祖纪》："太祖命希尹撰本国字、备制度，希尹乃依仿汉人楷字，因契丹字制度，合本国语，制女真字。天辅三年（1119 年）……颁行。"这就是女真大字。后来金熙宗又创制女真小字，于天眷元年（公元 1138 年）颁行。一般认为，女真大字是汉字式的写词文字，女真小字是适合女真语语法特点的拼音文字。金朝被蒙古灭亡以后，女真文仍通用于中国东北的女真各部，到 15 世纪中叶逐渐废弃。②

西夏文字是大夏国（1038—1227 年）为记录党项羌族人的语言而参照汉字创制的文字。《宋史·夏国传》说："元昊自制蕃书，命野利仁荣演绎之，成十二卷，字形体方整类八分，而画颇重复。"西夏文在广运元年（1034 年）颁布，在大夏国内与汉字并用。西夏文模仿汉字的笔画和结构，也有独体字与合体字之分。其中独体字笔画较少，有固定的音和义。合体字大多是会意字，也有少量形声字，一般由两个独体字结合而成。西夏文总数有 6 000 字左右。西夏被蒙古灭亡以后，党项后裔还有人继续使用西夏文，直到明清西夏文才被彻底废弃不用。③

如上所述，汉字和由汉字负载的儒家文化、佛教文化、道教文化曾对中国境内的各个民族以及中国境外的东亚的朝鲜、日本，东南亚的越南等国发生过极大的影响。朝鲜、日本、越南在历史上都曾经借用过汉字，朝鲜的谚文、日本的假名、越南的喃字，都是在汉字影响下创制出来的。《三字经》《千字文》《四书》《五经》等汉字典籍在很长的时期曾经是东亚、东南亚的公共教科书。德国当代语言学家、文字学家库尔马司说："汉字系统是为所有用现存语言表达的历史最长、从未中断过的文学传统服务的书写系统，它是人类无可置辩最伟大、最具特色的一种文化的重要组成部分。据赫尔利·克里尔在其所著《汉字系统》第 15 页估算，截至 18 世纪中叶，中国所出版的书比世界上所有其他

---

① 中国大百科全书编辑委员会《语言文字》编辑委员会：《中国大百科全书·语言文字卷》，312～313 页，北京，北京大百科全书出版社，1988。

② 中国大百科全书编辑委员会《语言文字》编辑委员会：《中国大百科全书·语言文字卷》，304～305 页，北京，北京大百科全书出版社，1988。

③ 中国大百科全书编辑委员会《语言文字》编辑委员会：《中国大百科全书·语言文字卷》，304～305 页，北京，北京大百科全书出版社，1988。

语言写成的书的总数还要多。汉字系统将过去同现在联系在一起，连续不断地使用汉字的时间超过三千年之久。这一点是世界上任何别的文字系统都未能做到的。有些人……一直预言汉字将被更有效的字母取代。但是字母的胜利进军遇到中国的城墙却停下了脚步，因为在这儿字母遇到了它最强劲、最有成就的匹敌者——汉字。汉字在东亚创造了一个广袤的汉字文化圈，所以值得我们特别注重。""人们常批评汉字系统笨拙、不经济，然而它却从古到今一直延续下来，曾经而且至今仍在为保存到今天的最伟大的文学传统服务。由于在东亚汉字是获得最为独特发展的文字系统，与任何其他文化因素相比，汉字对东亚的文化同一性，产生过更为持久的影响。"①

二、汉字文化圈的现状

在历史上汉字连同它所负载的科技文化曾经辉煌过，但是从 17 世纪以后由于封建统治者日益走向腐朽没落，违背世界潮流，坚持封建专制和闭关锁国的内政外交政策，所以抵御不了西方列强的侵略，签订了一个又一个丧权辱国的不平等条约，使中国一步一步沦为半殖民地半封建社会。据统计，从公元前 6 世纪到公元 19 世纪全世界的科技成果，在公元 1500 年以前中国所占比例是 50％以上，以后直线下降，到 19 世纪已不足 1％。那时中国对周边国家完全丧失了影响力，汉字文化圈不可避免地萎缩了。

这种状况在新中国成立后有所改观，尤其是改革开放以来，中国执行了正确的内政外交政策，综合国力有了极大的提高，中日、中韩、中国和东盟在政治、经济、文化等方面的联系越来越密切，中国、日本、韩国、东盟如同四架引擎，推动着东亚、东南亚经济、文化的发展，汉字文化圈面临着新的机遇和挑战。

1. 中国大陆（内地）与中国台湾及中国香港、澳门地区汉字文化圈的现状

改革开放以来，中国的经济飞速发展。据统计，从 2003 年至 2011 年，中国的 GDP 实际增长了 1.5 倍，平均增速为 10.7％。2004 年中国的 GDP 产值达到 16 462.12 亿美元，超过了意大利，在世界排行榜上位居第六。2005 年中国的 GDP 产值达到 20 548.80 亿美元，超过了法国，在世界排行榜上位居第五。2006 年中国的 GDP 产值达到 25 879.99 亿美元，超过了英国，在世界排行榜上位居第四。2007 年中国的 GDP 产值达到 33 700.25 亿美元，超过了德国，

---

① 伍铁平：《语言和文化评论集》，213～214 页，北京，北京语言文化大学出版社，1997。

在世界排行榜上位居第三。2008 年中国的 GDP 产值达到 42 220.00 亿美元，超过了日本，在世界排行榜上位居第二。2014 年，美国的 GDP 产值达到 17.4 万亿美元，位居世界第一。日本的 GDP 产值达到 4.8 万亿美元，位居世界第三。中国的 GDP 产值达到 10.4 万亿美元，是日本的两倍，位居世界第二。这些数字是中国综合国力的象征，也是中国国际竞争力和国际地位提高的风向标。

在中国的经济迅速发展的同时，中国的教育也取得了长足的进步。目前，我国教育普及水平在世界中等收入国家中处于领先位置，教育发展与发达国家的差距逐步缩小，相对于新兴经济体国家和发展中人口大国，教育发展的比较优势越发明显，显著提升了我国教育发展的国际地位，也为进一步提升国家综合实力与核心竞争力形成重要基础。

据教育部提供的《各级教育毛入学率国际比较表》显示，我国学前教育入园率大幅提高，2014 年学前教育三年毛入园率达到 70.5％，比 2009 年提高 19.6 个百分点，提前 6 年实现教育规划纲要确定的 2020 年 70％目标，高于中高收入国家 69.2％的平均水平；义务教育在 2011 年全面实现"两基"，在全球 9 个发展中人口大国中率先实现全民教育目标，2014 年小学净入学率达到 99.8％，初中毛入学率达到 103.5％，普及率均超过高收入国家平均水平；高中阶段教育毛入学率达到 86.5％，比 2009 年提高 7.3 个百分点，超出中高收入国家平均水平近 11 个百分点；高等教育毛入学率达到 37.5％，比 2009 年提高 13.3 个百分点，超过中高收入国家平均水平。

2015 年 10 月 12 日教育部部长袁贵仁在围绕"十二五"以来特别是党的十八大以来我国教育改革发展的辉煌成就做报告时指出：

五年来特别是党的十八大以来，我国教育事业不断加快发展，取得了显著成就，提高了全民族素质，推动了创新驱动发展，为全面建成小康社会做出了重要贡献。

一是总体发展水平进入世界中上行列。教育普及程度大幅提高，学前教育毛入园率达到中高收入国家平均水平，义务教育普及率超过高收入国家平均水平，高中阶段教育和高等教育毛入学率超过中高收入国家平均水平。我国主要劳动年龄人口受过高等教育的比例达到 15.83％，人力资源强国建设加快推进。

二是服务经济社会发展能力显著提高。职业院校每年输送近 1 000 万技术技能人才，开展培训达上亿人次。普通本科高校累计输送近 2 000 万专业人才，牵头承担了一大批国家重大科学研究和重大工程项目，产出了一大批重大科研和科技转化成果。

三是国际影响力稳步增强。在经济合作与发展组织（OECD）开展的国际学生能力测试（PISA）中，上海学生成绩连续两次均获第一。一流大学和一流学科建设受到国际社会广泛关注。2013 年，我国成为本科工程教育国际互认协议《华盛顿协议》的签约成员，我国高等工程教育质量得到国际认可。首届国际学习型城市大会、首届世界语言大会、首届国际教育信息化大会、国际职业技术教育大会等重要国际会议在我国成功举办，表明中国教育发挥着越来越重要的国际影响。

袁贵仁部长在讲到教育对外开放工作时指出：

出国留学与学成归国同步扩大，2014 年我国当年出国留学人员 45.98 万人，比 2009 年增加了 100.54%；各类留学回国人员 36.48 万人，比 2009 年增加了 236.84%。来华留学与攻读学位同步增长，实施留学中国计划，我国正成为新兴留学目的地国。2014 年共有来自 203 个国家和地区的 37.7 万名学生在华学习，比 2009 年增加了 58.3%。来华留学中的学历生比例稳步提高，2014 年达到 43.6%。"引进来"与"走出去"同步提高，高质量中外合作办学资源持续增多，五年新设 4 所中外合作大学，新增 643 个本科及以上层次中外合作办学机构和项目。海外办学迈出实质性步伐，已有 4 所机构、98 个项目在境外落地，在 132 个国家设立了 478 所孔子学院和 884 个孔子课堂。

袁贵仁部长在讲到教育投入和教育信息化时指出：

教育投入是教育改革发展的物质基础。2012 年，我国财政性教育经费支出 2.2 万亿元，占当年国内生产总值比例达到 4.28%，是我国教育发展史上很大的一件事。2013 年，全国教育经费突破 3 万亿元，其中国家财政性教育经费 2.4 万亿元，比 2009 年翻了一番。

教育信息化是促进教育公平、提高教育质量的重要手段。加强基础设施建设，城市学校互联网覆盖率达 95.7%、农村学校达 79%。数字教育设备和资源覆盖全国全部 6.4 万个教学点，偏远农村地区的 400 多万孩子由此享受到了优质教育资源。

自改革开放以来，我国的图书出版事业取得了令世人瞩目的快速发展，从 1978 年到 2005 年，我国图书出版产业的图书出版种数和新出图书种数分别从 14 987 种和 11 888 种增长到 222 473 种和 128 578 种，27 年间分别增长了 14.8 倍和 10.8 倍，年均增长 10.51% 和 9.22%。从 1978 年到 2005 年，中国图书出版产业的总印张数从 135.43 亿印张增长到 493.29 亿印张，年均增长率为 4.90%；总印数从 37.74 亿册（张）增长到 64.66 亿册（张），年均增长率为 2.01%。与此同时，作为衡量图书出版产业总量特征的另一个重要指标——总定价，在这一阶段同样经历了一个大幅的攀升，从 1985 年的 39.50 亿元增加到 2005 年的 632.27 亿元，20 年间增长了 16 倍，年均增长率高达 14.87%。

随着计算机、互联网和通信技术的飞速发展，包括电子书（eBook）、互联网出版、网络游戏、博客（Blog）以及手机小说等新的出版模式风生水起、方兴未艾。从 2000 年到 2004 年的 5 年间，我国只读光盘（CD-ROM）由 2 247 种增长到 6 081 种，增长了 170%，数量由 0.4 亿张增长到 1.5 亿张，增长了 275%。2005 年，我国电子书（eBook）销售总册数达到 805 万册，是 2003 年的 2.6 倍，销售种数达到 14.8 万种。2004 年，我国电子书（eBook）出版收益超过 20 万元的出版社有 26 家，超过 50 万元的有 15 家，超过 100 万元的有 5 家。全国约有 100 家出版社开始同步出版传统图书和电子书（eBook）。而互联网出版的势头更是令人刮目相看，互联网游戏出版、互联网学术文献出版、互联网教育出版等业已形成。2004 年我国互联网出版业直接产值达 50 亿元，比上一年增长 70%，成为出版产业最亮的亮点。

近年来，新闻出版业按照中央要求，把社会效益放在首位，努力实现社会效益与经济效益相统一，进一步调整、优化结构，深化改革，促进增长，实现了中高速发展。与 2012 年相比，2013 年全国图书品种增长 7.35%（初版增长 5.78%，重版、重印增长 9.55%），总印数增长 4.87%，总印张增长 6.83%，定价总金额增长 8.95%。2014 年全国出版、印刷和发行服务实现营业收入 19 967.1 亿元，较 2013 年增加 1 720.7 亿元，增长 9.4%。这表明新闻出版产业在国民经济"新常态"背景下仍继续保持了较好的可持续发展能力。

随着中国综合实力的提高，世界各地有越来越多的人学习汉语汉字。汉字经过整理、规范，重新焕发了青春，特别是解决了汉字输入计算机的难题之后，人们重新看到了汉字的前途。几十年来，中国已经陆续制订发表了《汉字拼音方案》《第一批异体字整理表》《简化字总表（1986 年新版）》《现代汉语常用字表》《现代汉语通用字表》《GB 2312—80 信息交换用汉字编码字符集·基本集》《普通话异读词审音表》等一系列国家语言文字规范和标准，语文现代化程度有了明显的提高。

我国台湾地区在近几十年来，为了适应电子计算机的需求和文化交流的需要，在汉字标准化方面做了不少工作，也取得了不少成绩。首先是常用字、次常用字以及罕用字的研究和确定。台湾地区的《常用国字标准字体表》，又叫"甲表"，收常用字 4 808 字，在经过试用和两次修订后，于 1982 年 9 月 1 日公告启用。《次常用国字标准字体表》，又叫"乙表"，收次常用字 6 341 字，于 1982 年 12 月问世。《罕用字体表》，又叫"丙表"，收罕用字 18 480 字，于 1983 年 10 月问世。甲、乙、丙 3 个字表共收国字 29 629 个。台湾地区整理异体字的工作，只限于甲、乙、丙 3 个字表的范围，共收录甲、乙、丙 3 个字表所收字的异体字计 18 609 字，编成《异体字表》，又称"丁表"，于 1984 年 3 月问世。此后台湾地区又进行了标准字体的研究，在 1993 年 6 月公布了《国字标准字体楷书母稿》，后又公布了《国字标准字体宋体母稿》，前者收 11 151 字（包括常用字 4 808 字，次常用字 6 343 字），后者收 17 266 字（包括常用字

4 808字，次常用字 6 343 字，罕用字 3 405 字，异体字 2 455 字，附录 255 字）。台湾地区还制定了两套用字标准：一套是印刷用的楷书标准，即上面所说的《常用国字标准字体表》和《次常用国字标准字体表》，表中所收的都是繁体字；另一套是手写用的行书标准，即《标准行书范本》，其中采用了大量的简体字。台湾地区在 1983 年制定了"通用汉字标准交换码"，经修订后在 1986 年公布，共收汉字 13 051 字，其中"常用字集" 5 401 字，"次常用字集" 7 650 字。

海峡两岸对现行汉字的字形规范和字音规范各行其是，不可避免地造成了字形和字音的分歧。拿祖国大陆的《现代汉语通用字表》（收 7 000 字）和台湾地区的《常用国字标准字体表》（收 4 808 字）相比，除去因收的字不同而不能比较的以外，可以用来比较的有 4 786 字。两地字形相同的有 1 947 字，占41%，两地字形相似的有 1 170 字，占 24%，两地字形不同的有 1 669 字，占35%，其中大陆用简化字、台湾地区用繁体字的有 1 474 个，占 31%，一字多体，大陆和台湾选用不同字形作为正体的有 195 个，占 4%。① 如果拿大陆的简化字和台湾地区的行书比较，《标准行书范本》共收常用字 4 010 字（据统计实收 3 998 字），其中所收简体字与大陆《简化字总表》完全相同或基本相同的有 563 字，相近的有 131 字，两者共有 694 字，占《简化字总表》的30.5%。② 海峡两岸字音的差距也比较大，以《新华字典》（1990 年版）和台湾地区的《国语辞典》（1980 年版）的注音比较，在《现代汉语常用字表》的3 500 字中，注音相同的有 2 711 字，占 77%，注音不同的有 789 字，占 23%。③

香港地区和澳门地区在回归以后，执行"一国两制"的政策，和内地的联系越来越密切，普通话和简化字都在逐渐流行。香港地区早在 1984 年就有人提出"繁简由之"的口号，以适应正在变化的形势。香港语文教育学院在 1987年出版了基本上以《康熙字典》为范本的"常用字字形表"（收 4 719字）作为字形规范。

2. 东南亚汉字文化圈的现状

我国的简化字在东南亚得到普遍的认同。新加坡 1969 年开始简化汉字，1976 年 5 月发布修订本《简体字总表》，所收的简化字与我国完全一致。新加坡教育部于 1980 年和 1983 年，以简化字、新字形和规范字为标准，先后颁行了《小学分级字表》和《中学华文字表》。1993 年新加坡国民登记局为国人重新更换新身份证的时候，为华族人士加上简化字姓名。凡此种种，足见新加坡

① 费锦昌：《海峡两岸现行汉字字形的比较分析》，载《语言文字应用》，1993 (1)。
② 骆毅：《台湾〈标准行书范本〉出版 10 周年》，载《语文建议》，1990 (6)。
③ 李青梅：《海峡两岸字音比较》，载《语言文字应用》，1992 (3)。

推行简化字的决心和成就。马来西亚 1972 年成立"马来西亚简化汉字委员会",1981 年出版《简化汉字总表》,与中国的《简化字总表》完全一致。泰国在联合国以简化字为汉字标准后,于 1983 年 12 月批准所有兼教华文的学校都可以教简化字,并且发行了《简化字与繁体字对照手册》。

近年来,随着中国经济的发展和国际地位的提高,东南亚华文教育逐渐受到各国政府的重视和支持。从 20 世纪 90 年代起,泰国、马来西亚、新加坡、菲律宾、柬埔寨、越南、老挝和印尼等国均采取了鼓励华文教育的一系列措施,由华人社会团体办的华文学校、政府办的华文学校和业余中文补习学校,如雨后春笋般地纷纷出现,学中文的人不再限于华人子弟,"汉语热"在全社会范围内日益高涨。90 年代泰国汉语教育开始高速发展,2001 年汉语已经替代日语成为泰国人第二热衷语言。据悉,学习汉语的泰国学生已从 2006 年的 20 多万人增长到现在的 100 多万人。新加坡实行双语教育制度,在华文特选中学和华文特选小学里,华语已与英语一起被列为"第一语文"课程。马来西亚教育部基本上已经同意把华文列入全国 78 间国民型华文中学的正课。印尼教育部表示,面对全球化的发展,印尼政府将致力使中文与英文和日文具有同等的地位,推动中文成为主要外语。而在泰国,由于政府的重视,目前,华文已具有与其他外语同等的地位。

随着华文教育的升温,东南亚国家的华文学校规模不断扩大,已形成从小学到大学的完整的华文教育体系,如马来西亚,目前有华小 1 200 多所,华文独中 60 所,大学有拉曼学院、新纪元学院和南方学院。马来西亚的华人子女在马来西亚国内可以接受从小学直到大学的华文教育。泰国华人在 1993 年创办了由政府支持的华侨崇圣大学。2001 年 7 月马来西亚政府原则上批准成立私立的拉曼大学,2002 年 8 月 13 日拉曼大学正式挂牌成立。中文专业或中文课程已成为一些国家公立学校的科目。华语成为学校的行政用语和交际用语。新加坡国立大学、马来西亚国立大学、泰国法政大学、朱拉隆功大学等国立大学都开设了中文系。泰国的诗纳卡琳威洛大学、农业大学、博仁大学、爱博大学等高等学校也开设了中文课程。在泰国,学习中文已经成为时尚,不仅越来越多的泰文学校和名牌大学开设了中文课,甚至连一些过去只重视英文教学的教会学校也开设了中文课程。一些已经停办多年的中文学校也恢复了招生。印尼政府决定取消对华文教学的限制后,一些学校已开设了中文课程,中文补习班也纷纷出现。印尼教育部还明确表示,大学里也可以设中文系。

为了保证教学质量,切实提高华文教师的教学水平,东南亚各国的华文教育机构与中国有关教育机构密切合作,委托中国教育机构对华文教师进行培训,并且制订了互派教师的计划。新加坡教育部除了采用创新的华文教学法、修改华文教学纲要外,还将检讨其评估模式和考试方法,以确保学生学得更好。为了让华文课更生动有趣，华文教师用了很多富有创意的教学法，华文教学纲要也做了修改，新课本已经从 2008 年分阶段使用。

3. 韩国、日本汉字文化圈的现状

韩国的《教育基础汉字表》收字 1 800 个，加上人名用字共 2 854 个。韩国的《朝鲜日报》于 1983 年公布第一批简化字 90 个，其中与中国相同的有 29 个。韩国工业标准协会在 1987 年制定了《韩国编码字符集 KSC5601—1987》，除谚文字母和音节字等符号以外，收 4 888 个汉字。原则上用《康熙字典》的整体字。韩国于 1991 年制定了《韩国编码字符集辅助集 KSC5657—1991》，增收汉字 2856 个。在韩国，通行最广的文字是谚文，学生的知识主要来自谚文。

1992 年 8 月中韩建交后，韩国各界普遍呼吁恢复汉字。2005 年韩国政府宣布，在所有公务文件和交通标志等领域全面恢复汉字和汉字标记，以适应世界化的时代潮流，并且提出了《推动汉字并用方案》。此《方案》指出：凡地名、人名、历史用语等不写汉字就容易发生混乱的语汇，均在韩文后面注明汉字，为了给中国和日本的观光客提供方便，将逐步在道路交通标志上实现汉字和英语双重标记。韩国前总统金大中说："韩国的各种历史古典文章和史料仍以中国汉字书写，如果无视中国汉字，将难以理解我们的古典文化和历史传统，有必要实行韩、汉两种文字同时并用。"

近年来，中韩两国各领域关系发展迅速。中国是韩国第一大贸易伙伴国，韩国是中国第三大贸易伙伴国。2013 年两国的贸易额达到了 2 743 亿美元。2015 年中韩正式签署了中韩自由贸易协定。在韩国，汉字的使用越来越普遍了，形成了一股汉语热。根据韩国教育部 2008 年的统计，韩国开设中国语言文学专业的大学有近 150 所，其中 4 年制本科大学中有 58 所设立了中语中文学科，另有 54 所开设了中国语言文化学科、中国学科、中国语科、观光中国语科等，还有 28 所 2 年制专科大学和 3 所网络大学开设了与汉语有关的学科。据韩国中央社网站 2014 年 10 月报道，韩国汉语热升温，将汉语作为第二外语开设课程的普通高中数量占整体的比率，从 2000 年为 8.8% 增至 2012 年 36.8%。据不完全统计，目前在韩国接受正规教育、学习汉语的人数将近 20 万，如果把接受各种类型教育、学习汉语的人数加到一起统计，将近 50 万。学习汉语不仅不局限于大学、大专，而且已经从高中推广到了小学，韩国的一些小学已将汉语作为第二外语。自 1993 年汉语水平考试在韩国举行以来，参加考试的人数迅速增加，已连续多年居世界考生之首。

中国的第一所孔子学院于 2004 年 11 月 21 日在韩国首都首尔挂牌，截止到 2014 年，已经增加到 20 所，另外还有 5 所孔子课堂。据中国教育部发布的数据显示：2011 年韩国共有 62 442 人来华留学，占来华留学总人数的 21.3%，为来华留学人数最多的国家。事实上，自 2000 年以来，这已经是韩国第十二个年头位居首位了。2014 年韩国共有 62 923 人来华留学，仍旧位居各国来华留学人数之首。

目前在日本，为了方便在社会生活中使用汉字，政府制定了常用汉字、人名汉字、信息交换用汉字符号系统（JIS 汉字）等三种规格。

《常用汉字表》制定于 1981 年，收录汉字 1 945 个，其中包括 1 006 个在小学中教授的汉字和 939 个在中学中教授的汉字。《常用汉字表》中有简化字 225 个，其中与中国相同的有 61 个。2010 年《常用汉字表》得到修订，《新常用汉字表》追加了 196 个新的常用汉字，同时消除 5 个汉字，常用汉字增至 2 136 个。

日本户籍法规定，报户籍时人名必须使用常用易懂的汉字，最初只限于 1946 年 11 月内阁告示的《当用汉字表》内的 1 850 字。1951 年 5 月户籍法做了修正，规定可以用来给孩子起名的文字除了《当用汉字表》内的 1 850 字，另外 92 字可以作为人名用汉字使用，命名为《人名用汉字别表》。由于现代技术对汉字使用影响很大，人名用汉字又有浓厚的汉字文化特征，所以日本的汉字使用政策变得越加宽松。2004 年 7 月指定人名用汉字 290 个，到了 9 月大幅增加了 488 个字，将《人名用汉字别表》与《人名用汉字许容表》整合为《汉字表》以后，合计 983 字。人名用汉字从 1976 年到 2009 年先后增加了 9 次，至 2009 年 4 月，合计 985 个。

日本工业标准协会 1978 年制定的《情报交换用汉字符号系》（JIS 汉字），在 1983 年进行了修订。《JISXO208—1983 情报交换用字符号系》除假名字母和其他字符外，收汉字 6 353 个，由使用频率较高的 2 965 个汉字（JIS 第 1 水准）和具有特殊用途而使用频率较低的 3 388 个汉字（JIS 第 2 水准）组成。1990 年，制定了作为日本汉字交换码辅助集的《JISXO212—1990 情报交换用字符号系》，收日本汉字 5 801 个。

虽然日本文字早已由"汉字夹假名"变为"假名夹汉字"，汉字的使用比重已经逐步缩小到日文的 1/3，日本学生的知识主要来自假名，[①] 但随着中日关系的发展，有越来越多的日本人热衷于学习汉语。据日本文部科学省 2008 年统计，早在 2006 年，日本开设汉语课程的大学就有 596 所，占总数的 84%，仅次于英语，已成为第二大外语。开设汉语课的高中有 813 所，社会上办的各种汉语学习班更是不计其数。进入 21 世纪，日本开设汉语专业或开设汉语课程的大学不断增多，目前大约有 85 所大学设有汉语专业。全日本学习汉语的人超过 200 万。目前日本国内实行的汉语能力考试主要有"中国语检定考试""商务中国语检定考试""中国语交际能力测试"3 种。"中国语检定考试"是 3

---

① 周有光：《新语文的建设》，123～128 页，北京，语文出版社，1992。

种考试中最有影响的一种，考试共分 6 级，已经进行了 30 多年。据中国语检定协会统计，从 1981 年到 2006 年共有 49 万多人参加了考试，2010 年报名参加考试的人数多达 61 664 人。日本全国性的汉语学术团体有日本中国语学会、全国高等学校中国语教育研究会、中国语教育学会等。

2005 年在日本京都建立了日本第一所孔子学院，至 2013 年末，全日本共建立了 13 所孔子学院和 7 所孔子课堂。自从 2002 年以来，每年都有超过 1.5 万名日本学生前往中国留学。2012 年将中国作为留学目的地的日本人数最多，达到 2.11 万。中国已经成为日本外出留学的第一大国。

关于汉字的规范，各国有各国的标准，各地区有各地区的标准。拿汉字形体来说，日本、韩国和中国各不相同，中国大陆和台湾、香港、澳门地区又不相同。这对于语言文字的学习和交流，对于计算机信息的交流，都造成一定的困难和浪费。汉字文化圈的国家和地区，经过共同协商，可以达到资源共享。1993 年，国家技术监督局发布了 GB13000.1—93 国家标准，该标准采用了国际通行的全新的多文种编码体系，收录了 20 902 个汉字，同时还编制了《统一的中日韩汉字》，又称"CJK 统一汉字"。该标准比较切实地反映了汉字应用的历史和现状，可以初步满足两岸书同文以及中日韩汉字文化圈有关汉字资源共享的要求。在 2012 年 4 月公布的 CJK 汉字标准中，基本集收录汉字 20 940 个，扩展 A 收录汉字 6 582 个，扩展 B 收录汉字 42 711 个，扩展 C 收录汉字 4 149 个，扩展 D 收录汉字 222 个，合计 74 604 个。2015 年 11 月中日韩三方发布《中日韩共用常见 808 汉字表》。字表根据中国《现代汉语常用字表》、日本《常用汉字表》和韩国《教育用基础汉字》3 种资料编制，所选汉字基本覆盖了三国汉字的高频区，符合共同常用的标准，在特定场合，即使语言不通也可以借助汉字实现简单交流。

第二节　100 年来的语文现代化运动

清末以来，中国掀起了一次又一次的语文现代化运动，先是"切音字运动"，随后又有"白话文运动""国语运动""拉丁（罗马）化运动""汉字简化运动"等，目的就是想以语文的现代化为起点，实行教育的现代化，进而实现文明古国的全面现代化。

一、切音字运动

100 年前，中国的语言文字生活十分落后。各地区说的是彼此听不懂的方言，写的字是难写难用的繁体字，共同的书面语是远离口语的文言文。人们把中国和西方国家及日本相比，感到中国处处落后，而落后的主要原因之一在于教育不普及，教育不普及又和汉字繁难密切相关，因此切音字运动由此发端。1892 年，卢戆章的《一目了然初阶》（中国切音新字厦腔）在厦门出版，这是中国第一个汉语拼音方案。卢戆章在书的自序中讲到切音为字的三大优点：（1）容易学。"字母与切法习完，凡字无师能自读。"（2）容易记。"基于字话一律，则读于口遂即达于心。"（3）容易写。"基于字画简易，则易于习认，亦即易于捉笔。"

从《一目了然初阶》出版到辛亥革命的 20 年间，中国共出现了 27 个切音字方案。这些切音字多数是为方言设计的，也有为官话设计的。至于切音字的字母形式，有汉字笔画式、速记符号式、拉丁字母式 3 种主要类型。它们的音节拼写方式，有双拼制、三拼制，也有音素制方案。这些切音字方案，大多数只在小范围里传习过，缺乏广泛的社会影响，真正在社会上得到推广的只有王照的"官话字母"和劳乃宣的"合声简字"。

"官话字母"从 1900 年创制到 1910 年被清朝摄政王查禁，10 年间推行到全国 13 个省，出书 6 万册，同时还出版了《拼音官话报》等多种刊物。各地的平民、士兵、知识分子以至于政府官员都有很多人热心学习和宣传"官话字母"。劳乃宣的"合声简字"是在官话字母的基础上补充方言字母而成，为的是便于在南方推行官话，所谓"以方言为阶梯，以官音为归宿"。他在南京设立学堂，先教宁音，后学京音，先后办了 10 期，毕业数百人，经相传授，推行于江浙两省。①

在清末切音字运动推行了 20 年直到辛亥革命以后，语言学界才在国语运动的推动下，召开了"读音统一会"，并于 1913 年用投票方式议定了汉字的国定读音（"老国音"）和拼切国音的字母"注音字母"。这套拼音字母在议定以后，被搁置了 5 年，直到 1918 年 11 月在国语运动的推动下，北洋政府才公布了"注音字母"。

二、白话文运动

1919 年五四运动前后，白话文运动和国语运动从北京推向全国。白话文运动是一场划时代的文体改革运动，它提倡书面语不用文言，改用白话。这场运动先在"文学革命"的口号下发动，进而在"思想革命"中发展。在五四运动爆发以后，白话文运动得到迅猛发展，一年之内白话报至少出 400 种。1920 年

---

① 中国大百科全书编辑委员会《语言文字》编辑委员会：《中国大百科全书·语言文字卷》，315～317 页，北京，中国大百科全书出版社，1988。

北洋政府教育部命令，小学教科书改用白话文。新文学的团体如文学研究会、创造社也相继成立。白话文的作品层出不穷。1921 年鲁迅的中篇小说《阿 Q 正传》的发表，郭沫若诗集《女神》的出版，为白话文学奠定了坚实的基础，赢得了世界声誉。①

三、国语运动

国语运动提出的两大口号是"言文一致"和"国语统一"。"言文一致"是提倡书面语不用古代文言，改用现代白话。"国语统一"是指现代白话要以北京话为全国通用的国语。国语运动始于清末，1912 年民国成立后，决定先从统一汉字的读音做起，1913 年召开"读音统一会"，议定了汉字的固定读音（即"国音"）和拼切国音的字母"注音字母"。议定之后，北洋政府迟迟不予公布，于是北京市教育界人士在 1916 年组织"中华民国国语研究会"，催促北洋政府公布注音字母，改学校"国文"科为"国语"科。运动得到全国各地教育界人士的响应，国语研究会的会员 4 年中增加到 12 000 多人。在各方的努力下，1918 年 11 月，北洋政府终于公布了注音字母。1919 年五四运动爆发后，北洋政府教育部成立"国语统一筹备会"，作为政府的推行机构，并训令全国各国民学校改"国文"科为"国语"科。国语运动首先在学校里取得初步的成功。此后，国语运动在推行期间，主要做了以下几项工作：（1）修订注音字母方案。（2）制订国语罗马字拼音法式。由于注音字母不便于国际应用，黎锦熙、赵元任等人又发起国语罗马字的研究和制订。这个方案于 1926 年由国语统一筹备会发表，1928 年由大学院（教育部）作为注音字母第二式予以正式公布。（3）调整"国音"标准。1913 年读音统一会用投票方式议定了"国音"标准，1919 年出版《国音字典》初印本。这种标准音被称之为"老国音"，与任何一个地点的语音都不尽相同。1923 年国语统一筹备会成立"国音字典增修委员会"，决定采用北京语音标准，称之为"新国音"。1923 年教育部公布发行《国音常用字汇》，采用了"新国音"。（4）推动学校的国语教育。1923 年起，小学、初中、高中的语文科一律定名为"国语"科，小学课本取材以儿童文学为主。（5）培训国语师资。（6）出版书刊。②

国语罗马字的产生标志着拉丁化运动在我国的开始。从此拼音字母形式的倾向从汉字笔画式转向拉丁字母。国语罗马字的方案有以下几个特点：（1）以

---

① 中国大百科全书编辑委员会《语言文字》编辑委员会：《中国大百科全书·语言文字卷》，13～15 页，北京，中国大百科全书出版社，1988。
② 中国大百科全书编辑委员会《语言文字》编辑委员会：《中国大百科全书·语言文字卷》，123～124 页，北京，中国大百科全书出版社，1988。

北京语音为标准音，在充分考虑到现代汉语语音特点的同时尽可能地照顾到国际习惯；（2）完全采用现成的拉丁字母，不增加新字母也不附加符号；（3）用变化拼法的办法来表示声调，避免附加符号，但是拼调规则较繁，学习和运用不够方便。①

四、拉丁化新文字

拉丁化新文字是 20 世纪 20 年代末 30 年代初在苏联创制的汉语拼音文字方案，它的直接目的是为了在侨居苏联远东的 10 万华工中加速推行扫盲工作，它的长远目的是试图根本改革汉字，即用国际化的拼音文字取代汉字。十月革命以后，苏联政府开始在全国扫除文盲，并且帮助国内一些民族创制拉丁化拼音文字，同时，如何在苏联远东的 10 万华工中进行扫盲工作也受到关注。当时在苏联的中国共产党党员瞿秋白、吴玉章、林伯渠、萧三和苏联汉学家共同研究汉字的拉丁化问题。1929 年瞿秋白拟制了《中国拉丁式字母草案》，并且在此基础上写作出版了《中国拉丁字母》一书。以后由专家组成的专门小组经过反复的研究，在瞿秋白方案的基础上拟成"中国的拉丁化新文字方案"。1931 年，这个方案经苏联有关部门批准，随后在海参崴召开的"中国文字拉丁化第一次代表大会"上通过。大会以后，北方话拉丁化新文字开始在苏联远东地区中国工人中传习。从 1931 年到 1933 年三年中，出版的有关课本、读物、词典等共 10 万多册，从 1933 年到 1934 年，上海的语文工作者把拉丁化新文字介绍给国内的群众，立刻引起各界人士的注意和讨论。当时进步的知识分子针对"文言复兴运动"掀起了大众语运动，要求白话文写得更加接近大众口语。大众语运动和拉丁化运动很自然地合流了。鲁迅在《论大众语——答曹聚仁先生》一文中说："要推行大众语文，必须用罗马字拼音。"此后他发表了《门外文谈》《汉字和拉丁化》《中国语文的新生》《关于新文字》等一系列文章，向广大读者介绍拉丁化新文字。1935 年 12 月，文化教育界知名人士蔡元培、鲁迅、郭沫若、茅盾、陈望道、陶行知等 688 人签名共同发表文章《我们对于推行新文字的意见》，文中说："我们觉得这种新文字值得向全国介绍。我们深望大家一齐来研究它，推行它，使它成为推进大众文化和民族解放运动的重要工具。"拉丁化新文字在国内的推行始终带有群众运动的特色，各地纷纷成立名为研究会、学会、协会、促进会、推行社等拉丁化新文字的团体。据统计，在运动初期，全国成立的团体就有 80 多个，其中成立最早的是 1934 年 8

---

① 中国大百科全书编辑委员会《语言文字》编辑委员会：《中国大百科全书·语言文字卷》，120～122 页，北京，中国大百科全书出版社，1988。

月在上海成立的"中文拉丁化研究会"，全国性的团体是 1935 年 12 月陶行知等人在上海发起的"中国新文字研究会"。抗战开始以后成立的团体有 40 到 50 个，解放初全国有 20 多个市县成立了这种团体。新文字团体主要开展了以下几方面的工作：（1）开办学习班教授新文字。全国各地办班前后大约有 1 000 个，参加学习的 10 多万人。（2）出版新文字书籍报刊。抗战前全国出版图书 61 种、报刊 36 种；抗战初期上海出版图书 54 种，报刊 23 种；陕甘宁边区出版图书 16 种、报纸 1 种。（3）制订方言拉丁化新文字方案。从 1934 年到 1937 年拟订的方言拉丁化方案有宁波、上海、福州、厦门、广州、客家等 13 种。①

五、《汉语拼音方案》

新中国成立以后，1949 年 10 月成立了中国文字改革协会，1952 年 2 月教育部设立了中国文字改革研究委员会，1954 年 10 月成立了隶属国务院的中国文字改革委员会。1955 年 10 月中国文字改革委员会和教育部联合召开全国文字改革会议。会前从 1950 年到 1955 年 8 月 31 日止，共有 633 人提出 655 个汉语拼音方案。会后群众继续提出许多方案，前后合计有 1 200 多种。可以说，全国上下形成了一个设计汉语拼音方案的热潮。在会议上，拼音方案委员会印发了 6 种不同的方案初稿，向代表们征求意见。6 种初稿当中，4 种是汉字笔画式的，1 种是斯拉夫字母式的，1 种是拉丁字母式的。经过讨论后拼音方案委员会决定把拉丁字母方案作为国际通用字母类型的推荐方案。全国文字改革会议以后，中国文字改革委员会根据群众的意见，并得到领导的同意，决定采用拉丁字母式的拼音方案草案，于是委员会以初稿为基础，修订成为《汉语拼音方案草案》，于 1956 年 2 月 12 日发表，并广泛征求各方面的意见。"人民政协全国委员会常务委员会在 3 月间召开了扩大会议进行讨论，会后又举行分组座谈，参加的有政协全国委员会委员全国人民代表大会常务委员会委员，和文化部、教育部、高等教育部、科学院等单位的代表共 162 人。政协各地委员会中组织讨论的有 22 个省、3 个市、两个自治区、26 个省辖市、4 个县和 1 个自治州，共计 58 个单位，参加者约有 1 万人。同拼音字母关系比较密切的如邮电、铁道、海军、盲人教育等部门，都组织了不同规模的专门讨论。报纸和刊物，特别是语文刊物，发表了很多讨论文章。此外，从草案发表到 9 月为止，中国文字改革委员会收到全国各地各方面人士以及海外华侨、留学生和外国汉学家

---

① 中国大百科全书编辑委员会《语言文字》编辑委员会：《中国大百科全书·语言文字卷》，245～247 页，北京，中国大百科全书出版社，1988。

关于草案的来信 4 300 多件，其中一部分是集体意见。"① 这样广泛地征求意见和这样广泛的群众反映是过去制订拼音方案时从来没有过的。拼音方案委员会研究了各方面的意见以后，在 1956 年 8 月提出两种修正建议。1956 年 10 月国务院设立汉语拼音方案审订委员会。1957 年 10 月汉语拼音方案审订委员会提出《修正草案》，11 月 1 日国务院决定发表《修正草案》，并准备提请全国人民代表大会讨论。1958 年 1 月 10 日周恩来总理在政协全国委员会上做了《当前文字改革的任务》的报告，说明当前文字改革的任务是：简化汉字，推广普通话，制定和推行汉语拼音方案。报告说："现在公布的汉语拼音方案草案，是在过去的直音、反切以及各种拼音方案的基础上发展起来的。从采用拉丁字母来说，它的历史渊源远则可以一直推溯到 350 多年以前，近则可以说是总结了60 多年来我国人民创制汉语拼音方案的经验。这个方案，比起历史上存在过的以及目前还在沿用的各种拉丁字母的拼音方案来，确实更加完善。"1958 年 2 月 1 日，第一届全国人民代表大会第五次会议一致同意批准《汉语拼音方案》，并且用于当年秋季的小学教学。从此以后，《汉语拼音方案》在注音识字和推广普通话、帮助我国少数民族和外国人学习汉语等方面发挥了很大作用，并且为我国少数民族创制、改革文字提供了共同的基础。现在拼音字母普遍用于工具书的注音、书刊的索引、无线电报、中文电脑等，还用于聋哑人的手指字母。1977 年联合国地名标准化会议采用拼音字母作为拼写中国地名的国际标准。1982 年国际标准化组织采用拼音字母作为拼写汉语的国际标准。②

六、简化汉字

我国历代都有简体字流行，但作为语文改革的重要内容之一的简化汉字运动，发端于清末。1909 年教育学家陆费逵在《教育杂志》创刊号上发表题为《普通教育应当采用俗体字》的论文，文中认为采用俗体字有许多便利："最便而最易行者，莫如采用俗体字。此种字笔画简单……易习易记，其便利一也。此种字除公牍考试外，无不用之。……若采用于普通教育，事顺而易行，其便利二也。余素主张此议，以为有利无害，不惟省学者脑力，添识字之人数，即写字刻字，亦较便也。"1922 年，他又在《国语月刊》1 卷 1 号上发表论文《整理汉字的意见》，提出了整理汉字的两种办法：（1）限定通俗字的范围，大致在 2 000 个汉字左右；（2）减少笔画，第一步采用已有社会基础的简体字，

---

① 周有光：《汉字改革概论》，52～53 页，北京，文字改革出版社，1979。

② 中国大百科全书编辑委员会《语言文字》编辑委员会：《中国大百科全书·语言文字卷》，157～159 页，北京，中国大百科全书出版社，1988。

第二步把其他笔画多的字也加以简化。1922年，钱玄同在国语统一筹备委员会提出了一项《减省现行汉字的笔画案》，由陆基、黎锦熙、杨树达联署。提案指出："文字本是一种工具，工具应该以适用与否为优劣之标准。笔画多的，难写、费时间，当然是不适用。笔画少的，容易写、省时间，当然是适用。""改用拼音是治本的办法，减省现行汉字笔画是治标的办法"，"治标的办法实是目前最切要的办法"。提案主张用简体字作为正字法的规范，把这种过去只通行于平民社会的简体字，正式应用于一切正规的书面语上。此后接连出版了多种系统整理简体字的书籍：1928年胡怀琛出版《简易字说》，书中提出"简易字汇"，除日本字、译音字、复音字外，收简体字300多个；1930年刘复、李家瑞出版《宋元以来俗字谱》，根据《古烈女传》等12种书的民间刻本收俗字1 600多个；同年卓定谋出版《章草考》，收集了章草字3 000个；1932年出版了由国语筹备委员会编订、国民政府教育部公布的《国音常用字汇》，书中收入不少简体字；1934年杜定友出版《简字标准字表》，收简体字353个；同年徐则敏发表《550个俗字表》。1934年，钱玄同又在国语统一筹备委员会提出"搜集固有而较适用的简体字案"。1935年，在钱玄同的主持下编成《简体字谱》草稿，收字2 400多个。1935年新春，上海文化界陈望道等人组织"手头字推行会"，选定第一批手头字300字。2月间文化界200人和《太白》《世界知识》《译文》等15个杂志联名发表"推行手头字缘起"。在简体字运动日益发展的形势下，当时的国民政府在1935年8月公布了《第一批简体字表》，收字324个，是钱玄同《简体字谱》草稿中的一部分。由于国民党上层保守势力的反对，到了1936年2月，国民党政府又宣布"暂缓推行"，实际上是收回成命，不再推行。此后又接连出版了几种简体字的系统资料：1936年10月容庚出版《简体字典》，收字4 445个。所有的简体字"皆本草书"，"省笔而不失旧形"，"创省之字亦多轮廓显然，触目可识"。同年11月陈光尧出版《常用俗字表》，收字3 150个，其中来自草体的占48％，来自俗体的占40％，有些字经过作者改写。1937年5月北平研究院字体研究会发表《简体字表》第一表，收字1 700个。抗日战争时期，简体字运动在解放区得到发展。解放区的油印报刊采用并创造了许多简体字。随着抗日战争和解放战争的胜利，这些简体字流行到全国各地。

新中国成立以后党和政府非常重视简化汉字工作。1950年，中央人民政府教育部社会教育司编制了《常用简体字登记表》，并且以此为基础，经过征求意见，于1951年拟出《第一批简体字表》，收字555个。1952年2月5日中国文字改革研究委员会成立，在《第一批简体字表》基础上，经反复研究和多方听取意见，于1954年底拟出《汉字简化方案（草案）》。草案分3个部分：（1）《798个汉字简化表草案》；（2）《拟废除的400个异体字表草案》；（3）《汉字偏旁手写简化表草案》。1955 年 2 月 2 日，中国文字改革委员会在中央一级的报刊上发表《汉字简化方案（草案）》，公开征求意见，同时把其中的 261 个字分 3 批在全国各省、市、自治区的 50 多种报刊上试用。1955 年 7 月 13 日，国务院成立汉字简化方案审订委员会，董必武任主任委员。1955 年 9 月，中国文字改革委员会根据征求意见结果提出修正草案，删除原草案中的《拟废除的 400 个异体字表草案》和《汉字偏旁手写简化表草案》，并把 798 个简化字减为 512 个，增收简化偏旁 56 个。修正草案经 1955 年 10 月全国文字改革会议讨论后又作了修改，简化字由 512 个增加为 515 个，简化偏旁由 56 个减少为 54 个。修改后的修正草案经国务院汉字简化方案审定委员会审定，1956 年 1 月 28 日在国务院全体会议第 23 次会议上通过，1 月 31 日由《人民日报》正式公布。《汉字简化方案》共有 3 个字表。第一表有简化字 230 个，这些字经过大部分报刊试用，公布后即可正式使用。第二表有简化字 285 个。第三表是 54 个可类推的简化偏旁。后两个字表先试用两个月，经过修正再正式推行。经过试用，有 3 个简化偏旁作了修改，有 3 个简化字作了调整。1964 年 2 月 24 日，国务院批示：《汉字简化方案》中的简化字用作偏旁时，也同样简化；偏旁独立成字时，除讠、亻、纟、钅之外，其他也要简化。1964 年 5 月，中国文字改革委员会根据这个批示编辑出版了《简化字总表》。《简化字总表》分为 3 个字表。第一表是352 个不作偏旁用的简化字，第二表是 132 个可作偏旁用的简化字和 14 个简化偏旁，第三表是经过偏旁类推而成的 1 754 个简化字。3 个字表总计 2 238 字，因 "签""须" 两字重见，实际为 2 236 字。1986 年 10 月重新发表《简化字总表》时对个别字作了调整，总字数实为 2 235 个。①

七、中文信息处理

我们现在所处的时代是一个信息革命的新时代，电子计算机的发展速度和应用水平已经成为人类进入信息化社会、国家走向现代化的一个重要标志。为了使电子计算机具备汉字处理能力，我国在 20 世纪 70 年代中期明确提出 "汉字信息处理系统" 的研制课题。1978 年以来，我国开始广泛应用大规模集成电路存储器和成套的微处理机芯片，给汉字进入计算机提供了物质条件。汉字信息处理系统研制成功，解决了汉字的编码、输入、存储、编辑和输出问题。目前我国已经开展的中文信息处理研究项目有以下 10 项：（1）汉字信息处理。据统计，人们设计的汉字编码方案已经有几百种之多，其中上机通过试验或已

---

① 中国大百科全书编辑委员会《语言文字》编辑委员会：《中国大百科全书·语言文字卷》，205～208 页，北京，中国大百科全书出版社，1988。

被采用作为输入方式的，已达数十种之多。现在成套的汉字信息处理系统已研制成功并批量生产，计算机激光汉字照排系统也早已研制成功。（2）机器翻译。近年来，先后上机试验了英汉、俄汉、法汉、日汉和汉外（英、法、德、俄、日）机器翻译系统 10 多个。有的输出汉字译文，有的输出拼音译文。（3）中文情报检索。利用计算机从众多的文献资料中找出符合特定需要的文献或情报，在当前已经成为科技情报现代化的核心内容。为了提供标引和检索蓝本，1979 年中国科学技术情报研究所编辑出版了 10 卷本的《汉语主题词表》。目前我国有许多单位在进行电子计算机情报检索的研究，其中有些单位已进入定题情报服务（SDI）的应用阶段。不少单位正在建立各种汉字文献数据库，同时还在考虑联机上网问题。（4）言语统计。我国利用电子计算机进行言语统计已经广泛进行并且获得了不少成果。1981 年北京语言学院等单位开始对人工调查统计的词汇进行计算机处理，1985 年完成了《汉语词汇的统计与分析》，1986 年 6 月又完成了《现代汉语频率词典》。此后有些单位开始了更大规模的汉语统计工作，主要是进行字频和词频的统计。此外有的单位对汉字的部件、人名用字的使用进行了统计分析。（5）汉语理解系统。目前开展的汉语理解系统（人机对话）的研究，只限于书面语言理解，而且主要是问答型的。输入方式采用汉语拼音。（6）计算机辅助语言教学。近年来利用计算机进行课堂教学和辅助课外操练，成为众人关心的课题。上海华东师范大学研制出英语教师、德语教师及研究者使用的教学软件，以及与计算机图像、文字同步的语音产生系统。哈尔滨工业大学的研究主要在操练和测试方面。上海交通大学在从事大型语料库的建立工作。广州外国语学院则主要从事测试研究。（7）语音识别和言语合成。利用电子计算机进行语音识别研究始于 1972 年。声学研究所利用语音图样匹配方法在一定范围内实现了单呼语言的识别，正确率达 99.5％以上。哈尔滨工业大学利用音素分析法进行汉语识别，正确率达 90％以上。但汉语合成尚处于研究实验阶段，目前合成语音的自然度尚不够理想。中国社会科学院语言研究所近来从声学语音学和发音语音学两方面入手研究汉语语音特征，包括辅音过渡、滑音、连续变调、轻重音、节拍等，以提高合成语音的自然度，在单元音和复合元音的合成方面已取得一定成效。（8）方言研究。目前我国已开始利用计算机进行方言研究和绘制方言地图。（9）索引、词表和词典的编制。1980 年武汉大学开始语言自动处理工作，主要是编制逐字索引，同时提供统计数据。他们计划编辑《现代汉语语言资料索引》，收录现代著名作家 9人的作品共 33 部，将相继印出每部作品的逐字索引和统计资料。（10）修辞学研究。武汉大学等单位利用现有的语料库开始进行风格学研究，随着语料的扩充和统计方法的改进，将会为大家提供不同作家的风格特点和各种风格对比研究的成果。我们确信，尽管我国的中文信息处理研究起步较晚，但是随着改革开放的不断深入，随着研究技术的不断提高，将会有越来越多、越来越新的项目涌现。①

第三节　语文现代化的光荣使命

100 年来，我国的语文现代化事业取得了很大的成绩。

一、提高汉语规范化水平

五四以后，白话文取代了文言文。经过革新派与复古派的几番较量，白话文不仅在诗歌小说等文艺体裁方面实现了文体的革命，而且在中小学语文教科书的选材、新闻用语、法律用语等各个方面，逐步排除了文言的影响，克服了欧化的倾向，逐步实现了文体的口语化。这是文体革命的最关键的一步，从此以后，汉语摆脱了言文不一致的樊篱，书面语走上了正常发展的坦途。从特定的历史时期来讲，文体口语化的目标已经达到了，但是从现代化对语文的要求来看，现代汉语的书面语还存在着相当程度的混乱，还面临着规范化的严肃课题。

汉字记录文言已经有 2 000 多年的历史。文言文是在先秦两汉的口语基础上形成的汉民族共同语的书面语。用文言文写作的先秦两汉的经史子集为后人提供了模仿古人写作的范本。在经济落后方言歧出的农业社会，用文言文作为各方言区汉族人民的共同的书面语，用汉字记录文言，确实是十分协调的且合乎历史发展的。中国人民从鸦片战争以来蒙受了 100 多年的侵略和屈辱，应该为中华民族承担历史罪责的是腐败、落后、愚昧、保守、逆历史潮流而动的反动政府。汉字没有罪过，不仅不是主犯，连从犯也不是。我们维护汉字，是因为汉字的发展延续，是汉语的选择，是社会的选择，也是历史的选择。我们这样说，并不是说汉字已经尽善尽美了，恰恰相反，汉字确实不具有拼音文字所具有的许多优点，汉字实际上是世界上最难学的文字。现在如果为没有文字的民族创制文字，谁都认为应当创制拉丁字母式的音素文字，没有谁会采用汉字式的语素文字。但是对于已经使用了几千年汉字的中国人来说，汉字已经和传统文化密不可分，汉字已经造就了民族的牢固的语素意识，总而言之，汉字已经形成了一种强大的习惯势力。这绝不是一朝一夕所可能改变的。毛泽东曾在20 世纪 50 年代初说过："文字必经改革，要走世界文字共同的拼音方向。"这

---

① 中国大百科全书编辑委员会《语言文字》编辑委员会：《中国大百科全书·语言文字卷》，531～533 页，北京，中国大百科全书出版社，1988。

句话虽然正确，但是也只能作为文字改革事业的长远的方针和目标，而不是近期的方针和目标。作为近期的方针和目标，应该是汉字标准化和语言共同化。

二、提高汉字标准化水平

为实现汉字标准化，新中国成立以来我国政府做了两件工作：一是简化汉字，二是整理汉字。简化汉字包括减少笔画和精减字数两个内容。《简化字总表》汇总了笔画简化的成果，其中第一表和第二表的繁体字平均 16 画，简化字平均 8 画，第三表的繁体字平均 19 画，简化字平均 11 画。简化字与繁体字相比，好学好写好用，减轻了汉字繁难的程度。为了精减字数，政府组织做了 4 方面的工作：一是整理异体字，二是整理印刷通用汉字，三是废除生僻地名用字，四是淘汰了部分计量单位旧译名中的生僻字、复音字。在简化汉字的过程中，我国有成功的经验，也有失败的教训。1977 年 12 月 20 日，中国文字改革委员会发表了《第二次汉字简化方案（草案）》，草案包括两个字表。第一表有简化字 248 字，自公布之日起在出版物上试用。第二表有简化字 605 字，在征求群众意见后再修改推行。另外有简化偏旁 61 个。草案发表后，各方面提出许多意见，普遍认为简化字数偏多，有些字还达不到约定俗成的程度。中国文字改革委员会曾几次对草案进行修改，但始终没有取得满意的结果。在 1986 年 1 月举行的全国语言文字会议上，许多代表对"二简"长期未作定论提出了批评。1986 年 6 月 24 日，国务院同意国家语言文字工作委员会《关于废止〈第二次汉字简化方案（草案）〉和纠正社会用字混乱现象的请示》，在通知中指出："当前社会上滥用繁体字、乱造简化字，随便写错别字，这种用字混乱现象，应引起高度重视。国务院责成国家语言文字工作委员会尽快会同有关部门研究、制订各方面用字管理办法，逐步消除社会用字混乱的不正常现象。"遵照国务院的指示，国家语言文字工作委员会会同有关部门，前后制定了《关于地名用字的若干规定》《关于广播、电影、电视正确使用语言文字的若干规定》《关于企业商店的牌匾、商品包装、广告等正确使用汉字和汉语拼音的若干规定》《出版物汉字使用管理规定》《关于在各种体育活动中正确使用汉字和汉语拼音的规定》。这些规定中所称的规范汉字，主要指 1986 年 10 月 10 日重新发表的《简化字总表》中的简化字，也指《现代汉语通用字表》中收录的汉字。这些规定中所称的不规范汉字，是指在《简化字总表》中已被简化的繁体字，在 1955 年被淘汰的异体字，在 1986 年被废止的《第二次汉字简化方案（草案）》中的简化字以及错别字和自造的简体字，另外还包括与《印刷通用汉字字形表》不同的旧字体。从 20 世纪 50 年代公布《汉字简化方案》至今，全国有 10 亿多人学习、掌握了简化字。简化字具有深远的历史渊源和广泛的群众基础，我们必须巩固汉字简化的成果，继续推行简化字，对已经简化了的繁体字要严格限制其使用范围。今后，对汉字的改革应持谨慎态度，使汉字保持相对稳定，以利于社会应用。

整理汉字的主要内容是给汉字定量、定形、定音、定序，使汉字规范化、标准化。我们在这些方面已经取得了很大的成绩，研究并发布了一系列国家语言文字规范和标准。例如，《第一批异体字整理表》《简化字总表（1986 年新版）》《现代汉语常用字表》《现代汉语通用字表》《GB2312—80 信息交换用汉字编码字符集·基本集》《普通话异读词审音表》《汉字统一部首表》等。按照原来的设想，今后我们有待完成的任务是：（1）定量研究中有待解决的问题是如何对人名用字、地名用字、科技用字、行业用字、译音用字、方言用字等进行规范，并制定出相应的字表。这些字表收字的主要依据是字的应用，同时兼顾使用频率，其中包括一定数量的不见于通用字表的罕用字。这一系列字表再加上《现代汉语通用字表》《现代汉语常用字表》，将构成《现代汉语用字总表》，从而确定现代汉语用字的总量。（2）定形研究中急需解决的问题有 3 个：一是进一步整理异体字，二是整理异形词，三是对汉字的偏旁部件进行定形与定称。（3）定音研究还有多项任务有待完成：一是人名、地名的异读审订需要进行，二是轻声词、儿化词至少要在常用词范围内编制出相应的词表，三是对一些多音多义字的读音也应该进行审定。（4）定序研究中部首法亟待解决的问题：一是如何统一部首数目及内容，二是如何统一字的归部。

三、大力推广普通话

语文现代化的首要任务是语言共同化，新中国成立以来，党和政府在推广普通话方面做了大量工作，也取得了显著的成绩。1955 年，中国科学院召开现代汉语规范问题学术会议，会议确定了民族共同语的标准，给普通话下了科学的定义。1956 年，国务院向全国发出《关于推广普通话的指示》。为了加强对推广普通话工作的领导，又成立了中央和各省市自治区的推广普通话工作委员会，确立了"大力提倡，重点推行，逐步普及"的工作方针。1982 年 11 月，第五届全国人民代表大会第五次会议通过的《中华人民共和国宪法》，写进了"国家推广全国通用的普通话"的条文，使推广普通话成了国家的任务，有了法律的依据。20 世纪 80 年代以后，我国进入了改革开放的新时期，推广普通话的重点放在推行和普及方面。当时提出的目标是，在 20 世纪内努力做到使普通话成为全国的教学语言、工作语言、宣传语言和交际语言。这就是说：（1）各级各类学校采用普通话教学，使普通话成为教学语言。（2）各级各类机关进行工作时一般使用普通话，使普通话成为工作语言。（3）广播（包括县以上的广播台、广播站）、电视、电影、话剧使用普通话，使普通话成为宣传语言。（4）不同方言区的人在公共场合的交往基本使用普通话，使普通话成为交际语言。在推广普通话的过程中，考虑到不同地区、不同部门、不同行业、不同学校、不同年龄等情况，从实际出发，具体要求可以分为三级：第一级普通话十分标准，语音、词汇、语法很少差错。第二级普通话比较标准，方言不太重，词汇、语法较少差错。第三级普通话非常一般，不同方言区的人能够听得懂就行。推广普通话，除了继续注意语音规范化外，还要注意词汇规范化。因为说话的时候，如果语音比较标准，但是用了不少方言词语，也会影响交际。这个要求不仅适用于南方方言区，也适用于北方方言区，因为包括北京话在内的北方话里也有不合普通话规范的成分。现在全国能够听懂普通话和能够说标准或不太标准的普通话的人比过去多了几倍。从电影、电视、广播的语言来看，普通话的质量也比过去有很大的提高。台湾地区已经普及了称作"国语"的普通话。香港、澳门地区回归祖国以后也掀起了学习普通话的热潮。尽管从全国来看，目前距离语言共同化的目标还比较远，但是伴随我国经济、文化事业的飞速发展，推广普通话的运动将越来越深入，全国人民盼望的不只"书同文"而且"语同声"的日子将很快到来。

四、汉语拼音化，实现中文信息处理双轨制

汉语拼音化有广狭二义。狭义指采用拼音作为正式文字，广义指利用拼音给汉字注音，拼写普通话，作为汉字的辅助工具，用于不便于使用汉字的各个方面。1958 年全国人民代表大会通过公布的《汉语拼音方案》，不是正式文字，这是政府的正式政策。因此，我们所说的汉语拼音化，指的是广义。众所周知，《汉语拼音方案》有许多优点：它采用的是拉丁字母，是音素字母，是用来拼写汉语口语的。这三个特点，又称"拼音三原则"：拉丁化有利于和国际接轨，音素化最合乎现代语音学的要求，口语化有利于推动现代汉语的发展。但是《汉语拼音方案》还不是拼音文字，它缺乏文字所具有的技术性、流通性和法定性。所谓技术性，主要是指汉语拼音正词法的制定和推行，这需要有一个长期的约定俗成的过程。所谓"约定"指研究、制定正词法的规范，主要有三方面的工作：一是研究和制定正词法规则，二是制定各种名称写法的拼音表，三是编辑出版汉语拼音正词法词汇。我国已经制订了《汉语拼音正词法基本规则》，并于 1988 年 7 月公布。反映正词法成果的《汉语拼音词汇（增订稿）》已于 1964 年出版，1991 年又出版了《汉语拼音词汇（1989 年重编本）》。

这些正词法的规范使《汉语拼音方案》更为完善。所谓"俗成"，指的是群众的长期的拼写实践所形成的规范。"俗成"的工作有三项：一是要在小学里设置普通话课程，使用分词连写的拼音教材，使儿童从小养成按照正词法阅读和书写的习惯。二是要大量出版拼音读物。三是在语文教学之外，要在各种实务中推广汉语拼音的应用，尤其是在计算机中文信息处理中推广汉语拼音的应用。应该说，尽管不少人一直在呼吁社会重视汉语拼音的应用，但是收效甚微，直到目前，不要说整个社会，就是在小学里也极端缺乏正词法的拼写实践。社会上汉语拼音读物少得可怜，不少人根本不了解汉语拼音在现代生活中的作用。这就是说，汉语拼音在当前不仅缺乏技术性，而且缺乏起码的流通性，更谈不上法定性，《汉语拼音方案》和拼音文字之间还存在着遥远的距离。①

关于要不要用拼音文字取代汉字，周恩来在 1958 年《当前文字改革的任务》中论述到汉字的前途时主张：对这个问题我们现在还不忙做出结论。周恩来的话直到今天仍然具有指导意义。1986 年召开的全国语言文字工作会议的工作报告没有提拼音化方向问题，报告说："汉字的前途到底如何，我国能不能实现汉语拼音文字，什么时候实现，怎样实现，那是将来的事情，不属于当前文字改革的任务，现在有不同的意见，可以讨论，并且进行更多的科学研究。但是仍然不宜匆忙做出结论。"我们认为，工作报告的表述是符合实际情况的，是积极稳妥的，它并不意味着否定拼音化的方向，只不过更强调团结更多的人集中力量做好当前的主要工作。当然，"拼音文字"仍旧可以作为学术课题来研究，因为从科技的发展来看，世界已经进入信息化时代，面对国际语文现代化的新浪潮，面对拉丁字母已经成为国际公用字母的现实，我们必须在使用汉字的同时充分发挥汉语拼音的作用。国际信息交流要求有一套统一的字母符号，便利计算机的国际传输，于是产生了"单一罗马化"的设计，即用同一套罗马（拉丁）字母，书写全世界的语言，由"国际标准化组织"（ISO）规定非罗马字母文字的罗马字拼写法国际标准。《汉语拼音方案》已经成为汉语罗马字的国际标准。此外，《汉语拼音方案》还可以发挥更大的作用，如在中文信息处理上除了运用汉字编码输入之外，更多地运用拼音转换法输入输出。从计算机的使用者来看，拼音转换法不需要记忆特别设计的编码，所以又可以称为"无编码"输入法。而人们记忆汉字编码要耗费脑力，且汉字编码不止一种，学了这种不会那种，如果采用拼音转换法就没有这些烦恼。"无编码"输入使

---

① 周有光：《正词法的性质问题》，载《文字改革》，1984（1）。

电子计算机便于大众化。现在日本成批生产的日文语词处理机，绝大部分采用"假名汉字转换法"，输入假名或者"日语罗马字"，自动转变输出日文的汉字。这跟中文的"拼音转换法"是同一原理。要实现中文信息化，必须充分利用汉字和汉语拼音，实现中文信息处理的"双轨制"。①

【思考与练习】

一、语文现代化包括哪些内容？

二、在历史上汉语汉字对朝鲜、日本、越南产生过哪些影响？

三、彻底废弃汉字或保留一部分汉字对于韩国和日本的文化教育都有哪些得失？

四、简述近年来汉语汉字对东亚、东南亚的影响。汉字文化圈有逐步振兴的可能吗？

---

① 周有光：《中文信息处理的双轨制》，载《百科知识》，1984（3）。

第五章　现代汉字和现代汉字学

汉字学，又称文字学，是一门传统的学科。广义的汉字学，指的是小学，研究的是汉字的形、音、义，相当于汉字形体学、音韵学、训诂学。狭义的汉字学专门研究汉字的形体构造、汉字造字用字的规律，相当于说文学。19 世纪末 20 世纪初甲骨文的发现，推动了对古文字的研究，形成了古汉字学。这是一门介于文字学和考古学之间的边缘学科，它既要研究古文字的起源、性质、结构、演变，以及考释古文字的方法，又要在考释古文字的基础上，解读相关的出土文献，并揭示这些文献的历史文化内涵。改革开放以来，人们对现代汉字有了更多的关注。经过对汉字改革和拉丁化等一系列问题的争论和反思，人们从宏观上对现代汉字的性质、特点和前途有了更明确的认识。伴随着语文现代化的脚步，我国在实现汉字规范化、标准化方面，在发展中文信息处理方面，都取得了显著的成绩。人们从微观上对现代汉字的字量、字形、字音、字义、字序等方面有了更深入细致的研究，为包括现代汉字教学在内的人际间及人机间的应用，开辟了更广阔的空间。正是在改革开放的新时期，现代汉字学应运而生，"它播种于清末，萌芽于五四，含苞于解放，嫩黄新绿渐见于今日"。① 2013 年《通用规范汉字表》的公布可以视为现代汉字研究取得阶段性成果的里程碑。

第一节　什么是现代汉字

汉字是世界上历史最悠久的一种自源文字，它不间断地、独立地发展至今，至少有四五千年的历史了。如果从商代的甲骨文算起，也已经有 3 300 多年的历史了。

传统上为汉字做历史分期是从字体的演变着眼，把汉字分为古文字和今文字两大阶段。隶变是古今文字的分水岭，它把小篆圆转不断的线条变成点、横、竖、撇、捺等笔画，使汉字的象形意味全部丧失了。隶变还改造了偏旁，混同了小篆中形体不同的构件，同时也分化了小篆中形体相同的构件，使汉字

① 周有光：《现代汉字学发凡》，载《语文现代化丛刊》，第 2 辑，北京，知识出版社，1980。

由繁趋简，完全失去象形色彩，变成了纯粹符号性质的文字。隶变是汉字发展史上一次重大变革和飞跃。隶变以前的小篆、秦系文字、六国文字、金文、甲骨文属于古文字，隶变以后的隶书、楷书属于今文字。古文字又称古代汉字，今文字又称近代汉字或现代汉字，也有人把今文字直接称为隶楷文字。

文字字体的演变和历史上朝代的更替具有一致性。通常认为：甲骨文是殷商的代表字体；金文是西周春秋的代表字体；秦系文字上承西周、下启汉魏，指的是春秋战国时代的秦国文字以及小篆；六国文字是战国时代东方六国的地域文字；小篆是秦始皇统一中国以后实行"书同文"政策时颁布的标准字体，它是秦系文字自然发展的结果，是秦系文字的一部分；隶书经历了从秦隶到汉隶的 400 多年的发展变化，成为汉代使用的通行字体；楷书兴于汉末，魏晋以后成为通行字体，一直沿用至今。

我们认为，从字体演变着眼，把今文字称为近代汉字或现代汉字都失之笼统。现代汉字肯定是楷书，但称楷书为现代汉字就不够确切，因为楷书从魏晋通行至今，已经 1 700 多年了。那么能不能给楷书划分历史时期呢？我们认为完全可能，但是分期的主要根据不是字的形体变化，而是汉字记录汉语的历史，也就是说，根据汉语史对汉字进行分期。

依据汉语语法、语音、词汇的特点，汉语史可以分为四个时期：（1）上古期：从公元前 18 世纪到公元 3 世纪，即商、周、秦、汉时期。其中，商是上古前期，周秦是上古中期，两汉是上古后期。（2）中古期：从公元 4 世纪到公元 12 世纪左右，即六朝、唐、宋时期。其中，六朝为中古前期，唐代是中古中期，宋代是中古后期。（3）近代期：从公元 13 世纪到公元 20 世纪初，即元、明、清时期。元代是近代前期，明清是近代中期，鸦片战争至五四运动是近代后期。（4）现代期：从五四运动到现在。以北京语音为标准音，以北方方言为基础方言，以典范的现代白话文著作为语法规范的现代汉民族共同语最后形成。①

我们所讲的现代汉字，指的就是记录现代汉语的汉字，即记录现代汉民族共同语的汉字。现代汉字包括现代汉语口语和书面语的用字，也包括现代和古代都通用的汉字。一般来说，现代汉字不包括古代特有的人名、地名、器物名和文言古语用字，也不包括白话文中夹用的文言引语、文言成语、文言词语的用字。现代汉字不同于古代汉字，它不以记录文言文为己任。现代汉字也不包括方言字，它不以记录方言为己任。当然，现代汉字也不包括外族语言中使用的汉字，如韩文和日文中夹用的汉字。这就是说，现代汉字是严格意义上的记录现代汉语的用字，而不是指现代通用的汉字。现代通用的汉字仅从使用上着

---

① 向熹：《简明汉语史》（上），41～43 页，北京，高等教育出版社，1993。

眼，又称现行汉字。

现代汉字和古代汉字的关系有继承，也有发展。五四以前，汉字记录文言，五四以后，汉字记录白话，所记录的语言不一样了，用字也有很大的变化，那些专门记录文言词语的汉字不常用了，可是记录白话的汉字又不够用，要通过造新字或假借同音字的办法来满足记录语言的需要。五四时期，各门学科，尤其是自然科学被广泛翻译、引进，为新的概念、新的术语、新的事物造了不少新字。经过近百年的磨合，现代汉字记录现代汉语的功能大大地提高了，现代汉字已经基本上和现代汉语相适应，能够满足记录现代汉语的需要，个别不适应的地方可以通过提高汉字规范化、标准化程度的办法来解决。

现代汉字是经过改革、经过整理的规范化、标准化的用字，它在结构上和字形标准上不完全相同于以往的汉字。现代汉字必须是记录现代汉语的规范汉字。规范汉字原来指的是见于《简化字总表》的简化字，也包括古今通用的传承字。当然，收在《现代汉语常用字表》和《现代汉语通用字表》的字都是规范汉字。不规范汉字指的是已经被废除的繁体字、异体字，已经被废弃的二简方案中的简化字，以及乱造的不规范的简体字和错别字。很明显，不规范汉字不属于现代汉字。特别需要说明的是，现代汉字的范围是逐步加以确定的。2013 年《通用规范汉字表》公布以后，原有相关字表停止使用，所以《通用规范汉字表》所收录的 8 105 个字，都是现代社会需要的通用字，也都是现代汉字。其中，一级字表收字 3 500 字，其功能相当于原《现代汉语常用字表》，一、二级字表共收 6 500 字，其功能相当于原《现代汉语通用字表》，三级字表共收 1 605 字，是姓氏人名、地名、科学技术术语和中小学语文教材文言文用字中未进入一、二级字表，但在特定领域中较为通用的字。

从 20 世纪 80 年代以来，人们对现代汉字的认知越加深入、广泛，但是人们用的更多的是"现行汉字"的说法。现行汉字比现代汉字定义稍为宽泛、涵盖范围更广，所指的范围包括现代人文章中夹用的文言引语、文言成语、文言词语的用字，也包括现代的一些方言用字以及台湾地区、港澳地区使用的和内地不同的用字。比较而言，现代汉字的说法更强调规范，现行汉字的说法更加变通，而"通用规范汉字"是可以替代现代汉字和现行汉字的最准确的术语。

我们所说的现代汉字，即通用规范汉字，指的是经过系统整理、由国家发布、通行于我国（港、澳、台除外）现代社会一般应用领域的标准汉字。

第二节　现代汉字学是时代的产物

现代汉字学是一门新兴的学科，它研究的是现代汉字的属性和应用。这门学科具有强烈的现实性和应用性，它是时代的产物，也就是说，它是 100 多年来语文现代化运动的产物，是历史上关于汉字及拉丁化的四次大争论的产物，是新时期语言文字政策的产物。

一、关于汉字的第一次争论

100 多年来的语文现代化运动伴随着社会发展的历史时起时伏，每当重大的社会变革发生的时候，汉字问题就会突出地显现出来，随之而来的是一场激烈的争论。鸦片战争以后，西学东渐，中国人在逐步了解西方的同时也在反省自身的痼疾，逐渐认识到枪炮不如人、工业不如人是因为科技不如人、教育不如人，而要普及教育，第一个任务就是用"切音新字""官话字母""合声简字"等给汉字注音，减轻学习汉字的繁难。辛亥革命以后，在国语运动的推动下，当时的北洋政府在 1918 年 11 月公布了"注音字母"。

二、关于汉字的第二次争论

五四运动时期以及五四运动以后，作为新文化运动的一部分的大众语运动和拉丁化运动向汉字和用汉字写作的书面语发起了第二次冲击。鉴于注音字母不便于国际应用，黎锦熙、赵元任等人又研究制定了国语罗马字拼音法式，1926 年由国语统一筹备会发表，1928 年由大学院（教育部）作为注音字母第二式予以正式公布。和国语罗马字相继产生的是拉丁化新文字。当时中华民族面对日本帝国主义的侵略，形成了抗日民族统一战线。关于汉字问题的争论是在大众语运动和拉丁化新文字运动的背景下展开的。当时一些学者对于汉字曾经有过偏激的认识，如瞿秋白认为："现代普通话的新中国文必须罗马化。罗马化或者拉丁化，就是改用罗马字母的意思。这是要根本废除汉字。废除汉字的理由不用多说。第一，汉字是十分困难的符号。聪明的人都至少要十年八年的死工夫。平民千字课只够写写简单的信，记记简单的账。能够用平民千字课学科学吗？当然不能够。第二，汉字不是表示声音的符号。根据这种符号要创造'新的言语'，一定必然的只能造出比古文更麻烦的言语——仅只是纸面上的书本上的言语。汉字存在一天，中国文字就一天不能和言语一致。第三，汉字使'新的言语'停滞在《康熙字典》的范围里面，顶多只能从《说文》里面去找'古音古义'等来翻译现代的科学的字眼，而不能够尽量发展——采取欧美科学技术的新名词。""所以总而言之，要写真正的白话文，要能够建立真正的现代中国文，就一定要废除汉字采用罗马字母。我们可以把一切用汉字写的中国文叫作'旧中国文'或者汉文，而把罗马字母写的中国文叫作'新中国文'。或者简直叫作'中国文'，而革掉汉字文的'中国文'的头衔——因为汉字不是现代中国四万万人的文字，而只是古代中国遗留下来的士大夫——百分之三四的中国人的文字。""所以，现代普通话的新中国文，应当是习惯上中国各地方共同使用的，现代'人话'的，多音节的，有语尾的，用罗马字母写的一种文字。创造这种文字是第三次文学革命的一个责任。"① 瞿秋白认为"汉字落后"，提出了彻底废除汉字的主张，他认为只有实行拼音文字才能使文字和言语相统一。"因为汉字制度的这种束缚力量，所以影响到言语方面，使口头上的说话，也不能够充分的迅速的发展出许多多音节的字眼，以及比较复杂而有用的文法上的形式。"② 他的结论是："完全脱离汉字的束缚——这种汉字真正是世界上最龌龊最恶劣最混蛋的中世纪的毛坑！"③

钱玄同、鲁迅等许多投身于拉丁化运动的人也都发表过类似的言论，钱玄同甚至提出过"废除汉语"的主张。当时在苏联居于领导地位的语言学家马尔鼓吹语言文字有阶级性，这种论调对中国的拉丁化运动不可能没有影响。1931年9月26日，中国新文字第一次代表大会在海参崴召开，会上通过的《中国汉字拉丁化的原则和规则》共13条，现将第一条、第二条、第八条、第十二条摘录如下：

"（一）大会认为中国汉字是古代与封建社会的产物，已变成了统治阶级压迫劳苦群众工具之一，实为广大人民识字的障碍，已不适合于现在的时代。"

"（二）要根本废除象形文字，以纯粹的拼音文字来代替它。并反对用象形文字的笔画来拼音或注音。如日本的假名，朝鲜的拼音，中国的注音文字等等的改良办法。"

"（八）代表大会反对那种对于拉丁化的自由派资产阶级的态度，说：拉丁化只是初级教育的工具，以后仍然要教授汉字及文言文。"

"（十二）大会认为语言文字是随着社会的经济政治的发展而发展的。它当然有人力的推动，但它也有必经的过程和步骤。因此实行新文字并不是立刻废除汉字，而逐渐把新文字推行到大众生活中间去，到了适当时候，才能取消汉字。"

1950年斯大林发表了《论马克思主义在语言学中的问题》，文中针对马尔等人把语言看作是上层建筑和语言有阶级性的错误观点进行了批评。斯大林的

---

① 瞿秋白：《鬼门关以外的战争》，见《瞿秋白文集·文学编》第三卷，168～169页，北京，人民文学出版社，1989。

② 瞿秋白：《普通中国话的字眼的研究》，见《瞿秋白文集·文学编》第三卷，241页，北京，人民文学出版社，1989。

③ 瞿秋白：《普通中国话的字眼的研究》，见《瞿秋白文集·文学编》第三卷，247页，北京，人民文学出版社，1989。

这本著作对中国的语言学界和文化界产生了广泛而深刻的影响，许多人自觉地纠正了马尔散布的语言文字有阶级性的错误认识。在 1952 年 7 月中国文字改革研究委员会成立大会上，吴玉章同志深刻地总结了中国文字改革运动的历史，本着自我批评的精神，检讨了自己在文字改革问题上的错误认识：（1）认为文字是上层建筑，是有阶级性的。（2）没有估计到民族特点和习惯，认为汉字可以立即用拼音文字来代替。（3）没有认真研究怎样才能配合现实，适应历史。① 和吴玉章同志一样，许多热心于拉丁化新文字的有识之士，都在不断修正着自己的认识。例如，关于废弃汉字的主张尽管见于《中国汉字拉丁化的原则和规则》，但是早在新中国成立初期就已经得到纠正。1954 年 4 月 28 日《光明日报》在其《文字改革》双周刊第 4 期上发表了黎锦熙的文章，题为《文字改革后，汉字是否完全废弃，文学遗产是否无法继承？——答读者罗孔安同志提出的两个问题》。文章指出，推行拼音文字，并未要求废弃汉字。从甲骨文至今没有磨灭的事实看，汉字也不会磨灭。对于文学遗产的继承，作者认为，影响只在骈体和律体上，"其余的不仅只当作过去的'遗产'来接受，连'风格'都可以作现代化的历史性的'继承'。"

三、关于汉字的第三次争论

新中国成立以后，在文字改革的背景下，大家在汉字简化和拉丁化等有关问题上展开了第三次争论。争论取得了积极的显著的成果：（1）要创造统一的汉民族共同语，即推广普通话；（2）要改善汉字这个交际工具，即公布规范化的简化字；（3）要制订音素化、拉丁化的标音系统，即《汉语拼音方案》。尽管 20 世纪 50 年代时还缺乏社会主义的民主法制和宽松的政治环境，还不能保证言者无罪的学术自由，但是党和政府在做出有关文字改革的重大决策时还是非常慎重、非常清醒的。拿《汉语拼音方案》来说，本来报请全国人民代表大会批准的是《汉语拼音文字方案》，但是在讨论批准这个方案时把"文字"两个字拿掉了，使《汉语拼音文字方案》变成《汉语拼音方案》。这是非常具有远见的明智、务实之举。吴玉章同志在政协全国委员会常务委员会第十八次会议（扩大）上作的《关于汉语拼音方案（草案）》的报告中讲了三个问题，第一个问题就是首先说明现在我们提出讨论的是"拼音方案"，还不是"拼音文字方案"。吴玉章同志强调："这种拼音方案，经过各方讨论修正，将来由政府公布之后，也只能作为拼音用，不可能马上用来代替汉字。这一点必须首先说

---

① 吴玉章：《吴玉章文集》（上），665 页，重庆，重庆出版社，1987。

清楚。"① 吴玉章同志认为:"从世界各国文字的发展规律来看,我国迟早是要改用拼音文字的,因为这是世界文字的共同的方向。我们将来总有一天会实行拼音文字,但是从现在起到实行拼音文字还有一段过渡时期。因为,实行拼音文字固然有很多好处,但是也有不少困难:我国方言的分歧很大;我国长期使用汉字,大家还没有养成拼音的习惯;汉语中存在不少同音词、成语和文言成分,写成拼音文字的时候还有一些困难。现在我们有了一套拼音方案,就可以用来作为拼音文字的试验和试用的工具,在实践中来逐步地研究解决这一些困难。只有经过系统的、全面的试验,以上所说的各种困难已经解决,实行拼音文字的条件已经成熟,各项实验证明拼音文字确实在各方面都比汉字好——只有到了那个时候,我们才能提出拼音文字的方案,请全国人士讨论,于取得大家的赞成同意以后,然后提请政府公布实行。自然,现在还不是这样的时候。现在要请大家讨论、宣传和推广拼音方案,却还不是讨论实行拼音文字的时候。"②

吴玉章同志讲的第二个问题是我们的拼音方案为什么要采用拉丁字母。20世纪 50 年代的中国遭受着西方国家强大的敌对势力的包围,而由于和苏联保持着特殊的同盟关系,当时国内学习的第一外语是俄语,而不是英语。蒙古人民共和国在 1945 年进行文字改革,转用了以斯拉夫字母为基础的拼音文字。当时中国推行拼音字母有 3 种选择:或者采用民族形式的字母,或者采用斯拉夫字母,或者采用拉丁字母。最后我们采用了拉丁字母,这是一个英明的选择。吴玉章同志在报告中说:"拉丁字母是目前世界上最通行的字母,全世界共有六十多个国家采用拉丁字母作为文字符号。因此我们采用拉丁字母,对于促进国际文化交流,是有很大好处的。""拉丁字母在中国也有很久的历史传统……因此我们采用拉丁字母,是有历史基础和群众基础的。""不仅如此,在科学技术方面,拉丁字母是国际公用的符号,无论是代数、几何、三角,或者是化学、物理,或者是动植物的学名,医生开的药方,也都是使用拉丁字母的。因此拉丁字母是每一个具有现代文化知识的人本来应该学习的,现在采用它来拼写汉语,并不增加额外的负担,而且确有因利乘便的好处。"③ 针对有些人从民族感情出发,对拉丁字母产生的抵触情绪,吴玉章大讲"拿来主义"。他说:"字母是跟火车、轮船、飞机一样,是没有阶级性的。谁利用它,它就为谁服务。外国的有用的东西,我们可以拿过来,也应该拿过来,使它为我们

① 吴玉章:《吴玉章文集》(上),684~685 页,重庆,重庆出版社,1987。
② 吴玉章:《吴玉章文集》(上),687~688 页,重庆,重庆出版社,1987。
③ 吴玉章:《吴玉章文集》(上),688~689 页,重庆,重庆出版社,1987。

服务，它就成为我们自己的东西了。"①

吴玉章同志讲的第三个问题是汉字的前途问题。他认为："汉字在历史上有过伟大的功绩，在今天也仍然负担着光荣的任务，这是谁也不能否认的。但是从长远来看，从世界各国文字的历史发展来看，我们将来迟早有一天要改用拼音文字——这是世界文字发展的客观规律。但是我在前面已经说过，现在还不是我们来讨论这个问题的时候，因为我们并不主张现在马上就实行拼音文字。如果有人主张现在就立刻用拼音文字代替汉字，那种主张是不现实的。""其次，我还想说明这一点，就是我们主张改革汉字，但是并不主张废除汉字。汉字是会永远存在的，永远有人学习，永远有人使用。即使将来实行拼音文字之后，汉字也还是存在的，还要有人学习，有人使用。估计到那个时候，不要说大学中文系和历史系的学生，哪怕就是中学生，也还得有汉字的课程，正像现在英国、法国的学生要学拉丁文一样。到那个时候，也还有一部分人，学会了拼音文字之后，还要进一步学习汉字，而且要精通汉字，他们好来整理我国古代的文化遗产。我国有着极其丰富的古代典籍，因此这样的人必须大量地培养，才能满足我们的需要。他们还要把古代的优秀的作品，翻译成为拼音文字，这样才能使得广大人民能够阅读古典作品，才能真正继承和发扬我国的优秀的文化遗产。实行拼音文字之后，中国特有的书法艺术也要保存下来，喜欢汉字书法的人还是可以研究。愿意做旧诗的人，照样可以做。""由此可见，汉字在将来仍然可供我们的研究、使用和欣赏。采用拼音文字，决不会损害我们对汉字的深厚感情，更不会中断我们的历史文化传统。"②

吴玉章做这个报告的时间是 1956 年 3 月，距今 60 年了。文中对前两个问题发表的意见，都经受住了时间的考验，被实践证明是正确的，至于对汉字前途的看法，尽管在我们看来，也是基本正确的，但是由于一直有不同的意见，所以可以讨论、争鸣，现在还不是做结论的时候。1958 年 1 月，周恩来总理在中国人民政治协商会议全国委员会举行的报告会上做《当前文字改革的任务》的报告。周总理在报告中指出："文字改革是关系到全国人民的一件大事，政府对它采取的步骤是很慎重的。""希望大家积极支持文字改革工作，促进这一工作而不要'促退'这一工作，好使中国文字能够稳步地而又积极地得到改革，以适应六亿人民摆脱文化落后状态的需要，以适应多、快、好、省地发展社会主义事业的需要。""至于汉字的前途，它是不是千秋万岁永远不变呢？还是要变呢？它是向着汉字自己的形体变化呢？还是被拼音文字所代替呢？它是为拉丁字母式的拼音文字所代替，还是为另一种形式的拼音文字所代替呢？这

---

① 吴玉章：《吴玉章文集》（上），689 页，重庆，重庆出版社，1987。

② 吴玉章：《吴玉章文集》（上），690~691 页，重庆，重庆出版社，1987。

个问题我们现在还不忙做出结论。但是文字总是要变化的，拿汉字过去的变化就可以证明。将来总是要变化的。"从周总理的报告中我们可以感受到党和政府的文字改革政策既慎重又积极并且留有余地，是经受得住时间检验的。

四、关于汉字的第四次争论

党的十一届三中全会的召开迎来了四个现代化建设的新时期。根据新时期语言文字工作的特点，1985 年 12 月经国务院批准，中国文字改革委员会改名为国家语言文字工作委员会。1986 年 1 月，国家教育委员会和国家语言文字工作委员会联合召开了全国语言文字工作会议，确定了新时期语言文字工作的方针和任务。新时期语言文字工作的方针是："贯彻执行国家关于语言文字工作的政策和法令，促进语言文字规范化、标准化，继续推动文字改革工作，使语言文字在社会主义现代化建设中更好地发挥作用。"当前语言文字工作的主要任务是："做好现代汉语规范化工作，大力推广和积极普及普通话；研究和整理现行汉字，制订各项有关标准；进一步推行《汉语拼音方案》，研究并解决实际使用中的有关问题；研究汉语汉字信息处理问题，参与鉴定有关成果；加强语言文字的基础研究和应用研究，做好社会调查和社会咨询、服务工作。"在讲到汉字改革、汉语拼音化及文字规范化等问题时，《全国语言文字工作会议纪要》说："语言文字工作必须积极而稳步地进行。为了适应社会发展和人们交际的需要，语言文字不断发展变化，同时又保持相对稳定。这是语言文字演变的基本规律。语言文字工作必须遵循这一客观规律，顺乎自然，因势利导，做促进工作。三十多年来，汉语规范化和文字改革工作有较大的发展，取得了很大成就。当前，需要充分消化、巩固和发展这一历史性重要成果。在促进语言文字规范化、标准化的同时，文字改革工作还要继续进行，尚未完成的任务还要继续完成。但是文字改革必须稳步进行，不能急于求成；脱离实际超越历史条件的改革，是得不到大多数人支持的。在今后相当长的时期，汉字仍然是国家的法定文字，还要继续发挥其作用。《汉语拼音方案》作为帮助学习汉语、汉字和推广普通话的有效工具，要进一步推行并扩大其使用范围，但它不是代替汉字的拼音文字，可以用于汉字不便使用或不能使用的方面。关于汉语拼音化问题，许多同志认为这是将来的事情，现在不忙于做出结论。1977 年发表征求意见的《第二次汉字简化方案（草案）》，经过多次修订，迄今未能定案。这一草案中虽然有一部分简化字比较合理，对识字教学、文字使用有某些积极作用，但是再正式公布这批新简化字，对出版物特别是多卷本的字典、词典、百科全书以及电子计算机的汉字字库等，都会造成很多困难。因此，会议建议国务院批准正式宣布废止《第二次汉字简化方案（草案）》。汉字的演变是从繁到简的。从长远看汉字不能不简化，但今后对于汉字的简化，应持谨慎的态度，在一个时期内使汉字的形体保持相对的稳定，以利社会应用。目前，社会上滥用繁体字，乱造简化字，随便写错别字的现象相当严重，引起国内外各界人士的关注，纷纷提出批评意见。建议各级人民政府和有关部门采取有力的措施，予以干预和纠正。"

全国语言文字工作会议是一次成功的大会，是开创语言文字工作新局面的动员大会。大会以后，不管是在理论研究上，还是在实际工作中，国家语言文字工作委员会会同相关单位，做出了艰苦的努力，使语言文字工作有了长足的进步。

就在召开全国语言文字工作会议的同年12月，中国社会科学院语言文字应用研究所在北京召开了汉字问题学术讨论会，讨论的内容包括汉字的性质、功能、发展规律，汉字与中国文化，汉字改革等。来自全国各地的40多位专家学者参加了会议，不少同志利用语言学、文字学、系统论、信息论、认知心理学、实验心理学、神经心理学的理论对汉字系统进行了论述，对一些长期争论的问题进行了认真的研讨。这次学术讨论会是20世纪关于汉字问题的第四次争论的一部分。面对现代化、信息化时代的挑战，汉字遇到了许多新问题，可是在当现代科技解决了汉字输入电子计算机问题之后，如何看待汉字，如何看待汉语拉丁化，人们的认识产生了巨大的分歧。这次争论从20世纪80年代开始，一直延续到现在，并将继续争论下去。这次争论波及面之广，卷入人数之多，是空前的，甚至超出了国界，引起海外学者的瞩目。

海外也有针锋相对的两种意见。比方说，1986年5月，在日本东京召开了"汉字文化的历史和将来"国际学术讨论会。会后美国《新闻》周刊根据参加会议的东京庆应大学铃木孝夫教授的观点，发表了专文，标题是《古老的文字终于赶上电脑时代》，文章预言"古老的文字和硅世界的奇特的结合，将给亚洲的经济和文化生活结构带来巨大的变化。"而1986年6月，华裔学者吴文超在东亚地区经济社会文化发展学术研讨会上发表了题为《中国语言政策刍议》的论文，文中说"古代传声技术差，在无法控制语言的古代社会里，书同文的汉字在传递信息方面具有一定的优越性"，但时至今日，"人们不但可以把声音记录下来和通过电信技术把它传遍全球，而且语音控制能力也大大加强，使得各民族的语音趋于稳定。"他断言，如果现在不采用拼音书写系统，则炎黄子孙后代将会因为无法迎头赶上现代化而埋怨我们这一代人。

关于汉字的第四次争论的核心问题是：一是怎样评价汉字，二是怎样看待汉字的前途。争论的双方，一方以袁晓园为会长的北京国际汉字研究会（原汉字现代化研究会）为代表，《汉字文化》是他们主办的刊物；另一方以中国语文现代化学会为代表，《语文建设》是发表他们学术观点的主要阵地。下面我们首先简明地列举一下双方的学术观点，然后再进行分析。

　　1980 年袁晓园组织了"汉字现代化研究会"，创办刊物《文字与文化》，并在该刊第 2 期（1982 年）上发表题为《汉字——人类文字的奇峰》的署名文章，阐述汉字是世界各国最好的一种文字的论点。从 1986 年到 1989 年袁晓园等在《人民日报》（海外版）连续发表《十论汉语汉字的科学性》。1988 年 10 月，汉字现代化研究会与《人民日报》（海外版）联合召开汉字研究座谈会。专家学者 49 人出席了座谈会，与会者就汉字的实用性、科学性，汉字的简化、能否拉丁化和计算机输入等问题交换了意见。与会者的发言刊登在《汉字文化》创刊号上。1989 年 9 月，汉字现代化研究会召开"汉字落后论的时代结束，21 世纪将是汉字汉语发挥威力的时代"座谈会。1990 年 5 月，汉字现代化研究会在北京举行"汉字落后论的时代结束，21 世纪将是汉字汉语发挥威力的时代"学术研讨会。260 名代表参加，代表们围绕汉语汉字的优越性、汉字现代化、汉语汉字发挥威力、汉字教学法等问题展开了热烈的讨论。1991 年 3 月，北京国际汉字研究会在北京国际饭店召开"汉字是科学、易学、智能型、国际性的优秀文字"学术座谈会。这个议题是该会副会长徐德江提出的关于汉字的新命题。对此，袁晓园的主要观点是："汉字具有适应汉语明确简短的优点，明确简短是一切语言文字发展的共同规律和衡量一切语言文字科学程度的标准。"安子介的主要观点是："汉字是文化的根，汉字是拼形文字，能使人联想，联想是一切发明之母，学习汉字会使人聪明；汉字是中国的第五大发明；21 世纪将是汉字发挥威力的时代。"钱伟长的主要观点是："汉字是符号文字，有资格成为国际文字。"1990 年段生农出版了《关于文字改革的反思》，萧天柱发表了《关于汉字问题的反思》，都对以往的汉字改革持否定态度。20 世纪 90 年代前后提出的"识繁写简"的口号，实际上是为繁体字回潮制造舆论。1991 年 10 月，北京国际汉字研究会推出系列电视片《神奇的汉字》，在北京钓鱼台国宾馆举行首映式。影片的主题即徐德江提出的关于汉字的新命题。①

　　在国家语言文字工作委员会的积极干预下，《神奇的汉字》没有按计划在中央电视台播出。国家语言文字工作委员会组织部分语言文字专家召开座谈会，讨论了该片的问题。发表在《语文建设》1992 年第 4 期的《〈神奇的汉字〉专家座谈会纪要》（以下简称《纪要》）一针见血地指出了该片的多处错误：(1)《神奇的汉字》神化汉字，夸大汉字的功能和作用，理论上缺乏根据，政治影响也不好；(2)《神奇的汉字》的许多结论和提法是不科学的，不符合事实的，也是经不住推敲的；(3)《神奇的汉字》歪曲、否定文字改革成果，嘲

---

　　① 张育泉：《语文现代化概论》，123～125 页，北京，首都师范大学出版社，1995。

笑、挖苦文字改革工作者，在宣传基调上与现行国家语言文字的方针、政策也不一致；（4）《神奇的汉字》不适当地突出、吹捧某些个人，标榜制片人自己；（5）《神奇的汉字》还有侵犯版权和假借名义等不正当行为。

1992 年，《汉字文化》共发表了十几篇文章批驳《纪要》。《语文建设》设"讨论与争鸣"专栏，共发表 20 多篇文章，从各个方面，深入细致地剖析有关"汉字优越"的种种论调。《语文建设》与《语言文字应用》两刊编辑部在北京、上海、广州三地召开了四个座谈会，邀请语言文字学界部分专家学者就汉字问题进行座谈，并发表了《京穗沪汉字问题座谈会综述》（以下简称《综述》）。《综述》分列了三个大问题：（1）繁体字和简化字；（2）关于汉字研究；（3）关于语言文字政策。文章客观介绍了各种意见，其中有些意见非常精辟，引述如下。

关于繁体字和简化字的问题，"大部分同志认为简化字基本符合字理，在大陆又有十来亿人使用，想用繁体字来改变简化字是不可能的。当然，大陆与台港澳政治制度都可'一国两制'，文字也不必急于统一，可以在各自区域内实行繁体字和简化字。""有的专家研究了台湾和大陆的实际用字，指出'书同文'的问题可以说是不存在的，台湾的实际用字与大陆不同的只有二百来字，这些字历史上差不多都用过，台湾人也能看《人民日报》国内版。""很多人同意这一观点，认为不存在因大陆实行简化字而造成文字障碍，从两岸亲人通信中，从自己所接触的台港澳和海外华人的用字情况来看，文字障碍是不存在的，至少不像某些人宣扬得那么严重。"

关于"识繁写简"问题，"与会代表认为应具体问题具体分析。简化字简便易学，可以减轻学生学习汉字的负担，使他们有更多的时间学习现代科学技术，是有益的。现在若在基础教育中让中学生识繁，不仅不必要，也不可能。但在一定的文化层次及工作需要的人当中应该识繁，以利海外交流和继承古代文化。'印刷用繁，手写用简'在大陆是行不通的。"

关于汉字是否是拼意文字，能否"见字知义"问题，有同志指出，把绝大多数汉字分析为会意字，并以为这就是汉字科学性之所在，显然是不妥当的。早期形声字在形成过程中，由于词源分化，使有些声符带义，这是汉字发展中的一种历史现象。宋代王圣美曾提出"右文说"，认为形声字声旁表义。其实，具有示源声符的形声字只占形声字的一小部分，右文表义从来不是汉字中的普遍现象。把这种现象无根据的扩大，说现代汉字 90％都声符带义，宏观原理就发生了问题，微观解释也就会带随意性。例如，把"鹅"解释成一种以自我为中心的禽类，把"饿"说成是我没有食物吃的感觉，虽然说法新奇，但是这只是汉字教学中为了便于记忆的随机的解释，没有字源学的任何根据。

　　关于"汉字的优越性"问题，"有人认为'汉字的优越性'提法不妥，不同语言文字没有高低优劣之分，每个民族的语言文字都能完成本民族交流思想、记录文化的任务，不能说 A 民族的语言文字比 B 民族的语言文字优越。""有同志指出讲汉字的优越性还应注意以下两点：一是要从初学者角度去看。现在有些人的研究往往是从已经认识和了解汉字的基础上去看汉字的，所以总觉得不难，有这样那样的长处。汉字当然有长处，没有长处怎么能流传到今天？可是对不认识汉字的人来说，有些长处就不存在。比如，汉字'见形知义'的特点，有时并不那么突出，像方形的'日'字，只是由于我们先认识了它并知道了它形成和变化的历史，才说它像日形，不认识这个字的人见了这个长方形的东西，可能怎么也不会联想到那个圆圆的太阳。还有汉字的艺术美，只有认识了汉字，并具备一定的书法知识的人，才能真正欣赏这种美。假如不认识汉字，不知道这一个一个方块字到底是什么意思，也就很难体会这种美。二是要有统一的确切的标准。要在一个相同的层面和统一的范围内去衡量，要看在共同的国际交往中哪一种文字使用起来更简便，更适应现代科技发展的需要。因为一种文字有一种文字的特点，观察的角度不同，结论就会不一样。从本民族的发展看，每个民族的文字都是好的，可是从世界范围看，就未必好。所以研究汉字优越与否，要上下纵横、全方位地观察研究，而不能只凭对个别的、局部现象的个人感觉去下结论。"

　　关于汉字与现代科技是否适应的问题，有两种意见："一种认为汉字与现代科技不适应，比如电脑的输入，拼音文字可直接输入，而汉字却需要依靠编码。现在有很多编码方案，但无论哪一种，都是给汉字找个拐杖。一方面输入人员首先要培训，要学会使用这个拐杖；另一方面电脑的内存也要增加，不如拼音文字简便，对于非专业电脑人员来说，输入的速度也比较慢。现在又碰到汉语信息处理中的词儿切分问题，这在拼音文字中根本不是问题，因为拼音文字本来就是以词为单位书写的，而汉字却是以一个个方块汉字为书写单位，一个汉字未必是一个词。而且有关汉语词儿的切分，意见尚未完全统一。可见汉字与现代科技有不适应的一面。""另一种意见认为，汉字输入虽然需要编码，但熟练掌握之后，速度很快。输入一个英文的词，有几个字母就需击几次键，而汉字用现在最快的软件，大量双音节词只需击四次键，如'家庭'，只需击'JWTY'四个键即可。我们现在利用西文键盘，居然能达到这个地步，不容易，汉字在现代科技面前还是有所作为的。"

　　关于拼音化问题意见分歧较大，拥护汉字拉丁化的同志认为："拼音文字能否让人看得懂，关键不在文字，而在语言。我们现在是古今语并用，书面语很多都是古语词，所以文化低的人不懂。将来搞拼音文字，应注意口语化，这样大家就都懂了。"有些同志认为："拼音代替汉字是可能的，但现在条件还不成熟，可以暂且不谈。许多国家由象形文字改为拼音文字照样可行，而且也不是一般老百姓都对拼音文字望而生畏。现在汉语拼音方案已成为学汉字和普通话的工具，这是抹杀不了的。等全国人民都能讲普通话了，可以考虑是否改拼音文字。"

2000年10月31日第九届全国人民代表大会常务委员会第十八次会议通过的《中华人民共和国国家通用语言文字法》，由2000年10月31日中华人民共和国主席令第37号公布，自2001年1月1日起施行。

《通用语言文字法》第一章总则中的第二条规定："本法所称的国家通用语言文字是普通话和规范汉字。"第三条规定："国家推广普通话，推行规范汉字。"第二章国家通用语言文字的使用中的第九条规定："国家机关的普通话和规范汉字为公务用语用字。"第十条规定："学校及其他教育机构以普通话和规范汉字为基本的教育教学用语用字。"第十一条规定："汉语文出版物应当符合国家通用语言文字的规范和标准。"第十三条规定："公共服务行业以规范汉字为基本服务用字。"第十八条规定："国家通用语言文字以《汉语拼音方案》作为拼写和注音工具。《汉语拼音方案》是中国人名、地名和中文文献罗马字母拼写法的统一规范，并用于汉字不便或不能使用的领域。初等教育应当进行汉语拼音教学。"第二十条规定："对外汉语教学应当教授普通话和规范汉字。"

《通用语言文字法》以法律的形式确定了普通话、规范汉字和《汉语拼音方案》在中国人民语言文字生活中的地位，对于推动国家通用语言文字的规范化、标准化及其健康发展，使国家通用语言文字在社会生活中更好地发挥作用，促进各民族、各地区经济文化交流，具有重要的作用。

现代汉字学学科是100多年来语文现代化运动的产物，100多年来关于汉字及拉丁化的四次争论，尤其是新时期以来关于汉字问题的第四次争论，促进了有关汉字的宏观的和微观的研究，有关汉字的理论和应用都有了长足的发展，可以说，这四次争论促成了现代汉字学学科体系的建立和完善。当1980年周有光先生提出建立现代汉字学时，只是初步构拟了现代汉字学的框架，经过30多年的发展，广大语言文字工作者加大了对现代汉字的研究广度和深度，他们从文字类型学和文化传播的角度来研究汉字和汉字的发展，从全世界拉丁化的大趋势看待汉字和汉字的发展，得出了令人信服的结论。在学术争论中，广大语言文字工作者吸取了历史的经验，不断提高理论水平，对一系列现实问题给予了中肯的解答，指明了汉字发展的前途。在新时期语言文字政策的指引下，国家语言文字工作委员会不仅在理论战线上取得了很大的成绩，而且及时制定了有关语言文字的一系列国家标准，为语言文字的规范化、标准化办了实事，30多年来，陆续出版了多本现代汉字学著作，现代汉语教材也增加了现代汉字学的内容。我们完全可以理直气壮地说，现代汉字学这门学科已经越来越趋于成熟了。

第三节　现代汉字学的研究内容

现代汉字学的研究内容包括理论研究和应用研究两个方面。

一、现代汉字学的理论研究

现代汉字学的理论研究主要包括以下几个主要问题：（1）汉字的性质和特点。汉字中的"字"既不同于拼音文字的字母，又不同于拼音文字的单词。在古代汉语中，"字"大致记录的是"词"。在现代汉语中，"字"大致记录的是"语素"。要了解汉字的性质和特点，不能就汉字谈汉字，而是要比较汉字与拼音文字在记录和传播语言方面的相同点和不同点。（2）把汉字发展的个性和文字发展的共性联系起来进行研究，既承认语言类型对文字类型的决定作用，又承认社会发展的需要以及文化传播对文字形成的重要影响。要理解语言文字的多样性是世界多样性的一个重要方面，语言文字是民族文化的重要组成部分。民族无优劣可言，语言文字也同样无优劣可言。从语言类型来讲，汉字基本上适应汉语，对于某些不适应的情况，可以通过提高汉字规范化、标准化程度的方法来解决。（3）通过研究汉字和民族文化的关系，了解汉字的语言功能和文化功能以及广大人民群众的文化心理。汉字负载的文化数量和质量在 17 世纪以前堪称世界之最。汉字的语言功能和文化功能对于形成汉民族的凝聚力具有不可低估的作用。文化传统形成的巨大惯性从另一个方面决定了汉字的命运——它永远不可能被废除。（4）了解汉字文化圈的历史和现状，总结 100 多年来的语文现代化运动，贯彻新时期语言文字工作的方针和任务，继续完成语文现代化的光荣使命。（5）要科学地评估汉字和汉字的前途。要认真总结历史的经验教训，要通过关于汉字的四次争论明辨是非。（6）要阐明汉字标准化和汉语拉丁化的关系。汉字有光明的前途，汉语拉丁化也有光明的前途，二者不存在你死我活的关系，而是互补的关系。

现代汉字学非常关注理论问题的研究和宣传，因为语言文字工作者担负着两个义不容辞的任务：一是坚持科学精神，实事求是地批评各种鼓吹汉字优越和汉字落后的论调；二是向广大群众普及关于汉字的基本理论、基本知识，让广大群众更加了解和拥护国家制定的各项语言文字政策。

有些理论问题本来早已经有了结论，应该是知识分子的常识了，如文字和语言的关系问题。吕叔湘在批评那种认为文字不一定记录语言的观点时说："汉字必须通过语言才能表达意义；一个形体必须同一定的语音有联系，能读出来，才成为文字。如果一个形体能够不通过语音的联系，直接表达意义，那就还是图画，不是文字。"① 可是近几十年来，有些人为了给汉字优越制造根据，一定要说汉字可以超越语言直接表达概念，如有的人说："传统语言学关于'文字是记录语言的符号'的定义一直被奉为金科玉律。安子介突破了这一僵化理论对汉字科学研究的束缚，指明'一个中国汉字一般只表示一个观念'。""为什么说汉字最本质的特征是记录观念而不是记录语言呢？首先，从汉字的形成所表现出的功能就可以说明汉字不是记录语言而是表示人的观念。甲骨文的一系列象形文字，如我们上面所举出的日、月、目、雨等字，非常明显，这些字都是以形表义，并不记录语言，在比甲骨文出现更早的字的雏形，即许多原始的刻画符号，就更与记录语言无关。汉字的发展史告诉我们，汉字从根本上说不是以语言的变化为转移的。汉语的发展早已形成了众多的方言，但是并没有改变书同文的汉字。关于形声字，有许多字的声旁现在并不起表音的作用。""但是，声旁表义这一汉字的本质属性几千年来却始终未变。安子介通过对全部声旁的系统分析，深刻地揭示了这一被湮蔽和忽视多年的声旁的本质。"②

众所周知，甲骨文记录的是卜辞，而卜辞是商代的有关占卜的语言。至于原始的刻画符号，除非不是文字，只要它们成为文字的一部分，就是记录语言的视觉符号。汉语史告诉我们，文言文是在先秦两汉的口语的基础上形成的书面语言，记录的是当时的汉民族共同语。直到 1919 年五四运动以前，尽管口语早已发生了很大变化，尽管各地存在方言的分歧，但是文言文一直作为汉民族共同语的书面语，我们能不能说，用汉字写作的文言文记录的不是语言呢？况且语言产生在前，语言产生若干万年之后才有文字出现。安子介先生所说的"观念"总不会是在文字产生之后才产生的吧？我们知道，语言是认知世界的工具。语言中的实词，如表示方位、时间、数量、性别、年龄、品质等方面的词，是人对事物的分类。语言中的虚词，如"已经""再""被""和""可是""如果"等，是人给事物过程和事物关系加上的标记。人们通过语言认知世界、描写世界，并且利用语言，包括口头的语言和书面的语言，把经验和知识流传下去。安子介所谓的"汉字记录观念"，其实讲的是汉字的构字理据，是把汉字的 90％讲成会意字的严重失实的理据。安子介出于宣传自己"解开了汉字的千古之谜"的需要，所以生拉硬扯地把汉字说成是表示观念的符号。

有的人无视文字记录语言的共性，对汉字提出这样的定义："汉字是汉族人民创制的，作为社会记录和交往工具用的，直接表达意义的，具有象征作用和审美价值的，和汉语结构相适应的书写符号系统。""'直接表达意义'，说明

---

① 吕叔湘：《谈语言和文字》，载《文字改革》，1964（1）。
② 李敏生、李涛：《昭雪汉字百年冤案》，40～41 页，北京，社会科学文献出版社，1994。

了汉字的结构形体直接包含意义，目的在于表达意义。这样汉字就和汉民族人的思想及中华民族文化有着直接的、意义重大的关系，它使汉字文化学的存在有了深厚的基础。"① 他们认为，"汉字与西方拼音文字两种文字体制的根本差异在于，汉字的'形'是一个整体，并直接与义发生联系，人们可以根据汉字之形联想到意义；而西方拼音文字的'形'却只是一些零散的记音符号，它只有在完整地记载了一个词的语音组合单位以后，才与义发生联系。"②

同样是否定文字记录语言的共性，有的人是这样表达的："'文字是语言符号的符号。'这是现代语言学理论的一个基本原理。这条原理认为只有口语是反映概念、思想的。而文字只记录口语。它作为口语的附庸，与思维没有直接的联系。因而最先进的文字是作为口语化身的忠实全面记录口语语音的文字。于是拼音文字的优越性地位是无可争议的。然而这条原理却是深深植根于西方形态语言的拼音文字对语言的依附性。我们认为，文字之所以被创造出来就是为了克服语言音响的时空局限。文字的根本性质就在于它是一种视觉形式，以图像作用于视觉神经，产生条件反射来实现字形和字义的统一。因此，文字可以'形入心通'。图像性越强的文字，它突破时空局限的功能就越大，它与思维的联系也就越紧密。现代心理学的实验已证明，认读拼音文字必须通过语音的分析才能了解意义，认读方块汉字却可以直接从图像获取意义信息，而较少牵动语音的纽带。"③ "就文字本身来说，西方拼音文字和汉民族表意文字在书写系统的性质和功能上又有差异。前者因其'拼音'而与概念保持着距离，后者因其'表意'而与概念直接联系。即使是主张文字存在的唯一理由在于表现语言的索绪尔也认为，表意文字有一种强烈的倾向用书写的词代替口说的词。对于汉人来说，表意字同样是'观念的符号'，'文字就是第二语言'。"④

所谓汉字"直接表达意义"，不过是说汉字构形具有理据，可以对词义起提示作用罢了。不同文字作为语言的符号都既有音又有义，只是构成文字的理据不同。拼音文字是据音构形，基本字符是音符，记录的最小单位是成词语素或不成词语素，意符固然没有声音可言，属于汉字本身的只有字形，所谓音和义是汉字所记录的词转嫁给它的。汉字的字义是字源义或者理据义，与汉字所记录的词义并不能完全画等号。汉字和拼音文字同样是记录语言的符号，汉字有词形，拼音文字也有词形，熟练掌握文字的人都可以通过词形整体认读，并非是汉字可以不通过语言而望形生义，拼音文字则要一个字母一个字母地拼读。

---

① 苏新春：《汉字文化引论》，22～23 页，南宁，广西教育出版社，1996。
② 申小龙：《汉字人文精神论》，248 页，南昌，江西教育出版社，1995。
③ 申小龙：《汉字人文精神论》，4～5 页，南昌，江西教育出版社，1995。
④ 申小龙：《汉字人文精神论》，4～5 页，南昌，江西教育出版社，1995。

所谓"图像性越强的文字，它突破时空局限的功能就越大，它与思维的联系也就越紧密"的说法，只适用于史前的文字画。只要是文字，就与语言结下了不解之缘。文字与图画的根本区别就在于文字能按照顺序记录语言，而语言包括语音和语义，语音是形式，语义是内容，正如一张纸不可能分开的两面一样。说"文字的根本性质就是视觉形式"，这是含糊其词的说法。"视觉形式"多得很，比如说"图画""实物"都是视觉形式，而文字仅仅是语言的视觉形式，换言之，文字是以字形为形式，以音义为内容的语言的视觉形式。至于索绪尔关于汉人认为"文字就是第二语言"的说法，有一个对时代性正确理解的问题。索绪尔生于 1875 年，死于 1913 年，在他生活的年代，中国使用的是文言文，也就是说，口语说的是一套新鲜活泼的语言，书面语用汉字写的是另一套远离口语的仿古的语言。实际上这是口语和书面语分家的双语。正如今天有的方言区的人，口语说方言，书面语用现代汉民族共同语，也是双语。我们由此可以正确理解文字和语言的关系。①

我们可以进一步根据皮尔斯的符号学理论解释汉字的历史演变，说明文字和语言的关系。皮尔斯把符号分为三种：（1）像似符（icon），指外部形式和内部结构与所代替的事物相似的符号。（2）指示符（index），指与所代替现象有各种相关联系的符号。（3）规约符（symbol），指与所传递的信息之间无任何联系的，仅靠约定俗成的符号。② 像似符传达的往往是直观的简单的信息，如在动物园熊猫馆的招牌上画一只熊猫。指示符传达的往往是需要通过联想即可推测的信息，如在包装箱上画有高脚酒杯，表示物品需要轻拿轻放。规约符传达的往往是不可直观的、不易联想的、抽象而复杂的信息，如数理化的符号、公式，又如通信电码。文字是记录和传播语言的书写符号，文字是能指，语言是所指。拼音文字的基本字符是音符，是记录和传播语言的规约符，如 26 个拉丁字母的形体与它代表的读音没有任何必然的联系。汉字形体从古至今经历了甲骨文、金文、大篆、小篆、隶书、楷书等不同阶段，同是楷书又有繁体字和简化字的不同。书体作为甲骨文、金文、大篆、小篆的汉字，属于古文字，文字的形体和结构与它记录的词义具有密切的或者比较密切的联系。甲骨文的线条与结构距离图画文字最近，是典型的像似符。从甲骨文以下，到金文、大篆、小篆，都不同程度地与它记录的词义具有密切的或者比较密切的联系，或者属于像似符，或者属于指示符。隶变是古今文字的分水岭。隶变以后的方块

① 孙剑艺：《汉字的性质功用问题辩正》，载《语文现代化论丛》（第二辑），北京，语文出版社，1996。

② 皮尔斯著、赵星植译《皮尔斯：论符号》，51～62 页，成都，四川大学出版社，2014 年。

汉字变成了笔画的组合，几乎失去了所有的象形的意味，而独体的字符成为区别符，或称记号，也就是规约符。例如，甲骨文中"日"字像一轮圆圆的太阳，"月"字像一弯弦月，是像似符，而隶变以后成为规约符。合体汉字，即会意字和形声字，是由有音有义的汉字构成的，它们的构形具有一定的理据，与它们记录的词义具有一定的联系，所以属于指示符。构成合体汉字的意符或音符，如果丧失了表意或表音功能，就成为区别符，或称记号，也就是规约符。有些简化字打破了繁体字的构形理据，如"棗"简化为"枣"，"辦"简化为"办"，由指示符变成了规约符。甲骨文也并非都是像似符或指示符。甲骨文记录语言有百分之八十是假借字，假借字都是规约符。为了在书面上避免同形字过多影响交际，古人用增加形旁的方式造就了形声字。形声字都是指示符。我们由此可知，汉字由像似符和指示符发展为规约符和指示符，是文化发展的结果，是历史的进步。

有关语言和文字关系的争论，一直延续到 21 世纪。有一本名为《汉字哲学初探》的书，作者是中国社会科学院哲学研究所研究员、北京国际汉字研究会副会长李敏生。李敏生先生是这样说的："从哲学基本问题物质与意识的关系来讲，'语言是第一性的，文字是第二性的'，这种说法是不准确的。语言的物质载体声音是第一性的，文字的物质载体形（书写的系统）同样也是第一性的；语言所表达的人的观念和思想是第二性的；文字所表达的人的观念和记录的信息同样也是第二性的。如果离开了哲学的基本问题，谈什么第一性、第二性是没有理论意义的。"① 问题本来很简单，先有语言后有文字，文字是用来记录和传播语言的，所以语言是第一性的，文字是第二性的。至于语言本身是一种双面符号，语音是形式，语义是内容，语音和语义就像是一张双面的纸，是共生的，无所谓第一性、第二性。说到文字，即使如李敏生先生所说，汉字是记录人的思维、意识的书写符号系统，那么，人的思维、意识也应该是第一性的，汉字则是第二性的。因为先有思维、意识，后有文字，怎么也不能把文字说成是第一性的。况且自从文字脱离了文字画，演变为按照词语顺序记录语言的图画文字之后，就与语言结下了不解之缘——文字记录的是既有音又有义的语言。语言是第一性的，文字是第二性的，这是语言学的常识。哲学所的研究员连篇累牍要来挑战语言学的常识，结果却发了一大堆奇谈怪论。

李敏生先生说："甲骨文中的象形都不是简单的图画，而包含着对事物特征的理解。比如'母'、'马'等字都是如此，'母'字的两点原在两侧，后演变转动了90°，其中的两点，显然是代表乳房，代表了母亲哺育子女这一重要

① 李敏生：《汉字哲学初探》，9 页，北京，社会科学文献出版社，2000。

的关系。这里很明确，文字首先是直接地记录了人的思维、观念，而不是什么记录语言的符号。"① 那么，在这里我们要问的是，"母""马"是图画还是文字？如果是文字的话，在现代汉民族共同语里，"母"读 mǔ，意思是母亲、妈妈，是汉语"母"的书写符号，"马"读 mǎ，指的是一种家畜，是汉语"马"的书写符号。李敏生先生所说的"包含着对事物特征的理解"，只不过是说这些汉字的构形具有理据，反映了先民的思维、观念，具有丰富的文化内涵，而这些都不能否认文字是记录语言的符号。

李敏生先生还说："在文字表达的过程中，语言与文字是相互制约、联系的，但均是服务于表述、记录人的思维、意识和观念的。其中，文字的独立性、创造性表现得淋漓尽致，即根据要表达的思想、意识、观念、形成新的概念、判断，从而更深刻、更全面、更准确的表达人的思想、观念、意识，同时也丰富了语言。如果一篇论文，没有什么新的概念、判断，那很难成为一篇好文章。创作一首诗词也是如此，必须高于语言，必须用精炼的文字表现出新的意境。"② 这段话说的是"文字高于语言"，其实无论是多么深刻、多么全面、多么准确的文字，其记录的还是语言。语言有口语、书面语、文学语言之分。口语是人们口头上应用的语言，一般来说，语句简短，常常省略一些成分，结构也不十分严谨。语言学所说的书面语，指的是在书面上成文时经过仔细推敲、一再修改，而形成的周密、严谨的语言。书面语是在口语的基础上形成的、用文字写下的语言，因而具有与口语不同的风格。如果口语仅用文字记录下来的话则仍旧是口语，如小说中的对话。而书面语，用口头形式表达出来，也仍旧是书面语，如电台广播的报纸上的社论。文学语言是经过加工、规范的口语和书面语，文学语言不仅包括文学作品的语言，也包括社会科学和自然科学著作的语言。书面语，尤其是文学语言对于民族语言的健康发展有很大的推动作用。书面语和文学语言的产生当然要首先归功于文字，没有文字就不可能产生书面语和文学语言，但是这怎么能说成"文字高于语言"呢？

李敏生先生说："汉字高于语言之处，就在于它不是停留在记录语言这一阶段，而是向着思想本身的至高处迈进。"③ "我们通过汉字把握的不仅仅是语言而是整个思想、文化乃至整个的世界。"④ 那么，请问，什么是思想？思想是人们运用大脑机能认识世界的成果。一个正常的人要产生思想，就必须用语言进行思维。语言是人类最重要、最有效的思维工具。使用不同语言的不同民

---

① 李敏生：《汉字哲学初探》，13 页，北京，社会科学文献出版社，2000。
② 李敏生：《汉字哲学初探》，14 页，北京，社会科学文献出版社，2000。
③ 李敏生：《汉字哲学初探》，149 页，北京，社会科学文献出版社，2000。
④ 李敏生：《汉字哲学初探》，149 页，北京，社会科学文献出版社，2000。

族的思维方式不同，但思维能力是全人类相同的。我们实在想象不出，汉字不通过记录语言，如何进行思维，如何产生思想。

李敏生先生说："在信息时代的科学技术环境和文化背景下，古老的汉字同当代高科技已经密切地结合起来，这种结合使文字不再仅仅是人与人之间交流信息的工具，而且成为人与机器沟通信息的纽带，汉字与科学技术融为一体成为新的生产力。"① "汉字科学问题的实质和核心是一个科学技术的问题，是一个第一生产力的问题。对待汉字问题的态度，实质是对待科学技术的态度，就是对待第一生产力的态度。"② 李敏生先生鼓吹汉字优越，说"汉字科学技术是第一生产力"，生拉硬扯地把既非经济基础又非上层建筑的"汉字"和"科学技术"绑在一起就说是"第一生产力"。把科学技术用于汉字处理，如王选的激光照排，它以效率高、周期短、版面灵活、字库齐全等优势，取代了陈旧的铅排技术，成为出版印刷行业中的先进技术，这能体现出科学技术是第一生产力的论断，但至于汉字，那不过是激光照排的对象，和生产力没有任何关系。作为哲学工作者的李敏生先生，美其名曰要对汉字进行哲学的探索，但"探"得有点离谱。

再比如关于"汉字是复脑文字"问题的争论。上海师范大学心理系郭可教教授和上海医科大学华山医院神经科等合作，"发现中国汉字和大脑两半球的关系与拼音文字有很大不同。中国汉字不是偏向大脑左半球的'单脑文字'，而是与两个大脑半球均有关系，即左脑和右脑并用的'复脑文字'。"③ "中国人智商之高是得到了世界公认的。""美国人口学家认为，中国人智商超过欧、美和日本人。原因可归结为：第一，中国儿童智力开发具有极大潜力。第二，汉字认识的方式比拼音文字优越。第三，悠久的文化传统。第四，中国人有特殊的推理能力。上述中国人智商高的原因中的第二条讲的是汉字，但是其他几条也均同汉字有关。第一条，中国儿童智力的开发是同学习汉字密切相关联，是离不开汉字的学习和应用的；第三条，悠久的文化传统也同汉字密不可分。汉字的发明和应用开辟了中国的文明和文化的发展道路，汉字是中国悠久的文化的主要载体。第四条，汉字富有逻辑性，汉字内涵的外延也富有逻辑性，这对培养和提高逻辑思维能力，包括推理能力是极有利的。"④ 由此得出的结论是："当代脑科学、思维科学、认知科学的最新成果使我们对汉字的认识无论是从认识的手段和方法，还是从认识的广度和深度都达到了一个新的高度，从而必然结束人们对汉字认识的各种幼稚态度和各种幼稚行为，必须宣告汉字落

① 李敏生：《汉字哲学初探》，138 页，北京，社会科学文献出版社，2000。
② 李敏生：《汉字哲学初探》，138～139 页，北京，社会科学文献出版社，2000。
③ 李敏生、李涛：《昭雪汉字百年冤案》，99 页，北京，社会科学文献出版社，1994。
④ 李敏生、李涛：《昭雪汉字百年冤案》，107～108 页，北京，社会科学文献出版社，1994。

后论的僵化理论和汉字拉丁化运动的终结。"①

所谓"汉字是复脑文字"的出发点是中国人智商高，而中国人智商高的原因是使用了汉字开发了右脑。因为中国人智商高的说法缺乏确凿的根据，所以这个推理根本不能成立。至于"汉字是复脑文字"的说法还有待于科学证明。加州大学河滨分校神经语言研究中心主任曾志朗教授，证明汉字一如英文等语文是符号文字，使用中文的中国人一如使用英文的美国人，是用左脑来认知，处理文字的。曾志朗撰写过一篇研究报告，根据他以闪示器对正常人阅读中文所做的研究，即利用眼睛解剖学原理，把文字信息打入左脑或右脑，发现中文为母语的受试者使用左脑处理中文的效率比右脑又快又好。这篇反驳"汉语是右脑处理"的文章在 1989 年《自然》(Nature) 杂志中刊出，曾引起很大的震撼。②

通过神经心理学的实验，对于人脑认知汉字的研究还刚刚开始。有人认为，"人脑处理汉字信息时是双重编码，即兼用语音编码（音码）和形态编码（形码）两种方式。汉字阅读时需要在头脑中经过语音处理（发音或语音听觉形象）这个中介环节，才能了解词义，这就是'语音编码'。看到字形后，不经语音处理则直接了解词义，这就是'形态编码'。汉字书写时亦是如此。而人脑在处理拼音文字信息时，主要是语音编码。""这两种编码方式在人脑中所经过的神经通路是有差异的，与大脑左、右两半球的关系也是不同的。可以说，大脑处理汉字信息的方式和通路较为灵活。"③ 对此也有相反的意见："美国心理学家曾志朗在《实验心理学杂志》(1977，美国) 发表'阅读汉字时语言的再编码'。他用单字、成句押韵与否、不成句押韵与否等多种情况进行实验，证明看汉字的时候，也要通过语音（不一定读出）才能了解，不能由汉字直接了解意义。"④ 其实根据人们的常识，我们知道在绝大多数情况下，人类的思维也是借用语言做外壳，因此汉字怎么可能不记录语言，而与思维或观念直接联系呢？

又如关于"以幼儿识字教育说明汉字易学"的争论。"日本著名教育家石井勋博士四十年来，一直坚持不懈地从事日本幼儿汉字教育实验，得出了'汉字较假名在表现思想和传达上，正确性较高，并且传达速度也快。假名或罗马字在阅读上所需时间长，汉字则可一目了然'；汉字是幼儿'最能了解、最觉

---

① 李敏生、李涛：《昭雪汉字百年冤案》，101 页，北京，社会科学文献出版社，1994。

② 转引自张育泉：《语文现代化概论》，145 页，北京，首都师范大学出版社。

③ 郭可教：《"双重编码"和"复脑文字"》，见《汉字问题学术讨论会论文集》，110～113 页，北京，语文出版社，1988。

④ 转引自周有光：《语文闲谈》（下），103～104 页，北京，生活·读书·新知三联书店，1995。

得熟悉的文字'，'三岁的幼儿，根本无法记住假名，但如果是表示幼儿所知具体事物的汉字，三岁的幼儿没有不记住的。甚至智能发展较迟缓的幼儿，也几乎没有问题。'"汉字较假名易学'，'字形复杂的汉字容易记住'，'愈早学习汉字，效果愈佳'，等等。"① 曾性初认为："方块汉字比拼音文字（如英语）易学"，"汉字比拼音文字容易得多"。他拿不足一岁的婴儿做实验，拿"糖"和"空"，táng 和 kōng，candy 和 empty 这一对一对的文字分别写在两个抽屉上，经过一定次数的尝试，婴儿就会只开有"糖"字的抽屉。这样的实验结果表明：汉字比英文词要容易辨析得多，而英文词又比汉语拼音容易。②

这样的实验并不是科学的识字实验。因为识字不仅要会认，还要会写、会用。在幼儿还不会拼读的情况下教幼儿识字，只能靠整体认读，汉字字形与拼音文字相比个性突出，所以易认，但是认识了而做不到会写、会用，不能说他们已经掌握了汉字。六七岁的学龄儿童与幼儿不同，他们学习文字要会读、会写、会用，学习汉字当然要比学习拼音文字困难。至于曾性初做的实验，根本不是识字实验，而是测试第一信号系统的实验。如果把"糖"字换成一朵小红花什么的，效果比写成汉字还要好。我们提倡科学实验，但是对实验的指导和解释一定要科学、公正，提出一个观点要有足够的客观根据，不能凭个人的主观感觉。我们认为，诸如"汉字是科学、易学、智能型、国际性的优秀文字""汉字是开发智慧学习汉语的图画、积木和魔方""汉字在启迪人类智慧的领域内，具有神奇的特异功能""汉字体系有着自身严密的科学规律，只要掌握其密码，就能打开充满奥秘的黑匣"等提法，都是违背科学的、不负责任的无稽之谈。

二、现代汉字学的应用研究

现代汉字学具有强烈的现实性，十分关注现代汉字的规范化、标准化及其在各方面的应用。它主要研究以下几个具体问题：（1）现代汉字的字形。要研究汉字的简化和整理，确定每一个字形的规范。对于汉字简化的利弊得失要做科学的分析。要研究分析现代汉字的方法和理论，总结现代汉字的构形规律。（2）现代汉字的字音。要继续进行普通话的审音工作，进一步确定现代汉字的规范读音，减少多音和异读。近几十年来，普通话中的轻声和儿化音有逐渐简化的倾向，要调查实际情况，研究这种倾向是否有利于普通话的规范化，能否促进这种倾向，使普通话更便于推广。（3）现代汉字的字义。研究现代汉字字义与语素义和词义的关系。研究现代汉字的表意功能，重点研究形声字中形旁

---

① 李敏生、李涛：《昭雪汉字百年冤案》，109 页，北京，社会科学文献出版社，1994。
② 曾性初：《汉字好学好用证》（上、下），载《教育研究》，1983（1）、（2）。

的表意功能和部分声旁的示源功能。（4）现代汉字的字量。字量研究包括分清现代汉字和古代汉字的不同，弄清现代汉字的构成，并且根据字的使用频度，把现代汉字分为常用字、通用字、罕用字 3 个层次。人们曾经设想，在编制出常用字表和通用字表之后，还要研制包括人名用字表、地名用字表、科技用字表、行业用字表、音译用字表等各种专用字表，最后制定出现代汉字用字全表。其实，制定现代汉字用字全表的设想不够现实，因为制定使用频度高达 100％的字表是没有必要也没有可能的。（5）现代汉字的字序。汉字的字形结构复杂，表意功能差，这就形成了音序法、形序法、义序法并用的局面。这些查序法各有短长，具有互补性，值得深入研究。（6）现代汉字的教学。现代汉字学习起来很困难，有汉字本身的原因，也有教学方法的原因。要把认知心理学和汉字教学结合起来，研究婴幼儿、青少年、成年、残疾人乃至外族人学习汉字的特点，以便提出切实可行的学习方案，降低学习汉字的困难，提高学习的效率。（7）汉字在计算机上的应用。中文信息处理的发展要求计算机专家和语言文字专家联手合作加强汉字信息处理的研究。比如说研究汉字熵值大小对汉字输入电子计算机的影响，比较和分析现有的数百种文字编码，研究它们的异同和利弊，探讨能否制订全国统一使用的汉字部件分解法。

现代汉字学作为一门正在形成中的学科，有待研究的理论问题和应用问题非常之多，研究方法也和传统的文字学有所不同。现代汉字学是以语言学为基础，结合信息论、统计学、心理学等学科的边缘科学。它把宏观的研究和微观的研究结合起来，把定量的研究和定性的研究结合起来。现代汉字学的研究既要贯彻执行国家的语言文字政策，又要为国家制定并推行科学的文字政策提供理论基础。我们相信，汉字学的现代化是我国实现语言现代化的巨大推动力。

【思考与练习】

一、简述汉字形体演变的历史。

二、什么叫隶变？隶变的意义是什么？

三、什么是现代汉字？

四、简述产生现代汉字学的时代背景。

五、为什么今后对于汉字简化应持谨慎的态度？

六、你怎样看待"识繁写简"？

七、你怎样看待"汉字记录观念"的说法？

八、为什么说"汉字优越论""汉字落后论"都是错误的？

第六章　现代汉字的字形

文字是记录语言的符号，字形是书面语言的承载体，或者说，字形是书面语言的物质形式。书写文字的一方和阅读文字的一方都以字形为媒介进行交际。字形的简易、明晰是双方进行书面交际的基本条件，字形的规范是提高书面交际效率的重要保证。

第一节　现代汉字的简化和整理

汉字标准化的内容之一是确定现代汉语用字的标准字形。20 世纪 50 年代以来所做的整理异体字、减少汉字笔画、统一印刷体字形等工作，都是在为汉字定形。

一、现代汉字的简化

宋元以来民间流传着不少俗体字和简笔字。这些俗体字和简笔字简便易学，节省书写时间，很受群众欢迎。到了清朝末年及五四以后，为了普及教育、开发民智，许多有识之士主张搜集整理简笔字并加以推广。新中国成立以后，党和政府十分重视文字改革工作，建立了主管文字改革的专门机构，制定了积极而稳步地进行文字改革的方针，确定了简化汉字、推广普通话、制定和推行《汉语拼音方案》为当时文字改革的三项任务。

汉字简化的方针是"约定俗成，稳步前进"。所谓约定俗成，就是在社会习惯的基础上因势利导，要尽可能选择那些群众创造的并且已经被社会普遍接受的字作为规范的简化字；对于群众中流行不广或新创造的简化字要在充分调查研究、反复征求意见之后决定是否采用；至于那些按照理想的原则彻底改造汉字的方案，要付诸实行就很困难，改造得越彻底推行得越困难。所谓稳步前进，就是要分期分批有计划地进行简化，让人们有一个熟悉的过程。

《简化字总表》所收入的 2 235 个简化字中，只有 482 个是基本的简化字，其余都是类推出来的。而这些基本的简化字大都在历史上出现过，为人们所熟悉。为了探究现行简化字的来龙去脉，张书岩等人以 1986 年新版的《简化字总表》为准，从《总表》的第一表、第二表中选取 388 个字头（含简化偏旁）进行了现行简化字的探源研究，取得的数据如下：

始见于先秦的共"冲（衝）""虫（蟲）""从（從）""达（達）""尔（爾）"等49字，占12.63％；始见于秦汉的共"贝（貝）""才（纔）""长（長）""单（單）""当（當—噹）"等62字，占15.98％；始见于魏晋南北朝的共"笔（筆）""递（遞）""淀（澱）""断（斷）""肤（膚）"等24字，占6.18％；始见于隋唐的共"碍（礙）""宝（寶）""蚕（蠶）""尘（塵）""伞（繖）"等31字，占7.99％；始见于宋（金）的共"称（稱）""出（齣）""辞（辭）""独（獨）""几（幾）"等29字，占7.47％；始见于元朝的共"爱（愛）""办（辦）""边（邊）""搀（攙）""馋（饞）"等72字，占18.56％；始见于明朝的共"坝（壩）""别（彆）""参（參）""丑（醜）""处（處）"等28字，占7.22％；始见于清朝的共"罢（罷）""帮（幫）""表（錶）""宾（賓）""惩（懲）"等46字，占11.85％；始见于民国的共"袄（襖）""报（報）""归（歸）""龟（龜）""沪（滬）"等46字，占11.86％；始见于中华人民共和国成立后（截至1956年《汉字简化方案》公布）的仅"帘（簾）"1个字，占0.26％。①

简化字的来源主要有以下三个方面：有的是古字，或者是古本字，如"云""从""电""胡""须"，或者是古异体字，如"礼""尔""弃""无"，或者是古通用字，如"才""后"；有的是群众中流传的简体字，如"体""声""铁"；有的是已经通行一个时期的"解放字"或最近新造的字，如"拥""护"和"灭""丛"。

简化字的简化方法可以归纳为以下8种：

（1）用形声字改换形声字，包括改换形旁或声旁，或形旁声旁都改换。例如，猫（貓）、愿（願）、肮（骯）、唇（脣）、优（優）、拥（擁）、袄（襖）、胆（膽）、响（響）、惊（驚）、护（護）、帮（幫）。

（2）用形声字改换会意字。例如，窜（竄）、桩（樁）、邮（郵）。

（3）用会意字改换形声字或会意字。例如，笔（筆）、宝（寶）、灶（竈）、帘（簾）、尘（塵）、茧（繭）。

（4）省略部分字形，保留特征或轮廓。例如，录（錄）、号（號）、云（雲）、丽（麗）、里（裏）、术（術）、际（際）、恳（懇）、开（開）、粪（糞）、声（聲）、飞（飛）、齿（齒）、伞（傘）、卤（鹵）、齐（齊）。

（5）利用草书楷化的办法简化形体。例如，车（車）、长（長）、为（爲）、专（專）、书（書）、尧（堯）、乐（樂）、头（頭）。

---

① 张书岩：《简化字溯源》，6页、252～254页，北京，语文出版社，1997。

（6）换用简单的符号。例如，汉（漢）、鸡（鷄）、赵（趙）、区（區）、环（環）、怀（懷）、枣（棗）、轰（轟）、师（師）、归（歸）。

（7）借用同音字或音近字代替。例如，后（後）、谷（穀）、出（齣）、丑（醜）、斗（鬥）、卜（蔔）、只（隻）、干（乾、幹）。

（8）用简化偏旁或简化字类推。例如，艹（丱）——劳（勞）、茕（𤇾）、茔（塋）、荧（熒）；当（當）——挡（擋）、档（檔）、裆（襠）、铛（鐺）。

这8种简化方法是在使用汉字的长期历史中形成的，它符合汉字的简化规律，有着广泛的群众基础。

汉字简化取得了明显的效果，首先是减少了汉字的笔画，同时减少了通用汉字的字数。《简化字总表》（1986年）共收简化字2 235个，笔画总数是23 025画，平均每字10.3画。被代替的2 261个繁体字，总笔画数是36 236画，平均每字16画。繁简相比，平均每字减少5.7画。因为简化时采用了同音代替的办法，用原有的笔画简单的字代替笔画繁难的字，如用"板"代替"闆"，用"冬"代替"鼕"，所以减少了一些字数。另外，两个或三个繁体字合并为一个简化字，如"鐘"和"鍾"减化为"钟"，"匯"和"彙"减化为"汇"，"臺""檯""颱"减化为"台"，"矇""濛""懞"减化为"蒙"，又减少了一些字数。两项相加，共减少了102个繁体字。

从汉字字形的表意表音作用来看，有很多简化字明显优于繁体字。例如，"众""尘""灭""灶""茧""蚕""从""笔""宝""凭""籴""粜""体""飞""伞""网"等字的表意功能要比被替代的繁体字强。"补""递""战""矾""态""苹""胶""粮""帮""护""舰""园""牺""极""钟""惊""桩""犹""伙""沪""肤""窃"等形声字的声旁经简化后表音度100％，当然要比被替代的繁体字强。"赶""运""达""迟""酝""认""远""肿""毡""窍""毕""担""胆""种""忧""优"等形声字的声旁经简化后声母韵母都相同，仅仅声调不同，表音度比被替代的繁体字强。

也有一些简化字简化后的字形表音作用比不上繁体字。例如，"顾""爷""际""层""导""邓""标""鸡""烛""坛""盘""柜"等字的表音功能完全丧失了。"灯""怜""邻""淀""灿""吨""岭""础""拥""价""袄""坎""毙"等字的表音功能被不同程度地削弱了。而特别可惜的是：原来从"卢"（盧）声的10多个形声字，除了"驴"字都跟"卢"字同音，这是很难得的，可是在简化字第一表中，却把"庐""炉""芦""驴"4个字都减化成了声母跟字音有明显区别的"户"字，与第三表中类推出来的"泸""垆""栌""轳""胪""鸬""颅""舻""鲈"等字被人为地割裂为声旁不同的两组。

由于简化，主要是由于草书楷化的运用，使汉字体系里增加了一些部件，例如，"头""卫""乐""专""农""书""东""戈"（"尧"字上部）"圡"（"压"字中部）等。特别需要指出的是：在"柬"字和"阑""楝"等字中的"柬"旁并未简化的情况下，就在第一表里把"拣""炼""练"等字的"柬"旁简化为"东"，确实不够妥当，何况"东"与"东"还容易形似而混呢。"尧"字上半既不是"戈"又不是"弋"，而写成一个不成字的字形"戈"，"压"字中部在"土"字上非要加上一点，写成一个不成字的字形，这对于学习汉字和汉字编码都是有害无益的。

换用简单的符号和同音替代的简化方法往往为人所诟病，但是平心而论，有许多情况还是合理的。例如，"嘆""漢""難""艱"等字分别简化为"叹""汉""难""艰"等记号字或半记号字，似乎降低了原字的理据。可是如果我们考虑到"菓"字不仅不见于7 000个通用字，甚至不见于《说文》，"菓"字的音义，据古文字学家考证，像投人于火上之形，是"熯"字的初文，那么对于不懂古文字的人来说，"菓"字旁既不表音也不表义，也只不过是个记号。

同音替代，自古有之。文字的假借既满足了为词选择书写符号的需要，又节制了字数。在文字假借造成兼职过度的时候，文字就会分化，产生分化字。在文字分化过度的时候，就会产生或者分化字不能通行，或者本源字不再通行的情况。从先秦两汉一直到魏晋南北朝，是大量产生分化字的时代，当时已经出现了分化过度的情况。唐代的陆德明在《经典释文·序录》中说："岂必飞禽即须安鸟，水虫便应著鱼，虫属要作虫旁，草类皆从两屮?"在《广韵》中，"东风菜"的"东"字和"风"字都加上了草字头。文字羡余度过高是一种浪费，我们认为，在不混淆意义的情况下利用同音假借的办法简化汉字笔画和字数还是可行的。例如，以"云"代"雲"、以"家"代"傢"、以"须"代"鬚"、以"舍"代"捨"，不过是以本源字代替了分化字。以"才"代"纔"、以"冬"代"鼕"、以"出"代"齣"、以"板"代"闆"，不会造成任何表意的不明确。相比起来，音近代替的方法会造成新的多音字，应该尽量不用或少用。比如说："纤"读qiàn、xiān二音，"吁"读xū、yù二音，"脏""几""发""干""斗""别"等字都有声调不同的两种读音。

汉字的简化尽管以"约定俗成"为原则，但是只要有可能，还是要首先顾及整个构形系统的简化，不要为了个别字的简化而牵动了文字系统。比如，"寧"字简化为"宁"，而把文字系统中原来的"宁"（zhù）字改动为"㝉"，并连带着改动了"苎""贮""伫""纻"等许多字形，这就是由于考虑不周而造成的过失。

总结简化汉字的经验和教训，有人提出"简化十诫"：（1）约定俗成，好；约未定、俗未成，不好。（2）新简化字跟原字相比，轮廓相同，形体相似，容易联想，不难认识，好；反之则不好。（3）不增加形近字，好；反之则不好。（4）手写起来，不容易跟别的字相混，好；反之则不好。（5）不增加一字多音多调，好；反之则不好。（6）新形声字的声旁，能准确表示字音字调，好；反之则不好。（7）同音代替字，字音字调相同，意义也不矛盾，好；反之则不好。（8）新的草书楷化字，不增加原有的笔画形式，好；反之则不好。（9）原来笔画写起来不顺手，改成笔画顺手，容易写，好；反之则不好。（10）简化常用字，不简化罕用字，好；反之则不好。①

二、现代汉字的整理

在整理汉字字形方面，新中国成立以来主要做了以下几件工作：整理异体字；整理印刷铅字字形，改换生僻地名用字；统一部分计量单位用字；颁布现代汉字通用字笔画、笔顺规范。

1. 整理异体字

异体字有两个含义：一是互为异体，即两个或几个音义相同但是形体不同的字互为异体；二是特指与正体字同音同义而写法不同的字。第一种含义适用于未经过整理的异体字，第二种含义适用于经过整理的异体字。

汉字自古至今越增越多，增加的字有很多是异体字。异体字的存在加重了人们学习和使用汉字的负担，应该加以整理。1955 年 12 月 22 日，中华人民共和国文化部和中国文字改革委员会联合公布《第一批异体字整理表》。该表收异体字 810 组，每组最少 2 字，最多 6 字，合计共 1 865 个，整理后每组选用一个正体字，共精简了 1 055 字。根据汉字使用的实际情况，1956 年 3 月 23 日文化部和文改会又发出《修正〈第一批异体字整理表〉内"阪、挫"二字的通知》，规定"阪"用作日本地名"大阪"时仍用原字，原表中的"挫"字应删去。以后对《第一批异体字整理表》的内容又做过两次局部调整。一次是根据 1986 年 10 月 10 日重新发表的《简化字总表》的说明，确认收入的"䜣""谫""晔""奢""诃""鳍""绌""刬""鲙""诓""雠"11 个类推简化字为规范字，不再作为淘汰的异体字。另一次是根据 1988 年 3 月 25 日国家语言文字工作委员会和中华人民共和国新闻出版署《关于发布〈现代汉语通用字表〉的联合通知》的规定，确认《现代汉语通用字表》收入的"翦""邱""於""澹""骼""纺""菰""涵""徼""薰""黏""按""愣""晖""凋"15 个字为规范字，不再作为淘汰的异体字。经过上述调整，《第一批异体字整理表》实际淘汰异体字 1 027 个。这些停止使用的异体字仅仅在翻印古书和在商店原有牌号中

---

① 周有光：《语文闲谈》（下），112 页，北京，生活·读书·新知三联书店，1995。

及做姓氏用时可以不加变更。

整理异体字的原则是从俗与从简相结合，照顾书写方便。如果从俗与从简不能兼顾或繁简差不多的时候以从俗为主。例如，（1）村（邨）、乃（廼）、奔（犇）、冰（氷）、筒（箇）、抵（牴、觝）、拖（拕）、丐（匄、匃）。（2）笋（筍）、你（妳）、猫（貓）、眯（瞇）、采（寀、採）、布（佈）、志（誌）、挂（掛）。（3）考（攷）、命（奅）、辉（暉、煇）、粳（秔）、蝶（蜨）、裤（袴）、够（夠）、阔（濶）。（4）群（羣）、峰（峯）、峨（峩）、锹（鍫）、略（畧）、胸（胷）、鞍（鞌）、眦（眥）。其中第一组是选用应用较广的字作为规范字，废除较生僻的异体字。第二组是选用笔画较少的字作为规范字，废除笔画较多的异体字。第三组是在从俗和从简不能兼顾或繁简差不多的情况下选用应用较广的字作为规范字。第四组是为了便于书写而选用左右结构的字作为规范字，废除上下结构异体字。如果群众习惯使用上下结构的字，那么仍然以从俗为主，如以"岸""拿""蟹""案"等字为规范字，废除了"岍""舒""蠏""桉"等异体字。

2. 整理印刷铅字字形

在字形没有整理之前，印刷体和手写体不统一，印刷体本身也不统一，如"吕（呂）""宽（寬）""巨（巨）""敢（敢）""片（片）""角（甪）""灰（灰）""刊（刊）"等字就是这种情况。字形不统一，不仅给印刷厂增加麻烦，也给群众学习和使用汉字增加了负担。为了改变这种一字多形的局面，1955年中国文字改革委员会组成标准字形研究组。1956年研究组拟订了《标准字形方案（草案）》。1957年经修订后改名为《汉字字形整理方案（草案）》。1959年12月，文化部召开革新铅字字形座谈会，委托文改会、教育部、中国科学院语言所联合组成汉字字形整理组。整理组于1960年9月拟订《通用汉字字形表（草案）》。1962年3月文化部再次召开联席会议，并增加文化部作为汉字字形整理组的组成单位，于1964年5月制订《印刷通用汉字字形表》。1965年1月文化部和文改会发出《关于统一汉字铅字字形的联合通知》，同时把《印刷通用汉字字形表》印制成样本，随文下达，请各地逐步推行。该表收字形6 196个，遵循从简从俗、便于学习和使用的原则，提供了通用汉字印刷字体（宋体）的标准字形，规定了表内字的笔画数目、笔画形状、笔画顺序和构件部位。它既是印刷字体的标准，也是写字教学的标准。《印刷通用汉字字形表》的发布对统一印刷字形，促进用字规范和方便中文信息处理都起到积极的作用。

3. 改换生僻地名用字

我国幅员辽阔，地名繁多，其中有些地名用字生僻，当地人用惯了，也许不感到生僻，但是对全国其他地区的人们来说是生僻的。尤其是有些地名用字，除了作地名用之外就没有其他用处了，更是生僻。有些地名用字不仅生僻，而且笔画繁多，对本地人来说也是一种负担。那么，用什么样的字取代生僻地名用字呢？有五条标准：读音要相同；比较常用；简单易写；当地通行的比较合理的简易字；不跟已有的地名混同。1958 年 10 月中国文字改革委员会向部分省、市、县发出《更改一部分生僻地名字的建议》，建议更改的地名一共有 81 个。到 1964 年 8 月为止，经国务院批准先后共更改县级以上地名 35 个，见表 6-1。

此外，还有两种更改地名用字的情况：一种原因是汉字简化，如辽宁省瀋阳市改为沈阳市；另一种原因是异体字整理，如河南省濬县改为浚县。

表 6-1

省　区	原用字	改用字
黑龙江	铁骊县	铁力县
	瑷珲县	爱辉县
青　海	亹源县	门源县
新　疆	和阗专区	和田专区
	和阗县	和田县
	于阗县	于田县
	婼羌县	若羌县
江　西	雩都县	于都县
	大庾县	大余县
	虔南县	全南县
	新淦县	新干县
	新喻县	新余县
	鄱阳县	波阳县
	寻邬县	寻乌县
广　西	鬱林县	玉林县
四　川	酆都县	丰都县
	石砫县	石柱县
	越嶲县	越西县
	呷洛县	甘洛县
贵　州	婺川县	务川县
	鰼水县	习水县

续表

省　区	原用字	改用字
陕　西	商雒专区	商洛专区
	盩厔县	周至县
	郿县	眉县
	醴泉县	礼泉县
	郃阳县	合阳县
	鄠县	户县
	雒南县	洛南县
	邠县	彬县
	鄜县	富县
	葭县	佳县
	沔县	勉县
	栒邑县	旬邑县
	洵阳县	旬阳县
	汧阳县	千阳县

4. 统一部分计量单位用字

1959 年国务院发布关于《统一我国计量制度的命令》，确定以公制（米制）为基本计量制度。这是我国计量制度统一的重大措施。命令发布以后，在我国生产和科研等领域，英制计量制度基本上淘汰了，可是提到外国事物时，英制计量单位名称在语言、文字中还不能不使用，而这些计量单位的名称在语言和用字上存在着混乱。例如，在书面上，"盎斯""温司""英两""啢"并用；在语言上，"啢"有 liǎng, yīng liǎng 两种读法。为了改变这种混乱状况，1977年 7 月 20 日文改会和国家标准计量局联合发出《关于部分计量单位名称统一用字的通知》（以下简称《通知》），对部分计量单位名称用字作了统一规定。随《通知》下发的《部分计量单位名称统一用字表》见表 6-2。

表 6-2

类 别	外文名称	译名（淘汰的译名）	备 注
长度	nautical mile	海里（浬，海浬）	
	mile	英里（哩）	
	fathom	英寻（旪、浔）	
	foot	英尺（呎）	
	inch	英寸（吋）	
面 积	acre	英亩（噷、嗃）	
容量	litre	升（公升、竔）	
	bushel	蒲式耳（唎）	
	gallon	加仑（呏、嗧）	
重量	hundredweight	英担（呾）	1 英担=112 磅
	stone	英石（呩）	1 英石=14 磅
	ounce	盎司（唡、英两、温司）	
	grain	格令（喱、英厘、克冷）	
各科	kilowatt	千瓦（瓩）	功率单位
	torr	托（乇）	压力单位
	phon	方（昉）	响度级单位
	sone	宋（味）	响度单位
	mel	美（嗼）	音调单位
	denier	旦（紞）	纤度单位
	tex	特（纮）	纤度单位

5. 颁布现代汉字通用字笔画、笔顺规范

1988 年 3 月 25 日国家语言文字工作委员会和新闻出版署联合发布的《现代汉语通用字表》是在《印刷通用汉字字形表》的基础上制订的，与《印刷通用汉字字形表》相比，删去了其中的 50 个字，增收了 854 个字。《现代汉语通用字表》按笔画和笔形排序，等于确定了 7 000 个汉字的规范笔顺。但是由于字表中的字未列出跟随式笔顺，使用时只能根据字序进行推断，有的则难于判定。为了避免在应用中因理解和推断不同出现的汉字笔顺的不规范现象，促进我国语言文字规范化，消除规范笔顺本身存在的难点，满足汉字研究、汉字教学、汉字信息处理、出版印刷和辞书编纂等方面的需要，国家语言文字工作委员会和新闻出版署决定对现行规范笔顺进行完善，形成了《现代汉语通用字笔顺规范》，并于 1997 年 4 月 7 日发布、施行。完善规范笔顺的原则是稳定性与系统性兼顾，也就是说，在保持现行规范笔顺稳定的前提下，调整少数字的笔顺，尽量增加规范笔顺的系统性。完善规范笔顺的具体内容有三个方面：一是在《现代汉语通用字表》的基础上，把隐性的规范笔顺变成显性的，列出了 7 000 个汉字的跟随式笔顺；二是明确了字表中"火""叉""凵""爽"等字的笔顺；三是调整了"敝""脊"两个字的笔顺。《现代汉语通用字笔顺规范》中 7 000 个汉字的字序与《现代汉语通用字表》基本一致，由于"敝""脊"笔顺调整等原因，有些字的字序做了相应调整。

三、现代汉字字形规范的任务

现代汉字字形整理工作，过去几十年已经取得了很大的成绩，但是这项工作还没有全部完成。当前最急需完成的有两项工作，一是进一步整理异体字，二是整理异形词。

1. 继续整理异体字

异体字的范围到底有多大，通过对《第一批异体字整理表》的分析，发现该表所收异体字范围甚广，包括典型异体字、包孕异体字、交叉异体字、同音异义字、异音异义字五类。典型异体字指两个或几个字的读音和意义完全相同，仅仅字形不同。这类异体字整理后容易被群众所接受，也不会引起什么负面影响。包孕异体字指甲字包括乙字的含义的异体字。例如，"豆"有 3 个义项：①豆科大豆、蚕豆的豆。②形状像豆粒的东西，如花生豆儿。③古代盛肉或其他食品的器皿。"荳"只有其中①义项的含义。交叉异体字指的是一个字的读音和意义和另一个字的部分音义相同。例如，"夹"有 3 个读音：（一）jiā，手指间夹着雪茄烟，夹着书包，夹杂，夹子。（二）jiá，夹被。（三）gā，夹肢窝。"袷"有两个音义：（一）jiá，同"夹"（二），（二）qiā，袷袢，维吾尔族的上衣。"袷"的（一）jiá，音义可作为"夹"（二）jiá 的异体。"袷"（二）qiā 的音义应该保留。同音异义字和异音异义字本不是异体字，但是《第一批异体字整理表》中也收入了，如"脍"和"鲙"全读 kuài，但是"脍"是细切的肉，"鲙"是鱼名，它们是同音异义字，不是异体字，现已经通过国家批准恢复为规范字。"谄"读 chǎn，谄媚的意思，"謟"应该读 tāo，疑惑的意思。它们是异音异义字，也不是异体字。①

---

① 高更生：《谈异体字整理》，载《语文建设》，1991（10）。

《第一批异体字整理表》存在一些问题，有待修订，现行汉字中还有一大批异体字有待进行整理。文改会早在 1956 年就拟定了《第二批异体字整理表（初稿）》，在 1976 年编制成《第二批异体字整理表（征求意见稿）》，在 1977 年修订为《异体字整理表（征求意见稿）》。这个表一方面整理《第一批异体字整理表》未收录的异体字；另一方面又对《第一批异体字整理表》作了必要的调整和补充。

《通用规范汉字表》对《第一批异体字整理表》中确定的异体字进行了全面复查，把原来确定的异体字分为严格异体字和非严格异体字两类，分别予以处理。《通用规范汉字表》对部分异体字进行了新的调整，具体结果如下：

（1）确认 26 个原调整的异体字为规范字。

将"挫、愣、邱、彷、诃、诓、桉、凋、菰、溷、骼、徼、澹、薰、黏、划、於、眸、晖、奢、鲙、镕、翦"23 个字确认为规范字。

将"雠、诉、阪"3 个字在特定意义上视为规范字。

（2）新调整 45 个异体字为规范字。

将"晳""瞋""噘""蹚""溧""劲"6 字调整为规范字，不再作为"晰""嗔""撅""趟""栗""劲"的异体字。

将"迺、桠、峃、钜、昇、陞、甯、飑、祫、鲡、仝、甦、邨、氾、堃、犇、稣、迀、钚、线、鳌、脩、絜、扞、喆、祕、顜、赀、叚、勷、菉、蒐、淼、椀、谿、筦、澂、刬、吒"39 个字在特定意义上视为规范字。

（3）在整合简繁、正异关系时，按照《简化字总表》中的繁体字字形，将《第一批异体字整理表》中 10 个异体字组的正异关系做了调整，结果如下：祇［衹祗］；污［汙汚］；兔［兎兔］；阄［闉］；宝［寳］；墙［牆］；厄［厊］；伫［佇竚］；栀［梔］；谥［諡］。其中"祇"调整后成了"衹"的异体字，但是在表示"地祇"等意义时读 qí，仍视为规范字，在读 zhǐ 时用"只"。

（4）将 2 个异体字组合并成 1 个，即：碱［城鹻鹼］，此四字之间互为异体关系。

（5）将"撚、捼、捼、趻、媟、騃"6 个无法和原正字构成异体关系的罕用字从异体字栏中删除。由于这些字均为罕用字，在现代汉语通用层面没有使用价值，因此也不再收入《通用规范汉字表》。[①]

---

① 王宁：《〈通用规范汉字表〉解读》，56～63 页，北京，商务印书馆，2013。

2. 整理异形词

异形词指的是普通话书面语中并存并用的同音、同义而书写形式不同的词语。例如，笔画/笔划、标志/标识、倒霉/倒楣、月食/月蚀、月牙/月芽、人才/人材、琥珀/虎魄、耿直/梗直/鲠直、斑白/班白/颁白、扁豆/萹豆/稨豆/藊豆。成语中也有一些异形词。例如，发人深省/发人深醒、骨瘦如柴/骨瘦如豺、浑水摸鱼/混水摸鱼、摩拳擦掌/磨拳擦掌、信口开河/信口开合。这些异形词在词典中一般注明通用。异形词的存在给现代汉语书面语的使用增加了负担，造成了混乱，因此有必要对异形词进行整理。

异形词研究课题组在整理异形词时贯彻了三个主要原则，即：通用性原则、理据性原则、系统性原则。

通用性原则指的是，由于语言的约定俗成的社会属性，所以要根据科学的词频统计和社会调查，选取公众目前普遍使用的词形作为推荐词形。即使少数词频高的词形与语源或理据不完全一致，但一旦约定俗成，也应尊重社会的选择。据《人民日报》1995—2000 年的统计，"信口开河"与"信口开合"的词频统计 38：0。尽管此成语始见于元代时作"开合"，指说话时的口形一开一合，用"信口开合"合乎理据。但是考虑到"信口开河"与"口似悬河"的关联及形象性，尤其是考虑到从俗，所以以"信口开河"为推荐形式。

理据性原则指的是，如果某些异形词词频无显著性差异，难以根据通用性原则取舍，那就从词语发展的理据性角度推荐较为合理的词形。例如，"折中"与"折衷"的词频统计是 26：91。"中"是象形字，甲骨文像旗形，古时用以集众。"中"的基本义是中心、中央，引申出"位置在两端之间的""不偏不倚"等意义。"折中"的"中"即此义。"衷"本义指贴身内衣，基本义指内心，又引申指中间，与"中"通。考虑到"折中"更合理据，词意更显豁，尽管词频统计"折中"低于"折衷"，但是选取"折中"为推荐词形。

系统性原则指的是词汇内部有较强的系统性，在整理异形词时要考虑同语素系列用字的一致性。例如，"侈靡"与"侈糜"的词频统计是3：3。"奢靡"与"奢糜"的词频统计是87：17。经过通盘考虑，2 组异形词都以含"靡"的词形为推荐词形，这样不仅使得内部取得了一致，而且兼顾到理据及词频。

另外，目前社会上还流行着一些含有非规范字即国家早已废止的异体字或已简化的繁体字构成的异形词，造成书面语使用的混乱。例如，抵触/牴触、飘扬/飘飏，斜线后的非规范词形是应该予以废除的。

2001 年教育部和语委颁发了《第一批异形词整理表》，作为语言文字规范推荐试行。词表根据"积极稳妥、循序渐进、区别对待、分批整理"的工作方针，选取了普通话书面语中经常使用、公众的取舍倾向比较明显的 338 组异形词作为第一批进行整理，给出了每组异形词的推荐使用词形。

3.《通用规范汉字表》遵循的字形标准

《通用规范汉字表》所收的《印刷通用汉字字形表》和《现代汉语通用字表》之内的字，均按两表中字形收录。两表之外的字，依据两表内部的字形规则确定。在两个字表当中存在一些字形不统一的地方，如"木"单独成字或做偏旁时竖笔不带勾，处于字或部件的下部时，"朵、操、染、柒、柴、保"等字不带勾，"杂、杀、条、亲、茶、寨"等字带勾。这些没有理由的例外现象有必要进行规范，但是鉴于字形调整目前尚未得到社会的普遍认同，况且这一问题的彻底解决涉及宋体、仿宋体、楷体、黑体等多种常用印刷字体字形的规范，所以《通用规范汉字表》仍沿用原有的字形规范，暂不调整。

第二节　现代汉字的结构系统

现代汉字的结构系统分为笔画和笔顺、部件和字形两个层次。独体字是由笔画按照一定的书写顺序构成的，笔画是构成汉字的最小单位。合体字是由部件按照一定的结构类型构成的，末级部件是由笔画或笔画的组合构成的。

一、笔画和笔顺

笔画指的是构成汉字的各种形状的点和线，在工整地书写楷书的时候，从落笔到提笔一次就叫一笔或一画。

1. 基本笔形及笔画变体

传统上把汉字的基本笔画分为 8 种，即横、竖、撇、点、捺、提、钩、折。1965 年公布的《印刷通用汉字字形表》规定了 5 种基本笔画，即横、竖、撇、点、折。传统笔画中的"捺"被归并到"点"类，"提"被归并到"横"类，"竖钩"被归并到"竖"类，"竖钩"以外的所有复合笔画一律归到"折"类。

五笔笔形与传统的八笔笔形对照情况见表 6-3。

表 6-3

五笔笔形	横		竖		撇	点		折	
八笔笔形	横	提	竖	竖钩	撇	点	捺	折	钩 （竖钩除外）
笔形示例	一	ˊ	｜	亅	丿	丶	㇏	㇆	㇈
例　字	王	刁	十	杂	仁	字	大	口	式

　　把基本笔画分为 5 种，简单明了，有利于按笔画及笔形编排字典、索引，也可以用来排列人名顺序。但如果用于汉字的笔画教学，则要讲八笔笔形，还要讲到基本笔画的种种变体。常见的汉字笔画变体见表6-4。

表 6-4

名　称		笔　形	例　字
横	短横	一	日（第 3、4 画）
	长横	一	册（第 5 画）
竖	短竖	'	贡（第 2 画）
	长竖	丨	目（第 1 画）
	悬针竖	丨	丰（第 4 画）
撇	斜撇	ノ	徐（第 1、2、4 画）
	竖撇	ノ	月（第 1 画）
	平撇	一	千（第 1 画）
点	短点	丶	福（第 1、4 画）
	长点	丶	刘（第 2 画）
	俯点	ノ	米（第 2 画）
	竖点	'	忙（第 1 画）
	仰点	㇀	冰（第 2 画）
捺	竖捺	㇏	人（第 2 画）
	平捺	㇏	之（第 3 画）
提	长提	㇀	打（第 3 画）
	短提	㇀	坡（第 3 画）
钩	横钩	㇇	皮（第 1 画）
	竖钩	亅	丁（第 2 画）
	弯钩	）	狗（第 2 画）
	斜钩	㇂	戈（第 2 画）
	卧钩	㇃	心（第 2 画）
	横折钩	㇆	刀（第 1 画）
	竖折钩	㇈	毛（第 4 画）
	横折弯钩	乙	九（第 2 画）
	竖折折钩	㇌	马（第 2 画）
	横折折钩	㇋	乃（第 1 画）
	横撇弯钩	㇊	队（第 1 画）

名 称	笔 形	例 字
折 横折	㇆	丑（第1画）
竖折	㇄	巨（第4画）
撇折	㇜	么（第2画）
横撇	㇇	又（第1画）
撇点	㇛	女（第1画）
竖提	㇙	民（第3画）
横折折	㇅	凹（第2画）
横折提	㇊	认（第2画）
竖折折	㇗	鼎（第6画）
竖折撇	㇙	专（第3画）
横折折折	㇍	凸（第4画）
横折折撇	㇋	及（第2画）

2. 笔画数目和笔顺规则及笔画组合

通用汉字的笔画数目、笔形以《现代汉语通用字表》及《现代汉语通用字笔顺规范》为标准。五笔笔形横、竖、撇、点、折的数字代码分别是1、2、3、4、5。例如，"了"字2画，以折起笔，末笔是竖，代码是52。"又"字3画，先写"又"字再写点，代码是544。"片"字4画，以撇起笔，末笔是折，代码是3125。"队"字四画，以折起笔，末笔是点，代码是5234。"火"字4画，先写左边的点，再写右边的撇，第3笔是中间的一撇，代码是4334。"永"字5画，以点起笔，末笔是点，代码是45534。"求"字7画，以横起笔，末笔是点，代码是1241344。"兔"字7画，第6画是撇，代码是3525135。"鬼"字9画，第6画是撇，代码是325113554。"曾"字10画，先写"✕"，再分别写上、左、右、下的点，末笔是折，代码是3444445235。"脊"字10画，前4笔是点、横、撇、点，然后再写中间的撇、点，最后写"月"字，代码是4134343511。"象"字11画，第6笔是撇，代码是35251353334。"爽"字11画，先写"大"字，再写左边的两个"✕"，最后写右边的两个"✕"，代码是13434343434。"敝"字11画，第1笔是点，第2笔是撇，第3笔写中间的一竖，最后4笔是"攵"，代码是43225343134。

笔顺是指汉字笔画的书写顺序，它是人们在长期书写实践中形成的。一般来说，笔画的书写顺序建立在运笔方便的基础之上，其基本规则可以概括为以下7项，见表6-5。

表 6-5

先横后竖	十干丰末
先撇后捺	八人大术
先上后下	三乞盒暴
先左后右	儿川什湖
先外后内	月用网向
先中间后两边	小水永承
先外后内再封口	目田回困

在书写汉字时往往要综合运用这 7 项规则，如"末"字、"木"字运用了先横后竖，先撇后捺两条规则，"暴"字运用了先上后下、先外后内再封口、先横后竖、先撇后捺、先中间后两边共 5 项规则。

7 项规则之外还有一些特殊的书写规则，见表 6-6。

表 6-6

点在左上先写	门为斗头
点在右上后写	犬尤书发
下包上结构先上	山凼函幽
上左下包围结构先上内	匹区臣医
左下（辶廴旁）包右上结构先右上	过进廷延
左下（辶廴之外）包右上结构后右上	毯题赵魁

有些字的笔顺不合一般规则，需要个别掌握，如"女"字要以撇点起笔，末笔是横，"火""半""坐""臾"等字要先写两边后写中间。有些字的笔顺，以前也有不一致的情况，《现代汉语通用字笔顺规范》对笔顺作了明确的统一规定。例如，"阝"，过去有人先写横撇弯钩，有人先写竖；"忄"，过去有人写点、点、竖，有人写点、竖、点，现在按照《现代汉语通用字笔顺规范》，统一采用前一种笔顺。

笔画构成汉字，除了单笔字之外，还有个笔画组合问题。按照现代汉字笔画与笔画之间的空间关系，可以划分出相离关系、相接关系、相交关系 3 种类型："二""三""六""八""儿""川""小""心""刁""少"等字都是相离关系。"丁""厂""人""几""了""乃""刀""山""万""而"等字都是相接关系。"十""七""九""力""又""丈""也""丰""卅""车"等字都是相交关系。现代汉字中的绝大多数字存在着多种笔画组合的关系，如"勺"字由 3 画组成，存在着相接和相离两种关系，"母"字由 5 画组成，存在着相接、相交和相离 3 种关系。

3. 汉字笔画数的分布情况

下面我们介绍一下和笔画、笔形有关的统计数字。首先介绍的是关于笔画拥字量的统计资料。在一个确定的汉字字符集中，每种笔画数有多少个汉字就叫该笔画数的拥字量。《现代汉语通用字表》收字 7 000 个，其中 9 画的字最多，其次是 10 画和 11 画的字。7 000 字的总笔画数是 75 290 画，平均每字 10.75 画。《辞海》简化字和未简化字汉字集共计 11 834 字，12 画字数最多，其次是 11 画、10 画，平均每字 11.5516 画。详见表 6-7、表 6-8。

表 6-7　《现代汉语通用字表》收字笔画数统计表

笔画	字数	百分比%	笔画	字数	百分比%
1	2	0.03	15	331	4.73
2	21	0.30	16	276	3.94
3	59	0.84	17	185	2.64
4	136	2.00	18	90	1.29
5	201	2.87	19	81	1.16
6	346	4.94	20	47	0.67
7	545	7.79	21	28	0.41
8	690	9.86	22	22	0.31
9	785	11.21	23	12	0.17
10	761	10.87	24	8	0.11
11	726	10.38	25	6	0.085
12	678	9.68	26	1	0.015
13	549	7.84	30	1	0.015
14	412	5.88	36	1	0.015

表 6-8　《辞海》(1979 年版) 收字笔画数统计表

笔画	字数	百分比%	笔画	字数	百分比%
1	3	0.025	18	256	2.163
2	23	0.194	19	201	1.698
3	72	0.608	20	162	1.369
4	160	1.352	21	93	0.786
5	247	2.087	22	78	0.659

笔画	字数	百分比%	笔画	字数	百分比%
6	445	3.760	23	57	0.482
7	783	6.617	24	34	0.287
8	1020	8.619	25	24	0.203
9	1164	9.836	26	9	0.076
10	1191	10.064	27	5	0.042
11	1199	10.132	28	3	0.025
12	1206	10.191	29	2	0.017
13	1000	8.450	30	1	0.008
14	770	6.507	31	1	0.008
15	654	5.526	32	1	0.008
16	562	4.749	36	1	0.008
17	407	3.439			

这两项统计反映了汉字的笔画数的分布情况。与《现代汉语通用字表》相比，《辞海》收字多出近5 000字，这些字都没有简化，不少是古代汉语用字，所以拥字量的高峰后移，平均笔画增多。从现实应用来看，汉字受到区别律和简易律两种规律的影响，尽管有简化的趋势，但是这种趋势并不是不受限制的。为了求区别，笔画数就不宜太少，如果笔画数太少，字形组合的方式就少，形似字就会增多。当然，笔画数也不宜过多，笔画过多不便应用，尤其是不便书写。在区别律和简易律的作用下，就形成了笔画集中在9画到12画之间的这种局面。

4. 汉字不同字符集的平均笔画

如果我们测查一下收字数量不同的字符集的平均笔画，会发现非常有趣的一个现象，就是使用频率越高的字符集的平均笔画数越少，人们把这种现象叫作"高频趋简"。下面我们根据上海交通大学汉字编码组和上海汉语拼音文字研究组合编的《汉字信息字典》提供的有关笔画数的统计材料和文改会与武汉大学合作、用电子计算机对《辞海》和《信息交换用汉字编码字符集·基本集》所收汉字进行统计的材料，对6种字符集的平均笔画数进行比较。见表6-9。

表 6-9

类　　别	字　　数	平均笔画数
《辞海》和《基本集》所收全部汉字	16 339	12.7 061
《辞海》和《基本集》所收正体字（繁体、异体除外）	11 834	11.5 516
《汉字信息字典》所收正体字（繁体、异体除外）	7 785	10.943
国际基本字集	6 763	10.665
国标一级字	3 755	9.766
高频字	1 000	7.977

从表中的统计可以看出，收字范围越大，平均笔画数就越高。相反，收字范围限定为常用字或次常用字，它们的平均笔画数就低。这说明平均笔画与收字的使用频率成反比。这种状况符合汉字使用的规律，越是常用字，独体字的比例越大，形声字的比例越小，笔画当然就少。另外，这种状况和汉字简化工作有关。简化字共有 2 235 个，它们绝大多数是常用字或次常用字。汉字简化降低了常用字和次常用字的平均笔画数，在相当程度上减少了学习和使用汉字的困难。

据《汉字信息字典》统计，汉字起笔笔形以横笔为最多，其次是撇笔、点笔和竖笔，最少的是折笔；汉字末笔笔形以点笔为最多，其次是横笔、竖笔、折笔，最少的是撇笔。了解了现代汉字起笔和末笔的统计数字，对于研究汉字的笔形排序和编制汉字笔形编码具有重要的参考价值。

5. 关于笔形的数字统计

据文改会和武汉大学的统计，《辞海》（1979 年版）11 834 个正体字所包含的基本笔形的数字如表 6-10 所示。

表 6-10

笔形	包含该笔画的字数	出现次数	占笔形出现总数百分比％
横笔	11 398	41 423	30.3 023
竖笔	10 654	26 492	19.3 792
撇笔	10 232	21 511	15.7 361
点笔	9 738	22 741	16.6 351
折笔	10 890	24 535	17.9 485

从表中可知，横笔出现的频度最高，其次是竖笔、折笔、点笔，撇笔出现的频度最低。除横笔外，其他笔形出现的频度十分接近。这形成汉字字形的两个特点：一是横笔多所以字形平衡稳重，二是其他笔形出现均衡有利于汉字字形的变化。

二、部件和字形

为了把汉字输入电子计算机，并进行中文信息处理，人们根据各种各样的原则，把成千上万的汉字切分为几百个部件。

1. 部件及部件的组成类型

部件是由笔画组成的具有组配汉字功能的构字单位。部件分为成字部件和非成字部件。例如，"村""杏""呆""困"中的"木"，"畔""畜""思""畏"中的"田"都是成字部件。"亩""卒""玄""六"中的"亠"，"塞""寒""菁""襄"中的"卅"都是非成字部件。部件还可分为基础部件和合成部件。最小的不再拆分的部件称基础部件，也称单纯部件。基础部件处于汉字结构的最底层，又称末级部件。例如，"功"中的"工""力"，"弁"中的"厶""廾"。由两个或两个以上的基础部件组成的部件称合成部件。例如，"彩""睬""踩""菜"中的"采"，"僻""避""壁""臂"中的"辟"。

现代汉字部件之间的关系主要有相离和相接两种类型："家""高""刘""对""幽""湘"等字由相离关系的部件构成，"克""吊""卢""名""占""单"等字由相接关系的部件构成。人们一般认为，"两""册""東""事""妻""秉"等字不应进行部件拆分，所以部件之间不存在相交关系。

2. 部件的不同的拆分原则

近几十年来，汉字编码方案层出不穷，对汉字字形有各种各样的切分，获得的部件数也有很大的差异。产生分歧的主要原因是因为切分部件的原则不同：（1）是一次切分出最小部件，还是逐层切分，分级产生部件。（2）是纯粹按现代字形切分，还是根据造字理据切分。（3）怎样确定部件范围，不成字的笔画是否有资格成为部件？（4）笔画交重的多笔字是自成部件还是分解出更小的部件？①

中国文字改革委员会和武汉大学合作用计算机对《辞海》（1979年版）的11 834个正字进行自动分析统计。他们确定的部件必须由两笔或两笔以上的笔画结构构成，只有"乙"和部分参与构字的"一"除外。例如，"亿"字由"亻"和"乙"构成，"艺"字由"卅"和"乙"构成，"旦"字由"日"和"一"构成，"丛"字由"从"和"一"构成。此外的单笔不能构成部件，如"天""灭""旧""引""乒""少""么""气""毛""乓""勺""叉""太""玉""术""买""疋""孔""礼""乱""乩""轧""扎""幻"等字都是不能切分的单一部件。按照以上原则，共切分出构字部件648个，其中成字部件

---

① 张普：《汉字部件分析的方法和理论》，载《语文研究》，1984（1）。

327 个，不成字部件 321 个。

　　3.《汉字部件规范》

　　1997 年 12 月国家语言文字工作委员会颁布了《信息处理用 GB13000.1 字符集汉字部件规范》（以下简称《汉字部件规范》）。该规范是根据汉字的构形规律、现行汉字的发展现实和汉字的历史承袭性，采用"从形出发、尊重理据、立足现代、参考历史"的原则制定的。《汉字部件规范》研制组通过对 GB13000.1 字符集中的 20 902 个汉字逐个进行拆分、归纳与统计之后，制定出《汉字基础部件表》。表中收入的 560 个部件，都是独立使用的部件。为表示部件之间的关系，把相关部件归纳为 393 组，按照各组字数降序排列，分别用序号和组号标识其排列顺序。《汉字基础部件表》各组第一个部件是主形部件，该部件选自同组部件，具有代表和称说本组部件的作用。各组主形部件之后所列的相关部件为附形部件。附形部件包括与主形部件同源，仅在书写上略有差异的部件，也包括与主形部件形体近似的部件。附形部件用"（　　）"表示。在《汉字基础部件表》各部件后面，列出若干例字用以提示部件不同的意源、部位和笔画变形。为便于检索，该规范还附有《笔画排序汉字基础部件检索表》，在这个表中可以按笔画数及笔形检索出部件在主表中的位置。在《汉字基础部件表》及附表中，GB13000.1 字符集中 G 列以外汉字专用的部件，均用"＊"标识。

　　汉字属表意文字，其中不少字的构形理据仍然存在，可以分析，还有些字在参考字源以后，也可以追溯其理据。只有少部分现代汉字的理据不能直接分析，即使追溯历史，理与形仍然存在矛盾。从总体看，汉字的构形是有规律的，是成系统的，对于游离于系统之外的特殊情况，比如说对于字符集中的日、韩专用汉字，应尽量选择既不违背实际情况又适应总体系统的最佳方案进行处理。基于以上认识，《汉字部件规范》是根据结构理据，即根据字源或参考字源，根据从汉字的部件组合中分析出的造字意图来进行结构分析的。例如，"旦"的理据是像太阳（日）从地平线（一）升起。"架"的理据是从"木"，"加"声。现代汉字中有一部分字无法直接分析造字意图，或形体与字源发生矛盾而无法参考字源分析理据，那么只能做无理据的分析。也就是说，《汉字部件规范》在进行部件拆分时首先考虑的是根据结构理据进行部件拆分，即有理据拆分，当无法分析理据或理据与字形发生矛盾时，则依照字形进行部件拆分，即无理据拆分。

　　汉字按理据由若干个部件组合时有两种组合方式。一种组合方式为两部件组合，可以有若干个层次。大多数汉字采取的是这种多层次组合方式。另外的少部分汉字采取的是一次性多部件平面组合。例如：

（字形拆分树状图）

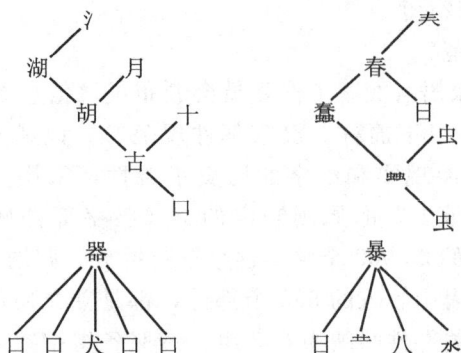

　　"湖"字和"蠢"字采取的是多层次组合，各层次均为两部件。"器"字和"暴"字采取的是一次性多部件平面组合。拆分部件按部件组合的反方向进行。对层次结构的汉字递次进行有理据拆分，称层次拆分。对平面结构的汉字进行一次性的有理据拆分或无理据拆分，称平面拆分。

　　具体的部件拆分的原则有以下几点：（1）不能违背形体的原则。在进行部件拆分时，相离、相接的部件可拆。例如，"明"拆分为"日""月"（相离）；"札"拆分为"木""乚"（相离）；"名"拆分为"夕""口"（相接）；"韭"拆分为"非""一"（相接）。进行部件拆分时，交重的笔画不能拆出部件，极少数不影响结构和笔数的笔画搭挂，按相接处理。例如，"串"不可拆分为"中""中"（笔画交重）；"东"不可拆分为"七""小"（笔画交重）；"幾"可拆分为"幺""幺""戈""人"（"人"搭挂在"戈"上）；"孝"可拆分为"耂""子"（"子"搭挂在"耂"上）。（2）遵照结构规律的原则。字形符合理据的，进行有理据拆分；无法分析理据或形与源矛盾的，依形进行无理据拆分。对多部件的汉字进行拆分时，应该首先依据汉字组合层次做有理据拆分，直至不能进行有理据拆分而仍需要拆分时，再做无理据拆分。例如，"分"拆分为"八""刀"（根据字源、有理据拆分）；"赤"拆分为"土""灬"（参考字源，有理据拆分）；"亦"拆分为"亠""小"（无法分析理据，无理据拆分）；"虎"拆分为"虍""几"（形、源矛盾，无理据拆分）；"枣"（形、源矛盾，依形不再拆分）。"给"拆分为"纟""合"（第一层，有理据拆分）；"合"拆分为"亼""口"（第二层，有理据拆分）；"亼"拆分为"人""一"（第三层，无理据拆分）。"暴"，一次拆分为"日""茻""八""水"。（3）对应关系的原则。因在字中所处的部位不同而产生了笔画变形或比例变化的部件统一处理，有对应关系的简化部件与繁体部件统一处理，主形与变体尽量统一处理。例如，"扌"（提土旁）与"土"认同使用；"朩"（木底）与"木"认同使用；"讠"（简化字言旁）与"言"统一处理，不再拆分；"⺼"（变体肉）与主形"月"统一处理，不再拆分。（4）适度拆分，合理控制下限的原则。两个以上的相离、相接部分，如果其中任何一个部分没有构成其他字的能力，就不再拆分。两个相离的对称部分，分开后不能用来构字的不再拆分。传统的独体字和部首以及构字能力较强或拆分后均为非字部件的，即使有相离或相接部分也不再拆分。拆分出的部件中，如果有一个是单笔画的，一般应该是有理据的拆分。最末一次拆分不可以拆成两个以上的单笔画。下面依次举例："西"字不拆分为"一""四"，"黑"字不拆分为"里""灬"，因为"四""里"没有构字能力。"兆""竹""非"等字不再拆分，因为拆分后不能用来构字。作为独体字和部首，"广"不应拆分为"广"和"丬"，"广"不应拆分为"、"和"厂"，"田"不应拆分为"口"和"十"。"太"字按理据可以拆分为"大"和"、"，"天"字按理据可以拆分为"一"和"大"。"犬"字按理据不可以拆分为"大"和"、"，"自"字按理据不可以拆分为"丿"和"目"。"刀"字不能拆分为两个单笔画，"川"字不能拆分为 3 个单笔画，"灬"字不能拆分为 4 个单笔画。

《汉字部件规范》比较好地解决了部件拆分的原则，对中文信息处理，特别是对汉字键盘输入方法，具有规范作用，可用于中文信息处理领域的设计、管理、科研、教学和出版等方面，也可供汉字教学参考。

4. 字型结构及部件、部位的称谓

部件与部件的组合存在着一定的结构形式，如果按照第一个层次结构来确定其类型，那么绝大多数汉字属于左右结构、上下结构和内外结构。请看表 6-11。

表 6-11

字型结构与图示			例 字
左右结构			好朋锄粥埃矮胡到
上下结构			寻足簋裹努奖罪花
内外结构	半包孕	上右包孕	司可句氛式戒哉岛
		上左包孕	厅庙层房灰在病虑
		左下包孕	边廷赶翅处勉爬翘
	三包孕	左上右包孕	周凤向闪戚尽奉豢
		左下右包孕	凶画函凼幽
		上左下包孕	匠区医匡匣匾匦匹
	全包孕		回固囚团因困国囵

3 种结构之中，属于左右结构的汉字最多。3 种结构之外，还有一些难于归类的属于特殊结构的字，有人称为框架结构，如"爽""乘""巫""噩"

"鼎""胤"等。

部件的名称和部位的名称都应该有个规定，以便于称说。成字部件的名称是现成的，就读该字的读音，如果是多音字可以选择最常用的读音。不成字部件中长期用来做偏旁的大多有习惯名称，如"宀"叫宝盖，"冖"叫秃宝盖，"忄"叫竖心，"刂"叫立刀，"亻"叫单立人，"彳"叫双立人，等等。其中有多种名称的应选择最通行的说法。没有名称的应该确定一个通俗的、容易被群众接受的名称。

为了便于称说，还要进一步确定汉字的部位名称，因为许多部件可以出现在不同的部位。根据部件在合体字中所处的位置，可以分析出 8 个部位，名称是：上"头"下"底"，左"旁"右"边"，内"心"外"框"，中"腰"四"角"。下边分别做出解释。

"头"指上下结构的上部，两面包围结构的左上部和右上部。例如，八字头（分公）、学字头（觉）、厂字头（压历）、气字头（氮氛）。"底"指上下结构的下部。例如，心字底（志忠）、皿字底（盖监）、儿字底（兄先）。"旁"指左右结构的左边，两面包围结构的左下部。例如，木字旁（杜椅）、绞丝旁（维给）、走之旁（过还）、建之旁（廷延）。"边"指左右结构的右边。例如，立刀边（到钊）、工字边（江虹）、方字边（妨仿）。"心"指全包围、三面包围结构的内部。例如，玉字心（国）、口字心（问句）、又字心（凤）。"框"指全包围、三面包围结构的外部。例如，大口框（围因）、门字框（闰闻）。"腰"指左中右、上中下结构的中间部分。例如，秃宝盖腰（壶受）、又字腰（树）。"角"指上下结构的四角。例如，口字角（器嚣）、月字角（赢赢）。有了部件的名称和部位的名称，就能明白无误地说明字的结构了。例如，"赢"是亡字头，口字腰，左下是月字角，右下是凡字角，下部的中间是羊字腰。①

第三节　现代汉字的构字法

部件的提出与具体拆分主要是为了解决汉字编码输入电子计算机的问题，对拆分出来的末级部件只做纯形式的归纳，而丝毫不考虑字音、字义。比如说通过拆分"吐""扣""司""占""吊""高""兽""豆"等字归纳出"口"这个部件，至于"口"在各字中的音义如何并不加以考虑。如果在分析汉字字形

---

① 费锦昌：《关于规定偏旁部件名称问题的讨论》，载《语文现代化》丛刊，第 1 辑，北京，知识出版社，1980。

时要涉及字形与字所记录的词的意义有什么关系，那么就要用到偏旁、部首、字符等概念。

一、偏旁和部首

偏旁是构成合体字的表意或表音的单位。构成会意字的两个或三个偏旁利用相互间的位置关系或意义关系来表示词义。构成形声字的两个偏旁被分别称为形旁和声旁，形旁用来表示所记录的词的意义或类别，声旁用来表示词的读音。见表 6-12、表 6-13。

表 6-12

例字	从	棘	囚	闪	逐	鸣	休	明	凭	灾	笔	灶	尘	岩	楞	寇	森	矗
偏旁	人	束	囗	门	豕	口	亻	日	任	宀	⺮	火	小	山	四	宀	木	直
	人	束	人	人	辶	鸟	木	月	几	火	毛	土	土	石	方	攴	木	直
															木	元	木	直

表 6-13

例字	忆议纤	功锦歌	空茅旱	忘基贷	闸圃裹	闷瓣懒
形旁	忄讠纟	力帛欠	穴艹日	心土贝	门口衣	心瓜讠
声旁	乙义千	工钅哥	工矛干	亡其代	甲甫果	门辡懒
位置	左　形	右　形	上　形	下　形	外　形	内　形
	右　声	左　声	下　声	上　声	内　声	外　声

汉字的偏旁在小篆和小篆以前的古文字中全都能独立使用，而现行汉字的偏旁有些能够独立使用，有些不能独立使用。能够独立使用的偏旁，被称为成字偏旁，如上列表中的"人""门""豕""口""鸟""木""日""月""任""几""火""毛""土""小""山""石""四""方""木""元""直""乙""义""千""力""帛""欠""哥""穴""工""矛""干""心""亡""其""贝""代""甲""甫""衣""果""瓜""懒"等偏旁都是成字偏旁。其中有的偏旁在成字时笔画要稍微做一点调整，如"寇"字中的"元"（元）、"空"字中的"宀"（穴）。现在不能独立使用的偏旁，被称为不成字偏旁，如上列表中的：束（cì，刺的古字）、囗（wéi，围的古字）、辶（chuò，辵的变体）、亻（人的变体）、宀（mián，房屋）、⺮（竹的变体）、攴（pū，隶变作扑）、忄（心的变体）、讠（言的简化偏旁）、纟（mì，细丝，丝的简化偏旁）、钅（金的简化偏旁）、艹（艸的变体，艸是草的古字）、辡（biàn，辩的古字）等偏旁都

是不成字偏旁。

构成会意字的两个或三个偏旁和形声字的形旁绝大多数是独体字。独体字是封闭性的，数量有限。形声字的声旁是开放性的，从构字原则上说，形声字可以用任何一个独体字或会意字作为声旁，也可以用形声字作声旁以构成新的形声字。见表 6-14。

表 6-14

声 旁	刀	召	昭	棥	樊	攀	甫	専	溥	薄	各	客	告	造	俞	愈	算	纂
形声字	召	昭	照	樊	攀	襻	専	溥	薄	礴	客	额	造	糙	愈	瘉	纂	攥

正因为如此，形声字的声旁比形旁要多得多。根据文字改革出版社 1975 年出版的《现代汉字形声字字汇》进行统计，声旁多达 1 500 多个。其中 1 000 个左右是由独体字或会意字构成的基本声旁，如"刀""棥""甫""各""俞""算"等；500 个左右是由形声字构成的滋生声旁，如"召""昭""樊""攀""専""溥""薄""客""造""愈""纂"等。

偏旁系统的核心是部首。部首是具有字形归类作用的偏旁，是按结构编排的字书中每部的首字。第一个创立部首检字法的是东汉的许慎。许慎著《说文解字》，共 540 部，从部首的设立到各部的收字，遵循的是文字学的原则。明代梅膺祚著《字汇》，以笔画多少为序建立部首，从 1 画到 17 画，列 214 部。文字归部"论其形，不论其义"，不再坚持六书原则，只根据楷书形体分别归入各部。《字汇》以后的字书，如《康熙字典》、《中华大字典》、老《辞源》、老《辞海》均采用 214 部，从部首的设立到各部的收字，遵循的是检字法的原则。

自 2009 年 5 月 1 日开始实施的《汉字部首表》设 201 部，为《新华字典》（第 10 版）、《现代汉语词典》（第 5 版）、《通用规范汉字字典》等众多辞书所采用。

二、字符的提出与归类

传统的六书是从字源上讲汉字的构字理据，它对于小篆和小篆以前的古文字是基本上适合的。汉字经过隶变，发展到楷书，再加上汉字简化，形体已经发生了很大的变化，所以现行汉字的构字理据已经不适宜套用六书理论来分析了。举例见表 6-15。

表 6-15

分类 字体	象形	指事	会意	形声
小篆	（篆文）	（篆文）	（篆文）	（篆文）
现行汉字	鸟册泉易	亦朱甘牟	及兵买兴	奉春更鸡

　　小篆中的象形字隶变之后完全丧失了象形的意味，变成了记号。"泉""易"等独体象形字可以分析出两个部件了。"亦""朱""甘""牟"等指事字是在象形字上用添加指事符号的方法构成的。隶变之后，"亦""朱""甘"等字变成了浑然一体的笔画结构，"牟"字变成了意义上不相关的两个部件。按照小篆构形，"及"字"从人从手"，"兵"字"从廾持斤"，"买"字"从网贝"，"兴"字"从舁，从同"。隶变之后，"及"字变成了一个部件，"兵"字变成了"丘""八"两个部件，"买"字经过简化变成了一个部件，"兴"字经过简化变成了"⺍"和"八"两个意义毫不相关的部件。在小篆中，"奉"字"从廾从手丰声"，"春"字"从艸从日屯声"，"更"字"从攴丙声"，"鸡"字"从隹奚声"。隶变之后，"奉"字由"キ"和"夫"两个部件组成，"春"字由"夫"和"日"两个部件构成，"更"字变成了浑然一体的笔画结构，"鸡"字经过简化，原来的声符变成了记号。如果人们称"鸟""亦""及""奉"等字为象形字、指事字、会意字、形声字，那只是就字源而言，事实上这并不符合现行汉字的字形结构。

　　除了隶变及简化汉字给字形带来的变化以外，语义及语音的古今变化也使得不少汉字偏旁的表意功能和表音功能有了改变。举例见表 6-16。

表 6-16

字体	字符	闰件科	相斩仁	辈鼻淑	臀绽墅	答斯颂
小篆	意符	门人禾 王牛斗	目车人 木斤二	车自水	肉糸 土	竹斤页
	音符			非畀叔	殿定野	合其分
现行汉字	意符		目斤亻		月纟 土	
	音符			非畀叔		
	记号	门亻禾 王牛斗	木车二	车自氵	殿定野	竹斤页 合其分

在现行汉字中，"闰""件""科"等会意字完全失去了构字的理据，变成了记号字。"相""斩""仁"等会意字失去了一半理据，成为半记号字。"辈""鼻""淑"等形声字失去了表意功能，"臀""绽""墅"等形声字失去了表音功能，"答""斯""颂"等形声字的表意功能和表音功能全失去了，它们成为半记号字或记号字。

由于现行汉字与小篆在字形、字音、字义诸方面都已经相去甚远，用传统的六书说解释不清现行汉字的构成与理据，所以人们突破成说，提出了字符分析法。这种分析方法把语言的符号（文字）和文字的符号（字符）明确区分，并根据字符组字时的不同功能把字符分为意符、音符、记号三类。

意符指的是和文字所代表的词在意义上有联系的字符。这种意义上的联系可能比较直接、具体，也可能比较抽象、模糊。例如，"吠"由"口"和"犬"两个意符构成，表示狗叫。"明"由"日"和"月"两个意符构成，表示明亮。"泪"由"水"和"目"两个意符构成表示泪液。"肌"由意符"肉"和音符"几"构成，意义是肌肉。"馥"由意符"香"和音符"复"构成，意义是香气。"趋"由意符"走"和记号"刍"构成，意义是快走。以上意符与字义的联系就比较直接、具体。而"笔"由"竹"和"毛"两个意符构成，取毛笔的制造材料来表示写字画画的工具。"灶"由"火"和"土"两个意符构成，取灶的质地与功能来表示生火做饭的设备。"付"由"人"和"寸"两个意符构成，取与人及人有关来表示交给的动作。"愿"由意符"心"和音符"原"构成，意义是愿望，意符"心"说明"愿"的词义属于一种心理状态。"疤"由意符"疒"和音符"巴"构成，意义是疤痕，意符"疒"说明"疤"的词义与伤病有关。"箱"由意符"竹"和音符"相"构成，意义是箱子，意符"竹"说明制造箱子的材料。以上意符与字义的联系就比较抽象、模糊。

音符指的是和文字所代表的词在声音上有联系的字符。形声字的声旁如果没有丧失表音功能，就是音符。例如，"扒""财""袋""泔""伦"等字的声旁，"爸""蹦""瞪""搞""捞"等字的声旁，"湃""豺""坍""靠""荤"等字的声旁、"磐""遭""坦""撼""阔"等字的声旁，"坝""浜""爹""缸""厩"等字的声旁，"稗""钵""沸""垃""煤"等字的声旁，都具有强弱不同的表音功能，所以都是音符。

记号指的是和文字所代表的词在意义上和声音上都没有联系的字符。在小篆和小篆以前的古文字中记号很少，隶变之后独体的象形字几乎完全失去了以形表意的功能，而成为记号。会意字的意符、形声字的意符和音符，由于字形及语义、语音的变化，在失去表意功能或表音功能之后也成为记号。简化汉字又造成了一些新的记号。举例见表 6-17、表 6-18。

表 6-17

例字	環环	鷄鸡	動动	燭烛	過过	衛卫	蘭兰	頭头	擊击
意符	玉玉	鳥鸟	力力	火火	辶辶	行	艹	頁	手
音符	睘	奚	重	蜀	咼	韋	闌	豆	毄
记号	不	又	云	虫	寸	卫	兰	头	击

表 6-18

例字	婦妇	掃扫	實实	廟庙	棗枣	轟轰	聲声	買买	見见
意符	女女	扌扌	宀宀	广广	束束	車车	耳	貝	目
意符	帚	帚	貫	朝	束	車車	殸	网	儿
记号	ヨ	ヨ	头	由	丶	又又	士尸	买	见

　　"环""鸡""动""烛""过"等简化字以笔画简单的记号代替了笔画繁复的音符，"妇""扫""实""庙""枣""轰"等简化字以笔画简单的记号代替了笔画繁多的意符，"卫""兰""头""击""声""买""见"等简化字以笔画简单的记号取代了繁体的形声字或会意字。

　　字符的性质决定于字符在构字时所起的作用。同一个字符在不同的情况下所起的作用不同，归类也不同。举例见表 6-19、表 6-20。

表 6-19

字符	力	工	土	寸	口	夕	门	马	木	日	斤	文	火	甘	田	禾	虫	竹
意符	功	巧	地	付	吹	夜	闸	骏	柳	旦	斧	斑	灾	甜	男	种	蛇	笋
音符	历	贡	吐	村	叩	汐	闷	妈	沐	驲	近	纹	伙	泔	佃	和	融	笃
记号	边	左	寺	寿	各	外	闲	蓦	杰	昆	听	刘	灵	某	思	私	虹	笑

表 6-20

合体字	定	孚	军	取	如	臽	益	有	周	專	夸	固	赖	沙	堂	吾	责	掌
意符																		
音符	腚	浮	浑	娶	茹	馅	镒	囿	绸	傅	胯	锢	癞	鲨	膛	悟	喷	礃
记号	绽	莩	挥	谡	絮	掐	溢	贿	倜	搏	瓠	涸	獭	娑	瞠	衙	债	撑

　　"力""工""土"等字符都是独体，由这些字符构成的独体字都是记号字；这些字符在参与构成"功""巧""地"等字时与字的意义有关，因而是意符；这些字符在参与构成"历""贡""吐"等字时与字的声音有关，因而是音

符；这些字符在参与构成"边""左""寺"等字时与字的音义无关，因而是记号。按传统六书，"定""孚""军""取""如""臽""益""有""周"等字是会意字，"専""夸""固""赖""沙""堂""吾""责""掌"等字是形声字，它们本身都可以分析出不只一个字符，但是它们在参与构成"腔""浮""浑"等字或"绽""孵""挥"等字时，是以字符的身份出现的，或者充当音符，或者充当记号。

三、现代汉字的 4 种基本类型

根据现代汉字的形体及表意、表音功能，现代汉字可以归纳为 4 种基本类型，即记号字、半记号字、表意字和意音字。记号字分为独体记号字与合体记号字两小类。独体记号字都由一个记号构成、形体不可拆分。合体记号字由两个或两个以上记号构成。半记号字分为半意符半记号字与半音符半记号字两小类。半意符半记号字由一个意符和一个记号构成。半音符半记号字由一个音符和一个记号构成。表意字分为独体表意字与合体表意字两小类。独体表意字由一个意符构成，这种字为数很少，是残存的尚未失去表意功能的独体象形字和指事字。合体表意字由两个或两个以上意符构成。意音字由一个意符与一个音符构成。在 3 500 个常用字和次常用字中，表意字占比例最小，记号字和半记号字次之，最多的是意音字。见表 6-21。

表 6-21　现代汉字构成方式一览表

类型		例字	占总字数百分比％
记号字	独体记号字（记号）	人鱼女皿舟亦更夹专	18％左右
	合体记号字（记号＋记号）	所给莫连要奔厉赵寿	
半记号字	半意符半记号字（意符＋记号）	疫送看冬雷秋春鸡晒	19％左右
	半音符半记号字（音符＋记号）	完廉球常趣检职齿丛	
表意字	独体表意字（意符）	田井伞一二三凹凸丫	5％左右
	合体表意字（意符＋意符）	杏尖棘伞尘牧明冰涉	
意音字	（意符＋音符）	吐帆址芳旱财忆饥议	58％左右

【思考与练习】

一、简要说明汉字的简化方针。

二、举例说明汉字的简化方法。

三、汉字简化有哪些主要的经验和教训？

四、新中国成立以来，政府在整理汉字字形方面做了哪几方面的工作？

五、整理异体字的原则是什么？

六、整理异形词的原则是什么？

七、什么叫"高频趋简"？原因是什么？

八、《汉字部件规范》拆分汉字的原则是什么？

九、以《说文解字》的 540 部、《字汇》的 214 部、《汉字部首表》的 201 部为例，说明部首检字法的发展变化。

十、按照字符理论应该如何分析和归纳现代汉字的结构类型。

第七章 现代汉字的字音

汉字记录汉语，绝大多数情况是用一个汉字记录一个单音节的语素，也有用两个或两个以上的汉字记录双音节或多音节语素的时候。汉字不能直接表示语素的读音，汉字的读音是它所记录的语素转嫁给它的。语素的音在语言中是确定的，于是字音也就随着确定了。

第一节 字音的规范化

汉字的读音有古音有今音。同是古音，有上古音、中古音等不同的读音。同是今音，有民族共同语及方言的各种不同的读音。在漫长的封建社会，民族共同语流传不广，读书识字的人很少，字音的规范化程度很低，方言区的人读书识字基本上用的是传统的读书音。

一、以北京语音为标准音

日本明治维新以后，用 20 年的时间就推广了民族共同语。受日本的影响，清朝末年已经提出了统一国语的问题。到了民国初年，决定推行国音首先要从规范汉字的读音做起。在 1913 年召开的有各省代表参加的"读音统一会"上，通过一省一票的投票方式议定了 6 500 多个汉字的国定读音、即国音，这就是后来说的"老国音"。"老国音"的声母、韵母大都跟北京音相同，和北京音不同的是区分尖音和团音、保留入声等。在声调上只规定了调类，没有规定调值。1919 年出版的《国音字典》就是根据这次审定的国音编写的。因为这种老国音不是以某个具体地点的语音系统为标准，而是人为规定的，全国没有一个人能照着《国音字典》说话，所以这种标准音自然难于推广。各界人士对老国音意见很多，主张以北京语音为标准音。1923 年国语统一筹备会成立"国音字典增修委员会"，决定采用北京语音标准，称为"新国音"。1932 年教育部出版了采用新国音的《国音常用字汇》。

新中国成立以后，在 1955 年由中国科学院召开的现代汉语规范问题学术会议上，确定现代汉民族共同语称为普通话，并且确定了普通话规范在语音、词汇和语法上的标准。"以北京语音为标准音"，这是我们确定现代汉字读音的根本原则。

二、《普通话异读词审音表》

一个字有两个或两个以上的读音，而表示的意义相同，这样的字是异读字。如果从语言的角度看问题，一个词没有意义差别而有几个不同读音，这样的词是异读词。汉字自古以来就有异读字。例如，《经典释文》卷二十六《庄子音义》（上）为"宋人有善为不龟手之药者"这句话中的"龟"字做音义："龟手：愧悲反，徐举伦反，李居危反。……"愧悲反和居危反今音读 guī，举伦反今音读 jūn，因此"龟"字是异读字。再如，《经典释文》卷二十四《论语音义》为"获罪于天，无所祷也"这句话中的"祷"字做音义："所祷：丁老反，一音都报反。"丁老反今音 dǎo，是上声，都报反今音读去声，所以"祷"字是异读字。

现代汉字中也有不少异读字，产生异读的原因大体上有 10 种：（1）由于多数人的习惯误读而习非成是，如"塑料"的"塑"应读为 sù，而误读为suò。（2）近代变化不合语音发展规律，但已约定俗成，如"广播"的"播"应读为 bō，而旧读为 bò。（3）有读书音与口语音之别，或者说"文读"与"语音"的区别，如"赐教"的"赐"语音读 cì、文读读 sì，"血"语音读 xiě、文读读 xuè，二者并存。（4）由于方音的影响，字音的声、韵、调略有变化。例如，"疏忽"的"疏"有 shū 和 sū 两种读法，"橙黄"的"橙"读 chéng，而"橙子"的"橙"有人读 chén，"复杂"的"复"有 fù 和 fǔ 两种读法。（5）北京土音的影响，如把"蝴蝶"（hú dié）读成 hù tiěr。（6）本来是多音多义字由于不能辨义而误读，如"牲畜"的"畜"读 chù，"畜牧"的"畜"读 xù，由于不能分辨出名词性语素和动词性语素而混读。（7）古义又读，如"横财"的"横"应读为 hèng，是不顺理、不正常的意思。"横"的另一常见读音是"纵横"的"横"（héng）。（8）构成不同的词，词性也一致，但读法不同，如"杉木""杉篙"的"杉"，读 shā，"杉树""红杉"的"杉"读 shān。（9）特定读音，如"迫击炮"的"迫"，读 pǎi。（10）长时期以来两音并存，如"谁"有shuí 和 shéi 两个读音，既不辨义，也并非"文、白"之分，但是长时期两读。[1]

为了促进语音规范化，推广普通话，对异读字的读音应该加以规范。早在1955 年的"现代汉语规范问题学术会议"上，就做出了一项决议，即由中国科学院组建"审音委员会"。这个委员会曾于 1957 年到 1962 年分 3 次发表了《普

---

[1]　徐世荣：《普通话异读词审音表释例》，272～274 页，北京，语文出版社，1997。

通话异读词审音表初稿》（以下简称《初稿》），并于 1963 年辑录成《普通话异读词三次审音总表初稿》。《初稿》公布以后，受到文教、出版、广播等部门的广泛重视，对现代汉语的语音规范和普通话的推广起到了积极作用。但是随着语言的发展，《初稿》中原审的一些词语的读音需要重新审定；同时，作为语音规范化的标准，《初稿》也亟须定稿。于是在 1982 年 6 月重建了普通话审音委员会，进行修订工作。

这次修订以符合普通话语音发展规律为原则，以便利广大群众学习普通话为着眼点，采取约定俗成、承认现实的态度。对《初稿》原订读音的改动，力求慎重。修订稿和《初稿》的审音原则是一致的，主要包括以下 5 点：（1）根据北京音系确定读音，舍弃过于土俗的读音，采用非常通行的读音。凡是不符合语音发展规律，又在北方话中不通行的，不取，要按照一般发展规律定音。（2）以词为单位，只取一种读法；单音词、复音词里如有不同读法，应该分别予以保留。（3）选择少数词审订，加以示例，余可类推。（4）对轻声的词，只审订轻声本身有异读的。（5）对清入声字，如无异读，就采用北京音，有异读的取阴平。

修订稿经国家语言文字工作委员会、国家教育委员会、广播电视部审核通过，于 1985 年 12 月 27 日以《普通话异读词审音表》的名称予以公布。自公布之日起，文教、出版、广播等部门及全国其他部门、行业所涉及的普通话异读词的读音、标音，均以本表为准。

《审音表》共审定 839 条异读字的读音，审定为"统读"的有 586 字，占 69％。另外有 31 个字保留了文白异读。统读的，如"波"读 bō，"殊"读 shū，"获"读 huò，"拂"读 fú，"侵"读 qīn，"室"读 shì，"刚"读 gāng，"恪"读 kè；而"波"读 pō，"殊"读 shù，"获"读 hù，"拂"读 fó，"侵"读 qǐn，"室"读 shǐ，"刚"读 jiāng，"恪"读 què 的读音一律废除。有文白二读的读音，如"薄"字的口语音读 báo，常单用，如"纸很薄"。"薄"字的文读读 bó，多用于复音词，如"薄弱""稀薄""淡薄""尖嘴薄舌""单薄""厚薄"。也有其他异读的情况，如"晕"字在"晕倒""头晕"等词中读 yūn，在"月晕""血晕""晕车"等词中读 yùn。

《审音表》公布以后，所有出版或修订的工具书都应该按照《审音表》的规范去注音。1990 年版的《新华字典》，1996 年版的《现代汉语词典》修订本，1998 年出版的《现代汉语规范字典》都采用的是《审音表》的规范注音。

三、轻声词和儿化词的规范

轻声和儿化是语音问题，也牵扯到词汇、语法问题。从词汇规范的角度看，某个词是否应该轻声，是否应该儿化，轻声或儿化后是否有区别意义的作用，都应该逐个地审察，并编入词典才对。

　　1. 轻声词的规范

　　有两种轻声词，一种是纯粹的轻声词，指的是像"的"（de）、"地"（de）、"得"（de）、"了"（le）、"着"（zhe）、"过"（guo）、"吗"（ma）、"呢"（ne）等助词、语气词之类。它们在句子里要读成轻声。

　　另一种轻声词指的是包含有轻声音节的双音节或多音节词。这种轻声词又分两类：一类是在词汇、语法上有区别词与非词、词义和词性作用的轻声词；另一类没有上述作用，只是在习惯上读轻声而已。

　　有区别作用的轻声词又分两类：一类仅仅同音，字形并不相同；另一类不仅同音，而且字形相同。举例见表 7-1、表 7-2。

表 7-1

词组	例句	词	例句
狼头 láng tóu	墙上镶嵌着一只狼头	榔头 lángtou	上五金商店买一把榔头
火烧 huǒ shāo	火烧圆明园	火烧 huǒshao	一顿能吃两个火烧
年月 nián yuè	请填明大学毕业的年月	年月 niányue	新中国成立前那年月洋人到处横行
干事 gàn shì	他干事特别利索	干事 gànshi	他不是科长是干事
买卖 mǎi mài	买卖公平才有信誉	买卖 mǎimai	他做了个小买卖
拉手 lā shǒu	小女孩走过去和小男孩拉手	拉手 lāshou	门上安个拉手就方便了
东西 dōng xī	风沙骤起不辨东西	东西 dōngxi	他上街买东西去了

表 7-2

词	词性	例句	词	词性	例句
主义 zhǔyì	名词	世界上有各种各样的主义	主意 zhǔyi	名词	这是谁的主意

续表

词	词性	例句	词	词性	例句
字句 zìjù	名词	连写个假条都写得字句不通	字据 zìju	名词	我有他写下的字据
反证 fǎnzhèng	名词	这是一条有力的反证	反正 fǎnzheng	副词	反正事已至此，就什么都别说了
标致 biāozhì	形容词	小姑娘长得特别标致	标志 biāozhi	名词	地图上有各种形式的标志
报仇 bàochóu	动词	武侠小说中写报仇的内容很多	报酬 bàochou	名词	学生搞社会调查哪有什么报酬
门道 méndào	名词	通往院子的门道很窄	门道 méndao	名词	内行看门道
大爷 dàyé	名词	他是大爷，谁都惹不起	大爷 dàye	名词	我大爷90多岁了，还活着
言语 yányǔ	名词	语言学有语言的语言学，还有言语的语言学	言语 yányu	动词	有什么事一定跟我言语一声
运动 yùndòng	名词	人们希望安定，就怕搞运动	运动 yùndong	动词	他还不好意思去到处运动
地道 dìdào	名词	我参观过焦庄户的地道	地道 dìdao	形容词	这活儿干得真地道
大意 dàyì	名词	这本书我翻了翻，对全书大意有了了解	大意 dàyi	形容词	这事很重要，你可千万别大意
隔断 géduàn	动词	千山万水隔断不了我们的友谊	隔断 géduan	名词	这间屋子很大，中间可以打个隔断
花费 huāfèi	动词	写这本书花费了他不少心血	花费 huāfei	名词	这可是一笔不小的花费
对头 duìtóu	形容词	这样考虑问题可有点不对头	对头 duìtou	名词	他们俩是冤家对头

在北京话里，读轻声的词可以分成两大类：一类轻声词有明显的语法标志，是"有规则的轻声词"；另一类轻声词是"不规则的轻声词"。"有规则的轻声词"可以从语法上确定，主要包括以下几种情况：（1）"的""地""得"

"了""着""过""吧""吗""呢""啊"等助词和语气词读轻声。（2）"子"
"儿""头""巴""么""们"等虚语素读轻声。（3）"上""下""里""边"
"面"等表示方位的成分读轻声。（4）"来""去""出来""进去""下来""起
来"等用在动词后表示趋向的词读轻声。（5）叠音名词及动词重叠使用后的第
二个音节读轻声。（6）"一"字和"不"字夹在重叠的动词或形容词中间时读
轻声。（7）在口语色彩强烈的 4 音节词中，如"啰里啰唆""糊里糊涂""稀里
哗啦""土里土气""黑不溜秋""白不呲咧""酸不剌唧"等 4 音节词中的第 2
个音节是嵌进去的无意义的音节，都读轻声。

对于"不规则的轻声词"有一条处理原则，就是在不造成更多的同音词的
前提下，考虑到方言区的人学习掌握普通话轻声词的困难，能不读轻声的尽量
不读轻声。换句话说，就是有辨义作用的轻声词要读轻声，没有辨义作用的轻
声词如果可以两读的话就尽量不读轻声。其实北京话里的轻声词已经有了渐渐
减少的趋势，老一代的人读轻声的，新一代的人就不见得全读轻声了，土生土
长的北京人读轻声的，从外地到北京学习工作的人说普通话时也未必读轻声。
举例来说，"记录""介绍""坚固""支持""谨慎""职务""经费""成就"
"限制""仪器""待遇""修理""敷衍"等词现在一般都不读轻声了。①

从规范的意义出发，如果考虑到轻声现象的重要性和普遍性，考虑到需要
有一个标准语的话样板，我们应该在现有的几个轻声词汇编的基础上研究制定
出一个最低限度的轻声词汇表，收入《现代汉语词典》收词范围内必读轻声的
词。收词的最重要的原则有两条：第一条是收入所有以轻声为区别特征的词，
即读不读轻声有区别词类、词义或区别词和词组作用的词要收入词表；第二条
是收入北京口语习惯中只有轻声一种读法的词。②

2. 儿化词的规范

当普通话的卷舌韵母"er"附加在别的音节的后面，和前面的韵母融为一
体时，前面的韵母就变成了卷舌韵母，前面的音节就成为儿化音节。带有儿化
音节的词，不论儿化音节是在末尾，还是嵌在一个多音节词的中间，都被称作
"儿化词"。例如，花儿（huār）、玩儿（wánr）、片儿汤（piànr tāng）、馅儿饼
（xiànr bǐng）、独眼儿龙（dú yǎnr lóng）、豆瓣酱（dòu bànr jiàng）。

儿化词可以分两类：一类儿化词以儿化作为区别特征，儿化能起分化同音
词、改变词义和词性、改变语素的组合性质等作用；另一类儿化词不以儿化作
为区别特征。举例见表 7-3、表 7-4。

---

① 周祖谟：《普通话的正音问题》，载《中国语文》，1956（5）。
② 鲁允中：《普通话的轻声和儿化》，30 页，北京，商务印书馆，1995。

表 7-3

非儿化词	语法单位	语义	儿化词	语法单位	语义
八角	词组	八角钱	八角儿	名词	调味香料
猫眼	词组	猫的眼睛	猫眼儿	名词	门上装的窥视镜
做工	词组	从事某一项工作	做工儿	名词	戏曲中的动作和表情
老将	词组	资历老或年纪老的将官	老将儿	名词	指象棋里的"将"
猫食	词组	猫吃的食物	猫儿食	名词	比喻很小的饭量
一块	词组	表示数量，用于块状东西	一块儿	副词	一同
红花	名词	一种中草药	红花儿	词组	红色的花朵
半天	名词	相当长的一段时间	半天儿	词组	一天的一半
听信	动词	听到就相信	听信儿	词组	听消息
回头	副词	稍过一段时间	回头儿	词组	转过头来

表 7-4

非儿化词	词性	儿化词	词性
邮票	名词	油票儿	名词
墙脚	名词	墙角儿	名词
俭朴	形容词	简谱儿	名词
头	名词	头儿	名词
胆	名词	胆儿	名词
火星	名词	火星儿	名词
便衣	名词	便衣儿	名词
盖	动词	盖儿	名词
画	动词	画儿	名词
唱	动词	唱儿	名词
讲	动词	讲儿	名词
亮	形容词	亮儿	名词
尖	形容词	尖儿	名词

续表

非儿化词	词性	儿化词	词性
零碎	形容词	零碎儿	名词
热闹	形容词	热闹儿	名词
火	名词	火儿	动词
卷	动词	卷儿	量词
截	动词	截儿	量词
一片	数量词	一片儿	数量词

儿化词与非儿化词在是词还是词组上可以形成对立，在词性和语义上也可以形成对立，此外儿化词还具有表示细小、亲切的色彩。例如，"棍儿""棒儿""虫儿""袋儿""盆儿""罐儿""碟儿""钉儿"等儿化词，与"棍子""棒子""虫子""袋子""盆子""罐子""碟子""钉子"相比较，明显带有表示细小的色彩。"老头儿""小孩儿""脚丫儿""脸蛋儿""脸盘儿"与"老头子""小孩子""脚丫子""脸蛋子""脸盘子"相比较，明显带有表示亲切的色彩。北京话里有"小猫儿""小狗儿""小刀儿""小蜜蜂儿"的说法，没有"老猫儿""老狗儿""大刀儿""马蜂儿"的说法，正说明前一种说法具有表示细小、亲切的色彩。

北京话里日常生活中常用的、口语色彩较浓的词儿化的多，新名词、术语、外来词以及带有书面化的庄严色彩的词汇儿化的极少。例如，"东直门""西直门""文学院""国学院""图书馆""展览馆""美术馆"不儿化，"东便门儿""西便门儿""四合院儿""大杂院儿""茶馆儿""酒馆儿""饭馆儿"必须儿化。北京话里带小字格儿的词汇多半可以儿化，诸如"小汽车儿""小尾巴儿"等。再有就是单音节的形容词和量词的重叠形式经常儿化，如"轻轻儿（的）""红红儿（的）""个儿个儿""件儿件儿"等。从词性来看，绝大多数儿化词都是名词，其他词类的词儿化的极少。

关于儿化的规范问题，首先有两个原则：一是要以北京话的口语为标准，二是要尽力减少方言区的人学习儿化词的困难。在这个前提下，凡是以儿化作为区别特征的词，即凡儿化能起分化同音词、改变词义和词性、改变语素的组合性质等作用的，要作为规范的儿化词。在现代北京口语习惯中只有儿化说法的，哪怕不以儿化作为区别特征，也一律读儿化。例如，"玩儿""今儿""明儿""鸟儿""花儿""冰棍儿""心眼儿""四合院儿"等。如果儿化和非儿化两种形式同时共存时，儿化形式占优势就读儿化，儿化形式占劣势或二者势均力敌就不读儿化。至于北京话中临时儿化的则一律不作为儿化词。按照以上标准研究制定出一个最低限度的儿化词词表，收入《现代汉语词典》收词范围内的儿化词，对于方言区的人学习地道的普通话是十分必要的。

第二节　同音字和多音字

同音字音同形不同，多音字形同音不同，同音字和多音字反映了汉字字形与字音的复杂关系，从深层次来说，反映了汉字和汉字所记录的语素之间的复杂的对应关系。

一、同音字

同音字指的是读音完全相同而形体、意义不同的一组字。同音字记录的是语言中的同音语素。汉字是语素文字，它是由若干同音字群组成的。据统计，现代汉语大约有 8 000 个语素，1 300 个带调的音节，而 7 000 个通用汉字当中有 625 个多音字，如果以一音为一字计算，则有 7 705 字。算下来，平均每个音节会有 6.15 个语素，5.38 个同音字。

根据《通用规范汉字表》统计，在同音字的音节中拥字量最多的前 12 个音节分别是：yì（74）、xī（66）、bì（53）、lì（49）、yù（49）、zhì（46）、yí（45）、fú（44）、yú（42）、jī（41）、qí（41）、shì（41）。拥字量在 20 个（含 20 个）以上的音节有 64 个。拥字量只有 1 个，即没有同音字的音节（不算轻声音节）共有 213 个，其中一个音节只有一个调类的同音字有 13 个，它们是：dèn（扽）、diǎ（嗲）、fó（佛）、gěi（给）、kēi（尅）、liǎ（俩）、néng（能）、nín（您）、nòu（耨）、nuǎn（暖）、sēn（森）、sēng（僧）、shéi（谁）。

汉字同音字多，根本的原因是因为汉字是语素文字，第二个原因是古今音变。古今音系的发展是由繁变简，从《广韵》音系到今天的普通话音系，辅音声母由 36 个减少到 21 个，韵母由 142 个减少到 39 个，两呼四等归并为开齐合撮四呼。随着音素数目的减少，音节结构的简化，不少异音字变成同音字了。例如，"腻""暱""匿""逆""溺"这 5 个字在《广韵》中分别属于至韵、质韵、职韵、陌韵、锡韵，本不同音，现在在普通话里读音相同，变成同音字了。造成汉字同音字的原因主要是以上两点，此外的原因还有一些，诸如译音词、联绵词用字等。

同音字满足了记录同音语素的需要，使同音语素在书面上被区分得清清楚楚，为人们通过语素的提示进一步了解词义提供了方便。因为现代汉语中双音节词占优势，同音字并不等于同音词，所以尽管汉语语素有这么多同音现象，并不影响口语的交际。即使偶尔有可能发生混淆，可以用换用同义词或改读的办法加以解决。例如，法律条文中已经把"中止"改为"中断"，避免和"终止"同音混淆。再如，"期终"考试可以说成"期末"考试，就不会和"期中"相混。"授奖"可以说成"颁奖"或"发奖"，"受奖"也可以说成"得奖"或"获奖"，二者就不会相混。"癌"旧读 yán，以后改读 ái，"癌症"和"炎症"、"胃癌"和"胃炎"就不会相混了。化学符号为 Si 的元素，原来译为"矽"，和符号是 Sn 的"锡"同音，造成"氧化矽"和"氧化锡"等一系列同音词，后来把"矽"改译为"硅"，同音现象就都避免了。

在同音词的使用上，人们在书面上往往不回避同音词，因为可以借助于字形区别不同意义，但是在口语中，人们约定俗成地倾向于选用那些同音字少的词，如用"好"不用"佳"，用"拿"不用"持"等。我们在书面上也应该尽量分化那些可能造成意义混淆的同音词，如"治癌"和"致癌"，"越剧"和"粤剧"等，使书面语读出来也能听得清晰、明白。

二、多音字

多音字是指一个字有两种或两种以上的读音。多音字按意义是否相同分为多音多义字和多音同义字两类。在 7 000 个通用字范围内，共有多音字 625 个，占总字数的 8.9%；异读音 705 个，占本音数的 10%。在 2 500 个常用字和 1 000 个次常用字中，共有多音字 417 个，占多音字总数的 67%；异读音 479 个，占异读音总数的 68%。由此可知，2/3 的多音字是常用的字。见表 7-5。[①]

表 7-5

音项		二音	三音	四音	五音	六音	合计	
多音字	常用字	275	45	4	2		326	417
	次常用字	88	3				91	
	通用字	194	12	1		1	208	
	合计	557	60	5	2	1	625	
异读音	常用字	275	90	12	8		479	705
	次常用字	88	6					
	通用字	194	24	3		5	226	

注：表中的"通用字"特指《现代汉语通用字表》中除去常用字、次常用字外的那部分通用字。下同。

---

① 龚嘉镇：《现行汉字形音关系研究》，57 页，武汉，湖北人民出版社，1995。

着眼于各音项语音上的差异，可以把多音字分为 4 类：仅调有异、韵同声异、声同韵异、声韵全异。见表 7-6。①

表 7-6

类别	仅调有异	韵同声异	声同韵异	声韵全异	合　计	
常用字	178	46	58	44	326	52％
次常用字	37	26	10	18	91	15％
通用字	58	57	26	67	208	33％
合　计	273　43％	129　21％	94　15％	129　21％	625	100％

统计告诉我们，多调字的比重是非常突出的，竟高达 43％。声母互变比较偏重于送气和不送气之间。例如，扒（bā/pá），弹（dàn/tán），合（gě/hé），豜（jiān/qián），曾（zēng/céng），重（zhòng/chóng）。发音部位不同的两组声母之间的互变，出现比较多的是在舌根音 g、k、h 与舌面音 j、q、x 之间。例如，行（xíng/háng），夹（jiā、jiá/gā），壳（qiào/ké）。韵母互变比较分散，互变多的，主要发生在没有鼻音韵尾的韵母之间。例如，脉（mài/mò），拓（tuò/tà），露（lù/lòu），契（qì/xiè）。②

多音多义字是用一个字的不同音项来分别记录几个同形词，具体类型有 3 种：一种是音随义转的同源词分化，另一种是依声托事的借字记词，第三种是名从主人的专名异读。例如，"难" nán 和 "难" nàn 同源。"难" 读 nán，是形容词，词义训"艰也"（《广韵·寒韵》），组成的双音词有"困难""艰难""难忘""难产""难关"等。"难" nàn，是名词，词义训"患也"（《广韵·翰韵》），组成的双音词有"灾难""苦难""患难""难民""大难"等。借字记词可以音同也可以音近，音近假借就造成了多音多义字。例如，"娜"本读 nuó，如"婀娜""袅娜"。"茜"本读 qiàn，是一种草本植物，因其根可作红色染料，又引申出红的意义。这两个字用作外国妇女名字音译字时，"娜"读 nà，"茜"读 xī，如托尔斯泰的《安娜·卡列尼娜》和译制电视片《茜茜公主》。受译音读法的影响，"娜"作为姓名用字也读 nà 了。汉字简化中有 26 个字是由于音近通假而造成多音字的，如"斗"本读 dǒu，又读 dòu（鬥）。"吁"本读 xū，又读 yù（籲）。"发"是"發"和"髮"的简化字，读 fā 和 fà。"纤"是"縴"和"纖"的简化字，读 qiàn 和 xiān。专名异读大多是两个音项，一个是常用义音项，一个是专用义音项。例如，"区"常用义音项读 qū，用于姓氏则读

---

① 龚嘉镇：《现行汉字形音关系研究》，57 页，武汉，湖北人民出版社，1995。

② 周有光：《现代汉字中的多音字问题》，载《中国语文》，1979（6）。

ōu。"厦"常用义音项读 shà，用于厦门市的"厦"则读 xià。

多音同义字记录的是读音不同的一个词，意义没有区别，但或者由于读书音、口语音不同造成异读，或者由于普通话与方言不同造成异读，或者由于其他的习惯因素造成异读。例如，"血"文读为 xuè（血统、流血牺牲），口语读 xiě（猪血，流血了）。"剥"文读为 bō（剥削），口语读 bāo（剥花生）。"削"文读为 xuē（削弱），口语读 xiāo（削铅笔）。"薄"文读为 bó（轻薄、菲薄），口语读 báo（被子很薄）。文读音一般保留在书面语或复合词中，口语音一般出现在白话词、口语词或单音词里。对于方言语音，普通话总的来说是排斥的，但是对于已经被吸收进普通话的方言词语当中的一些特殊的词，采用了方言的近似音。例如，"巷"在普通话中读 xiàng（小巷），而在"巷道"这个词中取方言的近似音，读 hàng。"弄"在普通话中读 nòng（玩弄），而在"里弄"这个词中取方言的近似音，读 lòng。"瘪"在普通话中读 biě，而在"瘪三"这个词中取方言的近似音读 biē。还有一些异读无论从意义、词性、还是从构词上都说不出应该分读的道理，可以统称为习惯异读。例如，"片"读 piān（唱片儿，电影片子），又读 piàn（唱片、影片）。"倔"读 jué（倔强），又读 juè（倔头倔脑、倔脾气）。"核"读 hé（桃核、细胞核、原子核），又读 hú（梨核儿、煤核儿）。

多音多义字是用一个字形表示几个读音几个意义，很符合经济的原则，但是不能过分，尤其是音近假借，虽然减少了字数、减少了笔画，但是却增加了字的音项和义项，这样做未必能减少学习汉字的难度。多音同义字是审音规范的主要对象。1985 年 12 月公布的《普通话异读词审音表》共涉及 839 个异读字，经审定后统读字就有 586 个。《审音表》减省了许多没有辨义作用的多音字，这对于现代汉语的语音规范和普通话的推广无疑地起到了积极作用。

异体字要整理，多音字也要整理，其实可以进行综合整理，用分化异体字的办法来减少多音字的音项。龚嘉镇曾提出设想，将 7 000 个通用字中的 51 个异义异读音转移到它的部分异体字上，就可以减少 42 个多音字。就是说，可以使 705 个异读音项减少 7% 而成为 654 个，使 625 个多音字减少 7% 而成为 583 个。见表 7-7。①

表 7-7

多音字	现有音项	可移之音	可移之义	异体字
欸	6	āi	叹词	唉
缏	2	biàn	草帽缏/草帽辫	辫

---

① 龚嘉镇：《现行汉字形音关系研究》，70 页，武汉，湖北人民出版社，1995。

多音字	现有音项	可移之音	可移之义	异体字
孛	2	bó	旺盛	勃
掺	2	chān	掺和/搀和	搀
绰	2	chāo	绰起/抄起	抄
剿	2	chāo	剿袭/抄袭	抄
掌	2	chēng	支撑、抵住	撑
疸	2	da	疙疸/疙瘩	瘩
亶	2	dàn	仅、只	但
澹	2	dàn	澹泊/淡泊	淡
蹬	2	dēng	踩踏	登
楯	2	dùn	名词	盾
酦	2	fā	酦酵/发酵	发
蕃	3	fān	蕃邦/番邦	番
蜚	2	fēi	流言蜚语/流言飞语	飞
芥	2	gài	芥菜/盖菜	盖
纥	2	gē	纥绖/疙瘩	疙
颈	2	gěng	脖颈子/脖梗子	梗
混	2	hún	浑浊、糊涂	浑
强	3	jiàng	强硬、固执	犟
缴	2	jiǎo	缴幸/侥幸	侥
嚼	3	jiào	倒嚼/倒噍	噍
脚	2	jué	脚角/角色	角
龟	3	jūn	龟裂/皲裂	皲
槛	2	kǎn	门槛/门坎	坎
遛	2	liú	逗遛/逗留	留
眯	2	mí	眯了眼/迷了眼	迷
粘	2	nián	粘附/黏附	黏
堡	3	pù	埋堡/埋铺	铺
暴	2	pù	暴光/曝光	曝

续表

多音字	现有音项	可移之音	可移之义	异体字
娆	2	rǎo	烦娆/烦挠	挠
杓	2	sháo	名词	勺
镗	2	tāng	象声词	嘡
饧	2	táng	名词	糖
俶	2	tì	俶傥/倜傥	倜
帖	3	tiē	服帖/服贴	贴
铊	2	tuó	秤铊/秤砣	砣
於	2	wū	於乎/呜呼	呜
叶	2	xié	叶韵/协韵	协
芯	2	xīn	灯芯/灯心	心
圩	2	xū	集市	墟
窨	2	xūn	窨茶叶/薰茶叶	薰
邪	2	yé	莫邪/镆铘	铘
艾	2	yì	治理	乂
湮	2	yīn	湮湿/洇湿	洇
育	2	yō	杭育/杭唷	唷
圜	2	yuán	圜形/圆形	圆
颤	2	zhàn	颤栗/战栗	战
着	2	zhāo	高着/高招	招
蹢	2	zhí	蹢躅/踟躅	踯
觜	2	zuǐ	名词	嘴

第三节　形声字的表音功能

一、表音功能的静态统计

　　形声字的声旁有表音功能，由于形声字并非是一时一地的产物，所以只能提示字的读音。由于方言语音差异以及古今语音演变等原因，现代汉字声旁的表音功能削弱了。如果我们靠形声字的声旁来推断字音，往往要读错。例如，"墅"（shù）不读"野"（yě），"绽"（zhàn）不读"定"（dìng）。"路""洛""烙""客""略"等字都不读"各"（gè）。但是也有声旁读音和字音完全相同的。例如，"糊"（hú）就读"胡"（hú），"灸"（jiǔ）就读"久"（jiǔ）。"凰"
"隍""遑""徨""惶"等字都读"皇"（huáng）。我们要研究形声字声旁的表
音功能，必须把形声字作为一个整体来考察，不仅要了解个别的具体的声旁，
而且要了解形声字的整个声旁体系。

统计声旁的有效表音率，有宽、严两种不同的标准。宽的标准是，不管是
否真是声旁，也不计较声调是否相同，只要部首以外的半边跟整字的声母、韵
母相同就算有表音功能。周有光在《现代汉字中声旁的表音功能问题》一文
中，就是采用的这种方法。他把《新华字典》（1971年版）所收的全部正字（不
包括繁体、异体等非正字）作为研究对象，把部首以外的半边一概看作声旁，把
含有声旁的字叫"含旁字"。含旁字绝大多数是形声字，也有非形声字，如"阿"
"阳""烛""浊"等。统计结果表明，现代汉字声旁的有效表音率是39％。①

在《现代汉语形声字声符研究》一文中，李燕、康加深以7 000个通用字
为对象，用模糊数学的方法计算现代汉字形声字声符的表音度。他们确定形声
字的条件有3个：（1）在字源上就是形声字。（2）其原始结构并未因为隶变、
简化等因素而遭到破坏。（3）其声符、形符仍然起表音、表义作用。根据以上
条件，他们确定在7 000个通用字中总共包含5 631个形声结构，在这些形声结
构中总共包含1 325个不同的声符，其中在7 000个通用字中成字的声符有
1 119个，约占声符总数的84％，在7 000个通用字中不成字的声符有206个，
约占声符总数的16％。各类声符表音方式的统计数据见表7-8。

表 7-8

声符表音方式	字次	例字	形声结构比例％
声、韵、调全同	2292	圆	37.51
声韵同，调不同	1110	远	18.17
声、调同，韵不同	237	结	3.88
韵调同，声不同	343	琛	5.61
声同，韵、调不同	266	煮	4.35
韵同，声、调不同	645	葵	10.56
调同，声、韵不同	441	赌	7.22
声、韵、调全不同	766	都	12.70

考虑到多音对声符表音度的影响，在统计形声结构时要把多音的479个加

---

① 周有光：《现代汉字中声旁的表音功能问题》，载《中国语文》，1978（3）。

进去，这样就共有 6 110 个形声结构。考虑到汉语语音构成中，声、韵、调地位不同，所以计算分值时区别对待：仅仅调同算 0.1 分，声或韵同的算 0.45 分，声、调或韵、调同的算 0.5 分，声韵同的算 0.9 分，全同的算 1 分。声、韵、调全不同的不给分。

$$表音度 = \frac{各种表音类型总分}{形声结构数（含多音）} \times 100\% = 66.04\%$$

依据上面的公式计算出的声符总体表音度是 66.04%。

刘雅麒在《通用规范汉字形声字声符研究》一文中，以《通用规范汉字表》收录的 8105 字为研究对象，确定通用规范汉字中的形声结构和形声字，具体分析形声字的声符表音情况，得出以下结论。

通用规范汉字形声字表音度为 85.4%。其中四类表音占形声结构的比例如下：

1. 完全表音（形声字声符读音与形声字读音声韵调全同）有 2 345 字，占形声结构的比例为 35.6%。

2. 基本表音（形声字声符读音与形声字读音声、韵至少有一个相同，然又非声韵调全同）有 3 275 字，占形声结构的比例为 49.8%。

3. 基本不表音（形声字声符读音与形声字读音仅声调相同，声韵都不同）有 389 字，占形声结构的比例为 5.9%。

4. 完全不表音（形声字声符读音与形声字读音声韵调全不同）有 573 字，占形声结构的比例为 8.7%。

前两类结构为表音结构，表音结构数为 5 620，占形声结构的比例为 85.4%。后两类结构为非表音结构，非表音结构数为 962，占形声结构的比例为 14.6%。

二、表音功能的动态统计

对于形声字声旁的测查不能局限于静态的统计，还应该注重于动态的研究，比如说声旁成词不成词，如果成词的话，是出现在《通用规范汉字表》一级字表的 3 500 字当中，还是出现在二级字表的 3 000 字当中，还是出现在三级字表的 1 805 字当中，还是不见于《通用规范汉字表》，这对于统计形声字的动态表音度都至关重要。例如，"鄂""谔""萼""嵮""愕""腭""硆""鹗""锷""颚""鳄"等字读 è，但是"咢"字不见于《字表》。"莹""荥""荧""萤""萤""营""萦"等字读 yíng，但是其类推简化的声旁不见于《字表》。再有就是声旁的构字数量，在原《现代汉语通用字表》的 7000 字中声旁的构字数量如表 7-9。①

从表中可以看出：大多数声旁的构字数量都是比较少的，平均每个声旁的构字数量仅为 4.25 字次。构字数量高于这个平均数的只有 355 个声旁，约占声旁总数的 26.8％。高于 10 字次的声旁只有 115 个，不足声旁总数的 8.7％。

表 7-9

构字数量	1	2	3	4	5	6	7	8
声符数量	434	203	145	109	81	60	54	47
构字数量	9	10	11	12	13	14	15	16
声符数量	48	31	25	18	13	9	15	3
构字数量	17	18	19	20	21	22	23	
声符数量	10	6	3	5	3	2	1	

据统计，在《通用规范汉字表》的范围内，声旁与由此声旁构成的形声字语音完全相同、数量达到或超过 5 个的有 148 组，例举如下：爱、安、半、包、比、必、辟、宾、丙、仓、曹、昌、成、垂、春、代、氏、帝、丁、定、段、方、非、分（fēn）、夫、弗、孚、干、甘、冈、古、固、光、圭、侯、胡、户、奂、皇、会（huì）、几（jī）、及、加、夹、兼、建、交、焦、介、居、巨、厥、亢、会（kuài）、昆、来、阑、劳、老、离、里、历、利、连、列、林、令（líng）、留、龙、娄、卢、寻、路、仑、罗、马、曼、眉、蒙、莫、尼、宁、农、区（ōu）、朋、平、其、奇、千、乔、求、全、刃、容、柔、善、申、式、斯、遂、台、太、唐、堂、同、童、屯、宛、韦、尉、文、吾、西、希、析、奚、相、肖（Xiāo）、休、熏、旬、寻、牙、央、羊、夷、益、意、因、婴、庸、甬（Yǒng）、由、禺、俞、元、原、云、曾、乍、章、贞、争、至、中、朱、宗、尊。

上述 148 组中，声旁与其构成的所有的形声字只存在 1 个调类中，组字功能在 5 个以上的，共有 19 组。这 19 个声旁共组成 127 个形声字，分别列举如下：

代（dài）：垈岱玳贷袋黛

段（duàn）：塅缎瑖椴煅锻

奂（huàn）：换唤涣焕痪

---

① 李燕、康加深：《现代汉语形声字声符研究》，见陈原：《现代汉语用字信息分析》。

皇（huáng）：凰隍喤遑徨湟惶媓瑝煌鍠蝗篁腥鳇

阑（lán）：谰澜斓镧襕

历（lì）：坜苈呖呖沥枥疬雳

卢（lú）：垆泸栌轳胪鸬铲颅舻鲈

农（nóng）：侬哝浓脓秾醲

容（róng）：蓉溶瑢熔榕镕

柔（róu）：揉葇糅蹂鞣

式（shì）：试拭栻轼弑

斯（sī）：厮澌撕嘶澌

唐（táng）：鄌塘搪溏瑭螳糖

希（xī）：俙郗唏浠晞烯晰稀豨

析（xī）：菥淅晰皙蜥

休（xiū）：咻庥鸺貅髹

夷（yí）：荑咦姨胰痍

庸（yōng）：鄘墉慵镛鳙

朱（zhū）：邾侏诛茱洙珠株铢蛛

如声旁能准确表音的有 a 个，不能准确表音的有 b 个，读对的概率为 $\dfrac{a}{a+b}$，读错的概率为 $\dfrac{b}{a+b}$。在《通用规范汉字表》的 8 105 个字中，只有上述 19 个字为声旁的形声字读对的概率为 100%。

还有一个问题可以讨论，就是我们把那些声母韵母与声旁读音都不相同的形声字从现代形声字中排除出去的做法是否妥当。例如，"我"（wǒ）作为"鹅""蛾""哦""莪""娥""峨""俄""饿"等字的声旁，声韵都不相同，"果"（guǒ）作为"棵""颗""稞""窠""骒""锞""髁""课"等字的声旁，声韵都不相同。"鹅"等 8 个字都读 e，只是声调有别。"棵"等 8 个字都读 ke，只是声调有别。这类字的声旁虽然不能直接标示字音了，但是从汉字的习得上声旁具有明显的类推作用，所以应该仍旧视为形声字。①

【思考与练习】

一、什么是"老国音"？什么是"新国音"？二者的制定标准有什么不同？

二、举例说明《普通话异读词审音表》对异读词的审定情况。

三、轻声词可以分为哪些类型？应该怎样进行规范？

四、儿化词可以分为哪些类型？应该怎样进行规范？

---

① 龚嘉镇：《现行汉字形音关系研究》，75～76 页，武汉，湖北人民出版社，1995。

五、举例说明什么是多音多义字，什么是多音同义字。

六、举例说明多音多义字的类型。

七、如何用模糊数学的方法统计形声字的表音功能？

八、形声字声旁的表音功能都表现在哪些方面？

第八章　现代汉字的字义

在使用拼音文字的语言中，有字母的概念，有文字的概念，但是没有字的概念，或者说字和词是一个概念，如英语把字和词都写作 word，一个字就是一个词，字义就是词义。汉字则不同，一个汉字记录的语言单位可能是词，也可能是语素，也可能是一个不能单独表意的音节。

第一节　什么是字义

一、字的本义、引申义、假借义

传统训诂学家认为，汉字有本义、有引申义、有假借义：本义是从字形中分析出来的与字形相一致并且能够用文献来证实的意义，如"兵"的本义是武器；引申义是由本义推演而形成的意义，如"兵"的引申义是兵士；假借义是因音同或音近假借而产生的与本义无关联的意义，如"其"的本义是簸箕，而"其"的代词用法和语气词用法用的就是假借义。

如果抛开字形，本义指的是某个词有文献记载的最早的意义，也就是有文献可考的语源义，即词的若干意义所由来的出发点。对于汉字来说，依据字形分析本义最具有可操作性。可以肯定，能够从字形中分析出来的意义是造字时就必定存在的，相对来说是比较早的。既然造字时以某一个意义为依据，那么这个意义应该是当时人们公认的常用义，再加上有文献用例的证明，我们就可以肯定此意义为本义。

作为汉字构形依据的本义是"造意"，字所记录的词的本义是"实义"。造意以实义为依据构形，但是有时造意仅仅是实义的具体化、形象化，而并非实义本身。只有实义才是真正在语言中使用过的意义，才能称作本义。例如：

秉，禾束也。从又持禾。(《说文·又部》)《诗·小雅·大田》"彼有遗秉"，"秉"字毛传训"把"，指的是刈禾盈手，与《说文》对字形的说解相合，是实义。

题，额也。从页，是声。(《说文·页部》)《韩非子·解老》："是黑牛也而白题。""白题"即白脑门，与《说文》的说解相合，是实义。

"尘"字在小篆中从麤（cù，行超远也），从土会意，字义是"鹿行扬土
也"。（《说文·麤部》）"突"字训"犬从穴中暂出也。从犬在穴中……"（《说
文·穴部》）"颇"训"头偏也。从页，皮声。"（《说文·页部》）"辍"训"车
小缺复合者。从车，叕声。"（《说文·车部》）"尘"字在小篆中以群鹿疾驰而
过扬起的细土说明什么是"尘"。"突"字以犬从穴中忽然蹿出来表现猝乍这个
词义。古籍中没有训"鹿行扬土"和"犬从穴中暂出"的用例，因此这只是字
的造义而并非词的实义。"颇"是形声字，和头有关，所以解释为"头偏"。实
际上在古籍中"颇"只当"偏"讲，如《尚书·洪范》"无偏无颇，遵王之
义"，"颇"与"偏"对文，意义完全相同。"辍"字以车为形旁，《说文》解释
为车具损坏暂时停车修理，但是在古籍中只当停止讲。例如，《论语·微子》
"耰而不辍"，《荀子·天论》"天不为人之恶寒也辍冬"，《史记·陈涉世家》
"辍耕之垄上"，此外还有"辍斤""辍朝"等说法，"辍"都与"车小缺"无
关。由此可知《说文》对"颇"字"辍"字的说解解释的只是字的造意而并非
是词的实义。

引申是词义发展的结果，传统上所说的字的引申义就是词的引申义。至
于假借，则与词义发展无关，纯粹是文字的事。假借有两种：一种是"本无
其字，依声托事"，这是造字的假借，即没有特意为语言中的某个词造字而
借用了同音字；另一种是"本有其字，依声托事"，这是用字的假借，即语
言中的某个词本来有自己的书写符号弃置不用而借用了同音字。例如，"难"
和"焉"分别是为"难鸟"和"焉鸟"造的字，借用来表示"困难"的
"难"和古汉语中作代词和语气词用的"焉"。这是造字的假借。造字时本来
为"早晚"的"早"、"疲惫"的"疲"造了专字，但用字时一时仓促或由于
习惯而借用了同音的"跳蚤"的"蚤"和"罢休"的"罢"。这是用字的假
借。从字形与词义的联系来看：字形与词义完全切合的是字的本义，也即词
的本义；字形与词义有些关联的是字的引申义，也即词的引申义；字形与词
义毫无关联的是字的假借义，但并不是词的假借义。传统上讲到古汉语的词
义时，讲本义、引申义，而讲到现代汉语的词义时，讲基本义、转义（包括
引申义和比喻义）。

二、字义就是语素义

从现代语言学的观点来看：文字只是记录语言的视觉符号系统，文字不可
能脱离语言而存在，所以字义就是词义；因为汉字记录的语言单位不同，汉字
的字义和它所记录的语言单位的意义是一致的。

语素是语言中最小的语音语义结合体，汉语中单音节语素占绝对优势。在

汉语中，字和意义的关系实际上就是字和语素的关系，字义就等于语素义。据统计，1 个汉字对应 1 个语素的占 4 213 个汉字的 87.5%，1 个汉字对应 2 个语素的占 10.2%，1 字 3 素的占 1.7%，1 字 4 素的占 0.4%，1 字 5 素的占 0.1%，1 字 6 素的仅 1 字，所占百分比不到 0.03%。汉字"1 字 1 素"在各级字数中所占的比重是不相同的，在常用字中比重较小，在不常用字中比重较大。这就是说，越是常用字越容易产生新的意义，"1 字多素"的出现率越高。①

使用拼音文字的国家和民族只有词典，没有字典，只有我们使用汉字的国家和民族既有字典又有词典。所谓字典，其实就是语素典，解释的字义就是成词的和不成词的语素义。词典也有字头，在字头下解释语素义，然后再解释双音节和多音节的词的意义。汉族人对字义的关注事实上就是对语素义的关注，小学的识字教学事实上就是语素义的教学。

三、字义和词义的关系

我们讲字义和词义的关系实际上就是讲语素义和词义的关系。对单纯词来说，语素义就是词义。对复合词来说，语素义及语素义之间的关系构成了复合词的理据，从而为理解复合词提供了线索。词义的构成是复杂的，理据义与词义之间的距离有远有近。举例来说，"黄牛"以颜色命名，"水牛"以习性命名，"菜牛"以用途命名，它们的理据义与词义的距离就较近。"河马"并非河中的马，指的是一种喜欢在河水中活动的略像马的哺乳动物。"树懒"指的是一种活动缓慢、喜欢在树上栖息的哺乳动物。它们的理据义与词义的距离就较远。至于"钢化""激光""方程""几何（学）"这些专业词，它们的语素义与词义的距离就非常远，即使了解了语素义也无法准确了解词义。

符准青在分析词义和构成词的语素义的关系时，以词义中的语素义为中心，把解释词的内容分成 4 个部分：（1）语素义内容，（2）词的暗含内容，（3）为表述需要而补充的内容，（4）知识性附加内容。以上 4 项分别用 c、a、b、s 代表，词义用 z 代表，可以把词义概括为以下 7 种情况：

（1）$z = c_1 + c_2$　例如，平分：平均分配。尘垢：灰尘和污垢。备荒：防备灾荒。平地（偏正式）：平坦的土地。平地（支配式）：把土整平。（＝整平土地）

（2）$z = c_1 = c_2$　例如，哀伤：悲伤。（哀：悲伤。伤：悲伤。）祸患：祸事；灾难。（祸：祸事；灾难。患：祸害；灾难）狡黠：狡诈。（狡：狡猾。黠：聪明而狡猾）

（3）$z = c_1 + c_2 + a$　例如，平年：农作物收成（a）平常的（c_1）年头

---

① 尹斌庸：《汉语语素的定量研究》，载《中国语文》，1984（5）。

（c_2）。出厂：产品（a）运出（c_1）工厂（c_2）。

（4）$z = c_1 + c_2 + b$　例如，哀怨：因委屈（b）而悲伤（c_1）怨恨（c_2）。根源：使事物产生的（b）根本（c_1）原因（c_2）。

（5）$z = c_1 + c_2 + a + b$　例如，反话：故意说出的（a）与自己思想（b）相反的（c_1）话（c_2）。告劳：向别人（b）表示（c_1）自己的（a）劳苦（c_2）。

（6）$z = c_1 + c_2 +$（a）$+$（b）$+ s$（加括号表示或缺）　例如，合唱：由若干人（b）分几个声部（a）共同（c_1）演唱（c_2）一首（b）多声部的歌曲（a），如男声合唱、女声合唱、混声合唱等（s）。光斑：太阳表面上（a）特别（b）明亮的（c_1）纤维状（b）斑点（c_2），是太阳活动比较剧烈的部分（s）。

（7）$z = c_1 + c_2$ 的引申义或比喻义。例如，铁窗：安上（a）铁栅（c_1）的窗户（c_2），借指监狱。风雨：风（c_1）和雨（c_2），比喻艰难困苦。

以上 7 种情况可以归纳为 3 种类型：第一种类型是语素义直接地完全地表示词义，它包括（1）$z = c_1 + c_2$，（2）$z = c_1 = c_2$，（4）$z = c_1 + c_2 + b$，（6）$z = c_1 + c_2 +$（a）$+$（b）$+ s$（有 b 无 a 时）4 种情况。第二种类型是语素义直接地但部分地表示词义，它包括（3）$z = c_1 + c_2 + a$，（5）$z = c_1 + c_2 + a + b$，（6）$z = c_1 + c_2 +$（a）$+$（b）$+ s$（有 a 时）3 种情况。第三种类型是语素义和词义直接联系，词义是语素义的引申义或比喻义、借代义。

此外还有两种类型。第四种类型可以表示为：$z = c_1 +$（a）$+$（b）$+$（s）或 $z = c_2 +$（a）$+$（b）$+$（s）。这就是说词义与构成词的两个语素中的一个语素没有关系。例如，反水：叛变（c_1）。窗户：墙壁上通气透光的装置（c_1）。

第五种类型是指构成词的所有语素的意义已完全失落，语素的现有意义同词义没有联系。例如，东西：泛指各种具体的或抽象的事物。冬烘：（思想）迂腐，（知识）浅陋（含讽刺意）。①

黄昌宁等人在解决汉语真实文本语义的自动标注时，采用了一种简便而又有效的方法来分析词义和构成词的语素义的关系。他们认为：复合词的词义与其字义（语素义）的联系有 5 种类型：（1）同义，即 $A + B = A = B$，如"声音"，声＋音＝声（声音）＝音（声音）；（2）合义，即 $A + B = AB$，如"品德"，品＋德＝品质道德；（3）加义，即 $A + B = AB + C$，如"景物"，景＋物＝（可供观赏的）景致和事物；（4）偏义，即 $A + B = A$ 或 B，如"国家"，国＋家＝国，"容易"，容＋易＝易；（5）转义，即 $A + B = C$，如"毛病"，毛（马的毛色）＋病（缺陷）＝人的缺点。据统计（2）和（3）两种类型占绝大多数。在抽样的 777 个复合词中，（2）类 259 个，占 33%，（3）类 440 个，占 56.7%，

---

① 符准青：《现代汉语词汇》，214～218 页，北京，北京大学出版社，1985。

两类共占 89.7％。这个统计表明，汉语的绝大多数复合词其字义（语素义）和词义有密切的联系，字义在词义中的作用很明显，有些时候词义几乎等于字义的相加。①

语素义和词义的关系还有待于进一步的研究，如果我们对某一种权威的词典，比如说对《现代汉语词典》中所收入的复合词进行了穷尽的分析和统计后，所得出的结论会更有价值，更有说服力。

第二节　现代汉字的表意功能

按照字符理论，构成文字的字符有意符、音符和记号。传统的象形字和指事字如果没有失去表意功能，在现代汉字中是独体表意字。传统的会意字如果没有失去表意功能，在现代汉字中是合体表意字。传统的形声字的形旁如果没有失去表意功能，它构成的是现代汉字的意音字的意符或半记号字的意符。

一、表意字的表意功能

隶变以后，传统的象形字和指事字大都丧失了表意功能成为记号字，字形保持不变或基本不变，能够分析成独体表意字的只有"田""井""一""二""三""凹""凸""丫""刃""本""末""旦"等十多个字。此外，"网""伞""灭""飞"等简化字也可以视为独体表意字。

隶变改变了小篆的线条和结构，相对来说，改变得最剧烈的是笔画形态，而不是结构形态，许多合体字笔画形态变了，结构并没有变。隶变后尽管绝大多数独体字都成为记号字，但是这并不影响它们以有音有意的字符的身份构成合体字的音符或意符。

现代汉字中有不少合体表意字。其中有同体的合体表意字，如"从""林""炎""众""森""磊""晶""鑫""蟲"等；也有异体的合体表意字，如"匠""烦""突""库""困""伐""男""灾""闪""闯""涉""陟""休""相""析""删""吠""鸣""哞""搿""弄""戒"等。以上合体表意字都是"比类合谊，以见指撝"的会意字，下面列举的是一些结构上有特殊要求的会意字：其中有以相互位置表意的，如"杲""杳""汆""尖""掰"等；也有可以连读表意的，如"岩""夯""歪""孬""雀""嵩""拿""楞"等。简化字中有些是新造的合体表意字，如"阳""阴""宝""笔""泪""灶""杂""枭""籴"

---

① 张庆旭：《汉语真实文本自动语义标注取得突破性进展》，载《语文建设》，1993（9）。

"尘"等。合体表意字大都是合二体会意，也有合三体会意的，如"解""楞""森"等字。

一般来说，组成会意字的两个意符与字义的联系往往比较直接、具体。例如，"析"为以斤断木，"灾"为房屋失火，"涉"为步行过河，"岩"为山石，"粜"为出米，"楞"为四方木。相比之下，形声字的意符与字义的联系则显得抽象、模糊。

二、形声字形旁的表意功能

形声字产生于假借，是文字兼职过度而分化的结果。在分化的过程中，采用什么意符，体现出古人对世界的进一步的概括和分类。事实上，形声字的意符是个封闭的系统，这个系统反映了客观形成的义类。文字学的部首都是意符，即使是《字汇》《康熙字典》标榜"论其形，不论其义"，对形声字也大都以形旁归部。《康熙字典》为了减少部首而不再为构字过少的形声字立部，比如《说文》男部只有"甥"和"舅"两个字，《康熙字典》取消了男部，把"甥"字归入生部，把"舅"字归入臼部。

汉字的意符系统反映了古人对自身、对自然界、对社会的认识和概括。例如，"雨"是对降水这种自然现象的概括，而作为意符的"雨"是对云、雨等有关天象的再度概括。在"雲""雪""霜""露""雹""雾""霰""霄""雷""電""霞""霓"等字中，"雨"指的是某种天象的名称。在"霈""雺""霏"等字中，"雨"指的是某种天象的程度。在"震""霝""霁""霾""零"等字中，"雨"指的是某种天象的发生。

下面我们比较一下古今对动物的分类。《康熙字典》214 部中与动物有关的部首共 16 个，可以分别归入现代动物学的哺乳纲、鸟纲、爬行纲、两栖纲、鱼纲、昆虫纲等。"马""牛""羊""豕""犬""鸡"是古人饲养的最重要的六种家畜，合称"六畜"。作为形旁，"马"有时记录的是有关马和马一类力畜的名称（例如，骏、骐、骥、骓、骖、骒、驹、骡、驴、驼），有时记录的是有关马的动作性情（例如，腾、骛、骇、驯、骚），还有时记录有关人对马的动作（例如，驭、驾、骑、驰、驱、骗、骜）。作为形旁，"牛"记录的是各种各样的牛的名称（例如，特、牸、牦、牷、牲、牺、犍、犗、犊），以及牛的行为功用（例如，牴、犁、牵）。作为形旁，"羊"记录的是各种羊的名称（例如，羒、羖、羜、羚、羱、羭），以及有关羊的各种观念（例如，羶、羸、群、义）。作为形旁，"豕"记录的是各种猪的名称（例如，豝、豥、豨、豭、豲、豯、貒），以及与猪有关的事物（例如，豤、豢、豪）。作为形旁，"犬"所指代的范围扩大为"兽"。有时记录的是兽或犬的名称（例如，狼、狐、猿、猴、獭、獾、狮、狗、獒），即便是"豬"字也可以"从犬"。有时记录的是兽或犬的性情（例如，猛、狂、狠、猜）。有时是指兽或犬的动作（例如，猎、猝）。有时指人对兽施加的动作（例如，狩、獲）。还有一些字是古代对少数民族侮辱性的称呼，因而作犬旁，便如"犵狫"（今写作"仡佬"）。"鸡"在甲骨文中是象形字，用线条勾画出来的就是活生生的公鸡。由于线条繁复，加注声符"奚"来密切与语音的联系。读音明确了，"鸡"的象形就成为累赘，于是以"鸟"字取代。"鳳"字的类化过程与"鸡"字相似。"鳳"在甲骨文中是象形字，形象与孔雀相似，由于字形太繁而加注"凡"作声符。读音明确了，"鳳"的字形就成为累赘，用"鸟"字取代。作为"知时畜"，"鸡"是和人类生活最贴近的鸟类。

六畜中的"马""牛""羊""豕""犬"属哺乳纲，"鸡"属鸟纲。在214部中属哺乳纲的还有"鹿""虎""鼠""豸"，属鸟纲的还有"隹"。以"鹿"为形旁的字大部分是鹿或鹿之类动物的名称（例如，麀、麂、麋、麌、麐），"麒麟"指的是传说中的仁瑞之兽。"虎"是象形字，"虍"指的是虎的斑纹，以"虍"为形旁的字有的是指称虎名（例如，虞、魝、虦），有的是模拟虎的吼声或形容虎的形状、性情、行为（例如，虖、唬、號、虔、虙、虐）。以"鼠"为形旁的字都是鼠类动物的名称（例如，鼢、鼹、鼬、鼶）。以"豸"为形旁的字大多为食肉的猛兽（例如，豹、豺、豜、貙、貔、貅），或者是猿猴类的兽名（例如，犰、貑、玃），或者是一些毛皮兽的兽名（例如，貂、貆、貉、貍）。"豸"与"犬"都可以指代野兽，所以作为形旁，有时可以替换。例如，貓/猫、豺/犲、豜/犴、犰/狄、玃/玃。"豸"与"虫"对举，"有足谓之虫，无足谓之豸"（《尔雅·释虫》）。古代"虫"是指四足的，"豸"的行走如同"尺蠖"，身体一屈一伸向上弯成弧状，像用大拇指和中指量距离一样。"豸，兽长脊，行豸豸然，欲有所司杀形。"（《说文·豸部》）这种形状正如猎豹弓起腰身伺机出击，犹如没有脚的虫子屈伸前行。"隹"与"鸟"对举，"隹"为短尾鸟的总名。以"隹"为形旁的字大多数是鸟名（例如，雇、睢、雕、雛、雔、離、難），也有些字与鸟的叫声、鸟的性别有关（例如，雊、雌、雄）。以"鸟"为形旁的字绝大多数是鸟名（例如，鸠、鸽、鸭、鸡、鸹、鹏、鹅、鹄、鸵、鸷、鹆、鸥、鹤、鹳、鸾、莺、鹜、鹃、鹂），也有些字与鸟的行为有关（例如，欥、骞）。作为形旁，"隹"与"鸟"有时可以互换，形成异体字（例如，雞/鷄、雁/鴈、雛/鶵）。

"龙"是传说中的一种神奇的动物，是中华民族的图腾。以"龙"为形旁的字很少，《说文》中"龗"释为"龙兒"。"龟"是爬行动物，以"龟"为形旁的字很少，《说文》中的"𪚲"指的是龟甲的边。"黾"在甲骨文中是大腹的

蛙，即蟾蜍，是两栖动物。以"黾"为形旁的字取大腹为形。"鼃"即今之
"蛙"字。"鼋、鼄、鼈"指的都是龟，是爬行动物。"鼍"就是扬子鳄，也是
爬行动物。"鼄鼄"即今之蜘蛛，是节肢动物，"黾"作为形旁，有的字可以与
"虫"互换。"黾"作为意符，大腹就是它构字的理据。"蝇"字从黾从虫会意，
是指腹大如黾之虫。

"鱼"是象形字，以"鱼"为形旁的字有100多个，其中绝大多数是鱼的
名称（例如，魛、鱿、鲇、鲈、鲑、鲟、鲢、鲫、鳜、鲤、鲩、鲨、鳅、鳇、
鳕、鳗、鳝、鳟、鲲），有的是鱼的器官的名称（例如，鳞、鳍、鳃、鳔、
鲠），有的是对鱼经过加工的食品名（例如，鲊、鲒、鲙），有的是指水生的哺
乳动物、爬行动物、节肢动物、软体动物（例如，鲸、鱀、鳄、鰝、鲍、鲐）。
在今人的动物学分类中，鲸鱼和白鳍豚属于哺乳动物，鳄鱼属于爬行动物，
"鰝"是大海虾，属节肢动物，鲍鱼和"鲐"都是贝类，属于软体动物。而在
古人看来，"鲸"是"海大鱼"，凡是生活在水中的动物都可以视为鱼类。

"虫"本读 huǐ，是一种毒蛇，后来写作"虺"，"虫"又是"蟲"的简体，
读 chóng。在《说文解字》中"虫"字已经有了这两种用法，所以以"虫"为
形旁的字，既可以指蛇类或与蛇相似的东西（例如，蛇、蝮、蟒、螣、蚺、
虬、蛟、蜥蜴、蝘蜓），又可以指昆虫（例如，蝗、蛾、蚁、蝶、蛭、蛆、蛔、
螟、蚋、蠍、蛋、虻、蚊、蚤、蚜、蝉、蜂、蠹、蜻蜓、蚱蜢、蝼蛄、蜈蚣、
蚯蚓、蟋蟀、蚰蜒、螳螂、蚍蜉、蟠蛛）。以"虫"为形旁的字，还可以指甲
壳动物和软体动物（例如，蟹、虾、鳌、蝾螈、蛤蚧、蜃、蜊、蚌、蝾、螺
蛳）。"贝"一类软体动物竟然"从虫"，不"从贝"，原因在于古人曾经以贝壳
作货币，所以以贝为形旁的字大都表示与财物有关的意义。《说文解字》中有
"象部"，214部中没有"象部"，因为"从象"的字太少，为人们常见的只有个
"豫"字，所以"象"字归入"豕"部了。

从生存的空间上来看，"鸟""隹"两部归为一类，都是天上飞的动物，统
称鸟类。"马""牛""羊""豕""犬""豸""虎""鹿""鼠"9部，都是地上走
的，还都是哺乳动物，归为一类，统称兽类。"鱼"是水中游的，归为一类，
仍称鱼类。其余的"龙""龟""黾""虫"4部是与兽相对的非哺乳动物，其中
包括爬行动物、两栖动物、节肢动物、软体动物，统称虫类。

在《尔雅》中，第15卷到第19卷分别是释虫、释鱼、释鸟、释兽、释
畜。"兽"是野生的，"畜"是家养的，都是哺乳动物，可以合为一类。在这4
大类中，《尔雅》把"龟""蛇""蜥蜴""蟾蜍""蚌""蜃"等归入鱼类是欠妥
的，尤其是形旁从虫的动物理所当然地应该归入虫类，因为这是古人造字时对
动物的真实的归类。

世界上的植物种类繁多，古人是如何概括的呢？"地可观者，莫过于木"，所有的树木一概命名为"木"，树木以外的植物统称为"艸"，形声字的两个形旁，就概括了整个世界的植物。"竹"像竹叶形，用来指称竹类的木本植物，从竹的形声字大都与竹子有关。"禾"是粟苗，"黍"是谷物名，去皮后叫黄米，煮熟后有黏性，是一种重要的粮食作物。"豆"是高脚盘子的象形字，后假借指豆类植物。"禾""黍""麦""豆"仅4个形旁就概括了所有的粮食作物和豆类作物的类别。"蔬"和"菜"都从艹，此外只为葫芦科植物和它的果实造了一个象形的"瓜"字，为"韭菜"造了一个象形的"韭"字。在214部中，属于植物的部首共有10个，前9个已经讲过了，第10个是"麻"。大麻，古为五谷之一，又指麻的茎皮纤维，是纺织的重要原料。

形声字的形旁是一个封闭的系统，现代汉字中使用的意符不超过200个。物质世界的存在形式，无非气态、液态、固态3种，而固态的元素又可以分为金属和非金属两类。元素周期表列元素112个，译为汉字的110个，其中109个是形声字，唯一不是形声结构的是元素"金"。这109个形声字中，只有4个形旁：气、氵（水）、石、金。以气为形旁的记录的是气态的元素，以水为形旁的记录的是液态的元素，以石为形旁的记录的是非金属元素，以金为形旁的记录的是金属元素。

形声字形旁所代表的意义是约定俗成的，具有很强的社会性和文化传承性。汉字的构形蕴含着古人的生活和观念，汉字的形旁势必留下时代的烙印，比如说以女为形旁构成的"妄""奸""妒""妨""婪""嫉""嫌"等字就表现出对妇女的歧视。这种歧视是历史的偏见，但是我们并不因为这些字的构形不合乎现代意识而否认"女"是意符。随着社会生产的发展，产生了许多新材料、新工艺，石头"碗"、木头"杯"、铜"镜"早已成为历史的陈迹，但是由于文化的传承性，人们并不认为"碗"从石，"杯"从木，"镜"从金不合理，"石""木""金"仍然被看作是意符。

随着社会的发展，语言文字也会发生许多变化，有一些形声字的形旁丧失了表意功能，成为记号。例如，"笃"字"从马，竹声"，训为"马行顿迟也"（《说文·马部》）。"笃"字在现代汉语中的意义是：忠实、深切、病重，与马行走得慢没有什么联系了，所以"马"作为形声字的形旁丧失了表意功能。

近些年来，对形旁表意的研究侧重于两个方面：一方面是研究每个形旁究竟表示了哪些意义；另一方面是用模糊数学的方法测算形旁的表意度。前一方面的研究是后一方面研究的基础。

例如，在《通用规范汉字表》一级字表中以"马"为意符的形声字共23个，在"驹""骏"等字中，"马"表示的是马的类属，在"驶""驰""驻"

"骤""腾"等字中，"马"表示的是与马密切相关的行为，在"驯""骇""骚"等字中，"马"表示的是马的突出的性情，在"骑""驮""驾""驱"等字中，"马"表示的是对马的役使，在"驴""骡""骆""驼"等字中，"马"表示的是与马相类属的力畜，而在"驳""骄""验""冯""骗"等字中，"马"的表意作用完全失去了，成为记号。

在《通用规范汉字表》一级字表中以"车"为意符的形声字共 21 个。"舆""轿""轩""轻"等字指的是车这种运输工具，"辆"字是专用于指车的量词，"辕""轮""辐""轴""辖"等字指的是车的结构部件，"输""载""转"等字指的是车的运载，"轨""辙"等字指的是车的轨迹，"轧""辈""软""较""辑""辅"等字中的"车"作为形旁，表意作用则完全失去了，成为记号。

每个部的形声字都可以按照意义分别归为几类。根据施正宇的统计：3 500 个常用字中共有形声字 2 522 个，形声字约占常用字的 72%。这 2 522 个形声字分属于 167 个形旁的形声字群，根据 167 个形旁表意功能的分部测查数据，得出形旁表意功能统计总表，见表 8-1。[①]

表 8-1

形旁表意级类	0. 不表意	有效表意		总计
		1. 间接表意	2. 直接表意	
字数	440	103	1 979	2 522
		2 082		
占形声字总数	17%	4%	79%	100%
		83%		

所谓形声字形旁表意，并非说形旁直接表示汉字（语素）的意义，而只是说形旁表示出与汉字意义的某种关系，如范围、种属、材料、工具等。测查形声字形旁的表意功能，一是测查有多少形声字的形旁有表意功能，二是测查在某一个范围内的形声字的表意度有多少。文武根据形声字形旁与语素义的联系程度把形旁与汉字字义的关系分为 6 个类型，见表 8-2。[②]

---

① 施正宇：《现代形声字形符表义功能分析》，载《语言文字应用》，1992（4）。
② 文武：《关于汉字评价的几个基本问题》，载《语文建设》，1987（2）。

表 8-2

形旁与汉字字义的关系	表意度 （预示力）	例字
a 形旁与字义有近似相等的关系	1.0	馥肌黛骸辉
b 形旁与字义有种属关系	0.9	梅狼鲤蚊铁豇氧
c 形旁与字义无种属关系，但有直接联系	0.8～0.7	沉渡扔扛抓杖饭
d 形旁与字义只有间接的关系	0.6～0.4	冷功满坟狡酒粒
e 形旁仅有象征性的意义	0.3～0.1	邻家国巡彩
f 形旁与字义没有关系（从现代汉字看）	0.0	法独莫给帮辈笑驳错范耽 鳔较酷

根据表 8-2 的规定，把约 4 000 个形声字的每个字的形旁标出它的表意度（预示力），然后求平均数，得出形旁的表意度（预示力）约为 51%。

张卫国等人在研究现代汉字的表意度时曾经制定量化形声字形旁表意度的标准（没有单列形声字形旁表义的数据），表 8-3 即源于载于《语文现代化论丛》第三辑的，由张卫国、傅由、冀小平三人合撰的《现代汉字的表意度研究》。

表 8-3

形旁与汉字字义的关系	表意度	例　字
a 完全对应的	1.0	皑（白）
b 基本对应的	0.8	皎（白而亮）
c 全体对个体、整体对部分的	0.5	瘫（一种病）、槐（一种树）、汉（一条河）
d 没有对应关系，但有直接意义联系（工具、原料、成分等）的	0.4	清（不浊）、说、枪、味
e 没有对应关系，只有部分直接意义联系的	0.2	瓶、璧
f 没有对应关系，也没有意义上的直接联系的	0	球、纵

表 8-2 和表 8-3 都列出 6 项标准，文武的 b 项相当于张卫国的 c 项，文武的 c 项相当于张卫国的 d 项。这里不仅涉及怎样评价形声字形旁的表意度，而且涉及如何认识形声字的形旁的问题。

我们认为，形声字声旁的表音度是应该并且可以测查的。因为在造形声字时，人们追求 100% 的表音度，在应用形声字时，声旁的表音度越高，越有利于人们学习、识读形声字。至于形声字的形旁则不同，当最早的形声字通过加表意偏旁的方式产生时，表意偏旁表示的仅仅是义类，也正因为形声字的形旁表示的是义类，形声字才能够大量产生。这就是说，表意度100％的"馥""肌""黛""骸""辉""皑"等字的形旁并非是人们刻意追求的最理想的形旁，事实上，在众多的形声字中，形旁表意度达到100％的只不过是上述有限的几个字，完全不具有普遍的意义。汉字简化主要简化的是声旁，因此声旁的表音度可能会有所降低。人们认识到，文字的发展与语言的结合越来越密切，所以十分关注形声字的表音功能。形旁则不同，我们不能因为"松""柏"等字的形旁表意度比"棍""棒"等字高而认为这些形声字的形旁的表意功能有优有劣。总之，形旁的研究与声旁的研究有不同的特点，量化的方法并非对每一项研究都适合。

三、形声字声旁的示源功能

形声字声旁的主要功能是提示语音，此外有一部分形声字的声旁还有显示语源的功能。例如，《说文》中的亦声字就既表意又表音：

犙　四岁牛。从牛从四，四亦声。（《牛部》）

汲　引水于井也。从水从及，及亦声。（《水部》）

字　乳也。从子在宀下，子亦声。（《子部》）

酣　酒乐也。从酉从甘，甘亦声。（《酉部》）

亦声字是说会意字的一部分字符兼有表音作用。我们倾向于把亦声字视为形声字的声旁有示源功能。

声旁有示源功能的形声字绝大多数是分化字。文字职务的分化以文字的兼职为前提。由于词义的引申、文字的假借，造成大量的一字多义和一字多音义的现象，这可以称之为文字的兼职，即以扩大字的应用范围的方式来满足记录语言的需要。这样做有利于节制文字的数量。但是，文字的兼职必须适度，不能超过其承受能力，因为字的义项太多会影响词义表达的明确性。许多多义字或多音义字在使用过程中正是为了增加词义表达的明确性，而通过分化字形的手段来分化职务。①

分化字形的最通常的办法是在原字形上增加表意的形旁，使原字形成为事实上的形声字的声旁。如果新产生的形声字承担的是本义或引申义，那么声旁就具有示源功能。例如，（斜线前是本源字，斜线后是分化字）：

（1）要/腰　县/悬　禽/擒　丞/拯　北/背　厉/砺　责/债　益/溢　廷/

---

① 杨润陆：《论古今字的内涵》，载《沈阳师范学院学报》（社科版），1998（6）。

庭　奉/捧

（2）风/讽　争/诤　昏/婚　取/娶　景/影　畜/蓄　为/伪　解/懈　含/
琀　坐/座

（3）原/源　然/燃　其/箕　孰/熟　求/裘　匚/筐　匪/篚　莫/暮　它/
蛇　希/稀

（1）、（2）两组在字形分化之前，造成一字多义和一字多音义的情况，是由词义引申造成的。（3）组在字形分化之前，造成一字多义和一字多音义的情况，是由文字假借造成的。文字职务分化之后，在第（1）组中，用分化字记录本义，用本源字记录引申义；在第（2）组中，用分化字记录引申义，用本源字记录本义；在第（3）组中，用分化字记录本义，用本源字记录假借义。这三组分化字都以添加形旁的方式，以本源字为声旁，构成了形声字。这三组本源字都是为本义造的字，所以都是本字。当第（1）组和第（3）组的分化字作为后起本字表示本义时，声旁是后起本字的初文，当然有示源功能。当第（2）组的分化字表示引申义时，本来表示本义的声旁显示的是引申义之所由来，所以也有示源功能。如果分化字记录的是假借义，也就是说，以假借字为声旁通过加形旁的方式构成形声字，声旁没有示源作用。例如：

（4）栗/慄　牟/眸　或/惑　戚/慽　章/樟　舍/捨　辟/僻　辟/避

分化字之外，还有些同源字，不仅声近义通，而且在字形上以形声字的声旁表示语源义。例如，句——拘笱鉤痀；支——枝肢翅；斯——厮撕嘶澌齹；巠——茎颈胫轻经。我们知道，从"句"得声的有弯曲不直义，从"支"得声枝条、四肢、翅膀因相似而得名，从"斯"得声的字都有离析义，从"巠"得声的字都有直义。

音义同源的形声字还有一种情况，就是虽然声符并无某义，但声符相同的一组形声字同有某语义。例如，农——浓酰袯秾脓。"农"虽然没有浓厚义，但以"农"为声旁的一组形声字都有浓厚义，应该承认，这类形声字的声旁也有示源作用。

对于形声字声旁的表意功能，古人早就有所认识，宋代的王圣美由此创立"右文说"。据《梦溪笔谈》卷十四记载："王圣美治字学，演其义为右文。古之字书，皆从左文。凡字，其类在左，其义在右。如木类，其左皆从木。所谓右文者，如：戋，小也。水之小者曰浅，金之小者曰钱，歹之小者曰残，贝之小者曰贱，皆以戋为义也。"王圣美在上古音不明的情况下，借助形声字声符来解决同音问题，通过对声符相同的形声字的意义的比较，确定这些形声字的意义来源于声旁。从方法上来说，右文说是综合的，可以避免用声训就字解字的随意性。从研究范围来说，右文说突破了随文而释的局限，而进入了理论的领域。右文说的先天的弱点是滥用全称、持论偏颇。"凡字，其类在左，其义在右"的说法，虽然适用于一部分形声字，但不适用于所有的形声字。我们认为，因声求义不拘字形，这是语言研究的一大进步。但所谓不拘字形，是不要受字形的束缚，并不是说不要字形的帮助。可以设想，不借助于汉字来研究汉语的语源将是多么困难。尽管语源与字源不是一回事，但通过对字源的探索往往能明晰语源。我们通过比较形声字的声符，来探寻语源，是一种切实可行的方法。章炳麟在《文始·略例庚》自述"《文始》所说亦有专取本声者，无过十之一二"。王力《同源字典》总计 1 567 条，其中牵涉声符字相释的条目达784 条，占总条目的 1/2。这无可辩驳地说明，汉语的语源或直接或曲折，或鲜明或隐晦地在文字上有所反映，形声字声旁的示源功能不可忽视。①

【思考与练习】

　　一、应该怎样分析字的本义？

　　二、举例说明字的造意和词的实义的关系。

　　三、举例说明假借的类型。

　　四、为什么说形声字形旁反映了古人对世界的分类？为什么说文字学的部首是古人对世界的再度概括？

　　五、应该怎样看待形声字形旁的表意功能？

　　六、举例说明形声字声旁的示源功能。

　　七、什么是右文说？应该怎样评价右文说？

　　八、举例说明本源字产生分化字的不同类型。

---

　　① 杨润陆：《论右文说》，载《北京师范大学学报》增刊《学术之声》(3)，1990。

第九章　现代汉字的字量

从整体上研究汉字，尤其是从应用上研究汉字，字量是一项重要内容。根据字频，人们可以得出各种有关字量的数据，这对于识字教学、字书编纂、汉字的机械处理和信息处理，都具有十分重要的意义。

第一节　汉字的数量统计

统计汉字的数量可以计算总数，也可以按字频分级统计；可以统计字形数，也可以统计字种数。

一、汉字的总量

汉字记录汉语的语素。伴随着社会的发展进步，反映新事物、新概念的新词不断产生。为了满足记录语言的需要，很多时候需要造新字作为新词的符号，如为新发现的化学元素造字就是最明显的例子。伴随着社会的发展，许多旧事物、旧观念消亡了，它们从活的语言中消失了，记录这些词语的汉字也不再使用了，但是这些词语、文字都不可能被"埋葬"，它们还存留在古籍和字书当中。这是汉字总量大的一个重要原因。

汉字有多种造字方式，人们为同一个词造字可以有多种选择，可以造表意字，也可以造形声字，其中形声字是最高产的一种造字方式。同是造形声字，对形旁可以有多种选择，对声旁也可以有多种选择。可以说，在漫长的封建社会时期，造字是一种无序的约定俗成的行为，这就决定了汉字体系中同音同义而异形的异体字特别多。这是汉字总量大的第二个原因。

下面我们列出历代字书收字的数量，从中可以看出数量递增的趋势，见表 9-1。①

---

① 张猛：《〈汉语大字典〉所收单字的若干数据》，载《语文建设》，1991 (5)。

表 9-1

年代（公元）	字书	编者	收字数
东汉（100）	说文解字	许慎	10 516
魏（230）	声类	李登	11 520
晋（400）	字林	吕忱	12 824
北魏（500）	字统	杨承庆	13 734
南梁（543）	玉篇	顾野王	16 917
隋（601）	切韵	陆法言	12 150
唐（751）	唐韵	孙愐	15 000
宋（1008）	广韵	陈彭年等	26 194
宋（1039）	集韵	丁度	53 525
宋（1066）	类篇	王洙等	31 319
明（1615）	字汇	梅膺祚	33 179
明（1675）	正字通	张自烈	33 440
清（1716）	康熙字典	张玉书等	46 933
民国（1915）	中华大字典	中华书局	48 200
中国台湾（1968）	中文大辞典	张其昀等	49 888
中国台湾（1986）	中文资迅交换码第3册	"国字整理小组"	53 940
中国大陆（1990）	汉语大字典	徐中舒等	53 768

　　表 9-1 中《集韵》收字比《广韵》多 27 331 字，主要多在异体字上。《集韵》所收一般的字有二体、三体、四体的，不少的字有五体、六体、七体的，有的竟多达八体、九体的，一个字不管有多少种不同的写法，《集韵》都收在书中。

　　《汉语大字典》出版后，1994 年又出版了《中华字海》，共收汉字 81 019 个，其中重复字 320 个。据报道，北京国安资讯设备公司汉字字库收录汉字超过 9 万个，是目前收录汉字最全的字库。为了便于信息处理，国安字库根据适用性把汉字分为三级。其中一级适用汉字 21 303 个，包括国家标准提出的汉字、中国古今近 12 000 个姓氏所用的 6 699 个汉字和当前乡村一级的地名用字；二级适用汉字 36 581 个，包括古今权威字典中音义俱全的汉字和 13 经、24 史等古籍用字；备用字 33 367 个，包括罕用字、异形字、音义未详字等。

二、汉字的使用量

汉字的使用量统计包括历时的和共时的统计。历时的统计首先要分清记录古代汉语的汉字使用量和记录现代汉语的汉字使用量。共时的统计主要是对某一历史阶段或某一部作品汉字使用量进行断代的统计。

下面我们列举十三经中几部古书的字量，见表9-2。

表 9-2

作品	尚书	易经	诗经	礼记	论语	老子	孟子	十三经
字种	1 938	1 595	2 939	2 367	1 512	1 072	1 595	6 544

十三经用字基本上可以代表春秋战国及秦汉时期汉语的用字情况。据谢清俊统计，二十五史使用汉字共计 31 409 450 字次，共用 13 966 个字种。[①] 二十五史使用字种量比十三经使用字种量高出一倍，主要原因在于时间跨度大。按照盛玉麟先生在《汉字定量研究与"国际标准"字符集》文中的统计，共收录古今汉语 37 万多条的《汉语大词典》，其收字总数，包括异体字和类推简化字在内，只用了 22 603 个字。这部大词典囊括古今，就历史上某一个时期而言，使用的字种量大致六七千字。

汉字的总量已经超过 9 万，通用字的数量相对而言要少得多，人们经常使用的汉字比通用字还要少。据统计，孙中山先生所著《三民主义》，只使用了 2 134 个不同的字；《毛泽东选集》（1～5 卷）只用了 3 136 个不同的字。这反映了政论文章的用字情况。文艺作品的用字情况也是如此：曹禺的《雷雨》《日出》《北京人》三个剧本合计 17.2 万字，只用了 2 808 个不同的字；叶圣陶的《倪焕之》，全书 13.8 万字，只用了 3 039 个不同的字；赵树理的《三里湾》，全书 12.4 万字，只用了 2 069 个不同的字；老舍的《骆驼祥子》，全书 10.7 万字，只用了 2 413 个字。这说明人们在记录现代汉语时所需要的汉字数量是有限的。

从 20 世纪 20 年代开始直至 80 年代，汉字的字频统计取得了很大成绩。1965 年由中华人民共和国文化部和中国文字改革委员会联合发布了《印刷通用汉字字形表》（6 196 字），1983 年由中华人民共和国邮电部制定了《标准电码

---

① 转引自周有光：《语文闲谈》（续编，上），21 页，北京，生活·读书·新知三联书店，1995。

本》（7 292 字）。GB2312—80《信息交换用编码字符集·基本集》收入现代汉语常用汉字 6 724 个，另外收入了 39 个非汉字的"部首"，两项加起来是 6 763 个。全部汉字字符分成两级：一级字 3 755 个；二级字 2 969 个，外加 39 个部首共 3 008 个。《信息交换用编码字符集·基本集》在 1980 年 12 月被审批通过为国家标准，并于 1981 年 3 月公布执行。1988 年 3 月国家语委和国家教委联合发布了《现代汉语常用字表》，分常用字（2 500 字）和次常用字（1 000 字）两级，二者合计覆盖率达 99.48%。1988 年 5 月国家语委和国家新闻出版署联合发布了《现代汉语通用字表》，收字 7 000 个，包括《现代汉语常用字表》收入的 3 500 字。此外，根据实际需要，删去《印刷通用汉字字形表》中的 50 字，增收 854 字。7 000 通用字的覆盖率达 99.999% 以上。

GB2312—80《信息交换用编码字符集·基本集》公布以后，国家又陆续增加了 6 个辅助集，其中基本集与第二、第四辅助集是简化汉字集，第一（即 GB 12345）、第三、第五辅助集是繁体集，而基本集与第一辅助集、第二辅助集与第三辅助集、第四辅助集与第五辅助集都一一例举了简化字和繁体字的对应关系（个别简、繁关系为一对多的汉字除外）。第七辅助集汉字的来源是 GB 13000.1 的 CJK 统一汉字部分，为日本、韩国和中国台湾地区使用的汉字。7 个字符集包含汉字共计约 49 000 字（简化字和繁体字分别编码）。

CJK 大字符集把目前中国、日本、韩国在电脑上应用的汉字字符集合并一起，去掉重复，共收字 20 902 个。CJK 大字符集于 1992 年被国际标准化组织通过，作为国际标准公布。国际编码 ISO10646 字符集用于世界上各种语言文字的书面形式以及附加符号的表示、传输、交换、处理、储存、输入及显现，其 2014 年发布的字符集中有汉字字符 74 616 个。这一系列的国际标准，表明了中国语文现代化在向着国际化的方向迈进。

2013 年《通用规范汉字表》公布实施，原《第一批异体字整理表》《简化字总表》《现代汉语常用字表》《现代汉语通用字表》停止使用。《通用规范汉字表》收字 8 105 个，分为三级。一级字表共收 3 500 字，其使用频度高达 99.5%，其功能相当于原《现代汉语常用字表》，主要满足基础教育和文化普及层面的用字需要。二级字表共收 3 000 字，使用频度低于一级字。一、二级字表共收 6 500 字，其使用频度高达 99.9%，其功能相当于原《现代汉语通用字表》，主要满足出版印刷、辞书编纂和信息处理等方面的一般用字需要。三级字表共收 1 605 字，是姓氏人名、地名、科学技术术语和中小学语文教材文言文用字中未进入一、二级字表，但在特定领域中较为通用的字。

第二节　汉字的字频统计

汉字的字频统计是从汉字的应用上去量化汉字，它为汉字的定量研究提供了实用的数据，对指导语文教学、汉字的机械处理和信息处理都有重要的参考价值。

一、高频字、次高频字、低频字、罕用字

同样是汉字，但使用频率不同，也就是在一定范围内的书面上反复出现的频率不同。如果根据字的使用频率，即字频，给汉字分类的话：使用频率高的字称作高频字，使用频率较高的字称作次高频字，使用频率低的字称作低频字，使用频率极低的字称作罕用字。这就是说，我们把所有的现代汉字分为4类，取其平均使用频率，作为这一类字的字频。一般来说，高频字的出现频率是0.1%，次高频字的出现频率是0.01%，低频字的出现频率是0.001%，罕用字的出现频率是0.0001%到0.0005%。

我们可以用高频字、次高频字、低频字、罕用字来表示字的出现频率等级，也可以用数字分级，称其为最常用字、常用字、次常用字、稀用字、冷僻字。例如，1988年4月由电子工业出版社出版的《汉字频度统计》一书，共收字种5 991个，书中的《汉字频度统计表》把汉字分为5级，见表9-3。

表 9-3

字　级	序号	累计频率%	总画数	平均画数
一级字（最常用字）	1～500	77.419	3 622	7.244
二级字（常用字）	501～1 000	90.819	4 355	8.710
三级字（次常用字）	1 001～1 500	95.898	4 840	9.680
四级字（稀用字）	1 501～3 000	99.597	15 655	10.437
五级字（冷僻字）	3 001～5 991	100.000	34 682	11.599
总计	5 991 字	100.000	63 154	10.541

1986年6月由北京语言学院出版社出版的《现代汉语频率词典》，用人工和计算机相结合的办法，从词语应用的角度作了较大规模的词汇计量研究，同时兼及汉字字频和组词能力的统计与分析。这部词典所用语料180万字，书中《汉字频率表》共有字种4 574个，分4级统计，见表9-4。

表 9-4

级别	序号	累计频率%
一	1～100	47.335 84
二	101～1 000	91.365 59
三	1 001～2 418	99.000 23
四	2 419～4 574	100.000 00

前 10 个高频字的统计结果，见表 9-5。

表 9-5

序号	汉字	字次	累计字次	频率	累计频率%	构词条数（单音词）	构词条数（多音词）
1	的	75 306	75 306	4.164 89	4.164 89	2	32
2	一	33 217	108 523	1.837 11	6.002 00	2	273
3	了	30 848	139 371	1.706 09	7.708 09	3	38
4	是	27 611	166 982	1.527 06	9.235 15	1	69
5	不	24 773	191 755	1.370 10	10.605 25	1	499
6	我	23 226	214 981	1.284 54	11.889 79	1	10
7	在	19 443	234 424	1.075 32	12.965 11	1	43
8	有	17 762	252 186	0.982 35	13.947 46	1	132
9	人	17 585	269 771	0.972 56	14.920 02	1	277
10	这	16 749	286 520	0.926 32	15.846 35	3	23

上述统计结果有很高的参考价值，不足之处在于所用语料较少，所以得到的字种数也较少。

二、分学科的字频统计

为了满足不同学科、不同方面对字频统计的需要，1992 年 1 月由语文出版社出版的《现代汉语字频统计表》，共统计出 13 个字频统计表。这次字频统计所用的语料，是从 1977 年到 1982 年间社会科学和自然科学的 13 800 万字的材料中抽取出来的，总字数为 1 108 万字，结果得到 7 754 个字种。这次统计对多音字的频率按音项分别计算，这比过去把多音字作为一个单字来统计更科学。统计得出的 13 个字频统计表如下：

（1）社会科学·自然科学综合汉字频度表，收字 1～7 754 个。

（2）社会科学综合汉字频度表，收字 1～7 373 个。

（3）自然科学综合汉字频度表，收字 1～6 009 个。

（4）新闻报道类汉字频度表，收字 1～4 913 个。

（5）历史哲学类汉字频度表，收字 1～5 403 个。

（6）文学艺术类汉字频度表，收字 1～6 501 个。

（7）政治经济类汉字频度表，收字 1～4 888 个。

（8）文体生活类汉字频度表，收字 1～4 210 个。

（9）基础知识类汉字频度表，收字 1～4 426 个。

（10）农林牧副渔类汉字频度表，收字 1～3 688 个。

（11）重工业类汉字频度表，收字 1～3 619 个。

（12）轻工业类汉字频度表，收字 1～4 502 个。

（13）建筑运输类汉字频度表，收字 1～3 010 个。

这次统计抽样的面比较广，时间较长，项目分得较细，又是用计算机统计的，所以统计的精度较高。可以设想，如果进一步编制出包括五六十个学科在内的所有学科的专业用语，然后在此基础上编制出各个学科的专用汉字表，这对于编制《现代汉语用字全表》大有裨益。

三、汉字效用递减率

不同的字使用频率不同，越是常用字使用频率越高，越是罕用字，使用频率越低。根据《现代汉语频率词典》的统计，出现频率位居第一的"的"字，出现频率高达 4.164 89％，这就是说，每 100 字的书面材料中就要出现 4 个"的"字。据统计，前 10 个字的使用频率高达 15.846 35％，前 100 字的出现频率是 47.335 84％，前 2 418 个字的出现频率是 99.000 23％，而从第 2 419 字到第 4 574 字共 2 155 个字的出现频率仅仅 0.000 77％。

尽管每种字频统计由于所用的语料和方法不尽相同，得出的结果也稍有差异，但是总的趋势是一致的，周有光称之为汉字效用递减率[1]，见表 9-6。

表 9-6

字种数	占出现总字次％	增加字种数	增加％	欠缺％
1 000	90	—	—	10
2 400	99	1 400	9	1
3 800	99.9	1 400	0.9	0.1
5 200	99.99	1 400	0.09	0.01
6 600	99.999	1 400	0.009	0.001

[1] 周有光：《中国语文的现代化》，168 页，上海，上海教育出版社，1986。

最高频的 1 000 字的覆盖率为 90％，不足率为 10％，3 800 个字种的覆盖率为 99.9％，不足率为 0.1％。这就是说，如果一个人掌握了前 1 000 个高频字种，他就可以认识现代一般书报中 90％的字，不认识的只有 10％；如果掌握了前 3 800 个字种，就能认识现代一般书报中 99.9％的字，不认识的字只占 0.1％。

四、常用字笔画趋简率

在《汉字频度统计表》中关于汉字笔画的统计呈现出规律性的变化：一级字的平均笔画数最少，二级字、三级字、四级字、五级字，每级字的平均笔画都在不断增加。这个规律叫作常用字笔画趋简率，意思是说，应用频率较高的字平均笔画数较少，应用频率较低的字平均笔画数较高。

为什么会有这种规律呢？这首先关系到常用字的构型特点。所谓常用字记录的大都是基本词汇，而基本词汇所反映的是自然界和人类社会生活中最经常使用、最不易变动的事物和概念。作为成熟的文字体系，首先产生的是包括象形、指事、会意的表意字，由于字少不够用，又通过假借的途径去记录同音词，而为了在书面上分化同音词，又通过在假借字上添加形旁的方式分化出形声字。我们由此可知，基本词汇是构成词汇的基础，是最先产生的表意字首先要记录的对象，所以常用字中形声字的比例较低，笔画趋简。也就是说，应用频率越高的字符集形声字的比例越低，应用频率越低的字符集形声字的比例越高。

人们在使用文字的时候，总希望文字的笔画能减省一些，尤其是对于使用频率高的字，更追求笔画的减省，甚至不惜破坏造字的理据。这种趋势在文字发展过程中始终存在，到了汉字简化时成为人们的自觉的行为，以《通用规范汉字表》为例，在一级字表的 3 500 个字中共有简化字 1 108 个，占 31.37％。

第三节　选取通用规范汉字的原则

在制定《现代汉语常用字表》和《现代汉语通用字表》时有 4 个原则，即：统计原则，分布原则，构词、构字原则，常识原则。这 4 条选字原则，有主有次，综合运用，不能单纯依据某一原则决定取舍。

一、统计原则

所谓统计原则就是测查字的使用频度。确定一个字是常用字、还是通用字或罕用字，主要依据是该字在书面语中出现的频率。比如说，使用频率最高的

1 000 字，千字一用到万字一用，理所当然都是常用字，使用频率最低的、一百万字一用的罕用字，通用字表也未必收。统计频度是否科学、准确，决定于选取语料的数量和代表性。在字频统计时统计多少语料才能保证结论的可靠性呢？一般来说，用来进行统计的语料的总字量越多，结论的准确性越高。但是，考虑到语料越多，人力物力的耗费越大，而且统计的冗余度太大，也不够经济。因此研究者往往采取抽样的办法，在取材的时间范围内，以近期的资料为主要抽样对象，抽样量按时间顺序递增。这样可以力求在较短的时间，以较少的人力物力，取得频率统计的最佳成果。

二、分布原则

分布，指的是字在各组语料中出现的次数。统计汉字在不同学科的分布可以衡量某个字的使用分布是否均匀，这就是字的使用度。使用度是综合考虑频度高低和分布的广狭得出的概念。经过计算可以把使用度量化，得出使用度的数值。利用使用度这个概念比单纯根据频度要合理。比如，某个字在单一学科中使用频率较高，但在其他学科中却很少出现，这说明它的分布是不均匀的。与此相反，有的字不仅使用频率较高，而且能在多学科中出现，这说明它的分布是均匀的。这两种字在应用中所处的位置并不一样。选取分布均匀的字，可以避免选字的片面性。在《现代汉语通用字表》附有现代汉语通用字的数据统计，统计中设有使用度及 10 科用字分布的栏目。这 10 科用字指的是：（1）文体生活用字；（2）历史哲学用字；（3）政治经济用字；（4）新闻报道用字；（5）文学艺术用字；（6）建筑运输用字；（7）农林牧渔用字；（8）轻工业用字；（9）重工业用字；（10）基础知识用字。

三、构词、构字原则

各个汉字的构词能力和构字能力不同。一般来说，构词能力强的字使用频率较高，因为由它组成的词比较多，所以它出现的机会就比较多。也有相反的情况，有些字使用频度很高，但构词能力和构字能力很弱，这些字在汉语中主要是作为单音节词来使用的。例如，"的""是""我""们""他""着""个"等字的使用频率排在前 20 名，但这些字的构词能力和构字能力都不强。这就是说，构词、构字原则并不是绝对的标准，而只是一个参考的原则。当若干字出现频率及学科分布都相同时，可以由构词、构字能力的高低来决定它们的排列次序。

四、常识原则

常识原则指的是根据汉字的实际使用情况适当地进行人工干预。因为有些日常生活中的常用字，在书面语中很少使用，进行用字统计时往往统计不到。例如，"厕""尿""屎""凳"等字就是这种情况。如果单凭出现频率把它们排除在常用字之外，有悖常理。这时就应该根据常识原则进行人工干预。

五、《通用规范汉字表》的收字

为了反映汉字的实际使用情况，照顾不同领域与部门的需求差异，从而提高《通用规范汉字表》的实用性，《通用规范汉字表》的收字分为三级。

1. 一、二级字表的收字

制定《通用规范汉字表》的主要依据是汉字的使用度和通行度。现代信息技术为通过语料库考查汉字使用度和保证其通行度提供了科学的手段。《通用规范汉字表》选定国家语委现代汉语平衡语料库作为基础语料库，因为该语料库具备了理想的语料库所应具备的 3 个条件：（1）有足够的语料规模；（2）语料有足够的年代跨度；（3）不同领域语料均衡。

为确保语料库统计数据的全面与有效，又选择和建立了 3 个辅助语料库：（1）北京语言大学汉字应用研究所建立的现代新闻媒体动态流通语料库。（2）《规范汉字表》研制课题组建立的教育科普综合语料库。（3）《通用规范汉字表》专家委员会工作组建立的儿童文学语料库。

一、二级字表的定量依据是"汉字效率递减率"。由于汉字频率降到一定程度，使用覆盖率基本不再上升，所以只要掌握了以下数据，就可以大致统计出常用汉字的数量。这些数据是：（1）从一定通用语料中测查出的汉字使用频率降次排列数据；（2）每个频次段落的语料中所含不重复的汉字数的递增数据；（3）每个频次段落的覆盖率的增长数据。

在基础语料库中，以覆盖率达到 99.9% 而首次低于所给定增长率的阈值为 0.01% 时的点为最小稳定点。处于最小稳定点前面的汉字数量，应当是社会应用层面的通用汉字字量，最后确定为 6 500 字。

在基础语料库中，以覆盖率达到 99.5%、增长率首次低于的阈值为 0.2% 的点，为覆盖率急剧下降的临界点。处于该点前的字量应当是基本通用字，即常用字的字量，最后确定为 3 500 字。

一、二级字表的具体收字，首先依据上述覆盖率的测查方法，初步确定频次在前的 6 500 字作为一、二级字表的基础收字。考虑到汉字字集的界限并不是截然分明的，6 500 字中频次最低的一部分字是"临界字"，这些字在不同的语料库中呈现状态并不完全一致，所以对于这些"临界字"需要进行人工调整，才能更加科学反映汉字使用的实际状况。人工调整包括在划分一级字和二级字时的调整，也包括在划分一、二级字和三级字时的调整。

2. 三级字表的收字

为了满足计算机普遍运用、科技发展和社会交际的需要，《通用规范汉字表》三级字表在姓氏人名用字、地名用字、科学技术术语用字、中小学语文教材的文言文用字等 4 个专门领域收字 1 605 个。

在确定三级字表的收字时，坚持以下 3 条原则：（1）必须具有一定的使用频度，不收用处不大的过于生僻的字；（2）必须有来历，或有文献出处，或由相关职能部门提供用例；（3）必须音义俱全，且在现代语文生活中确实有使用需求，其中人名用字应适合于取名。

【思考与练习】

一、历史上汉字总是越来越多的原因是什么？

二、举例说明汉字在历史上以及在当代的使用情况。

三、怎样统计现代汉字的总量？

四、什么是高频字？解释常用字笔画趋简率的成因。

五、什么是汉字效用递减率？

六、选取通用字和常用字的标准是什么？

第十章 现代汉字的字序

　　字序就是汉字的排列顺序，也就是给汉字规定便于查找的排列方法。字典、词典等工具书的编辑，各种资料、档案、索引、目录等的排列，汉字在计算机字库中的存储，都要求严密而又简明的字序。由于汉字数量多、结构复杂，具有形、音、义三方面的属性，所以自古以来就有形序法、音序法和义序法三大检索方法。

　　针对汉字"字无定序"的混乱局面，1961年11月，由文化部、教育部、中国文字改革委员会、中国科学院语言研究所联合组成汉字查字法整理工作组，邀请各方面专家参加，设立几个专门小组，审核各类查字法方案。工作组商定的查字法整理原则是：（1）选择查字法方案的标准，首先应当是便于检索，易于学会；（2）既要照顾多数人的查字习惯改进通用的方案，又要综合群众提出的各种建议，拟订更为合理的方案；（3）整理查字法方案必须广泛征求各方面意见；（4）最后应提出几种方案，同时推行，并容许自由选用。汉字查字法整理工作组在征集到的专家和群众提出的查字法方案的基础上，经过全面和认真的研究及反复的修改，于1964年4月提出《拼音字母查字法（草案）》、《部首查字法（草案）》、《四角号码查字法（草案）》、《笔形查字法（草案）》4种草案，推荐给文化、教育和出版界试用。①

第一节　拼音字母查字法

　　《拼音字母查字法（草案）》规定：（1）这个查字法是按拼音字母顺序检查汉字的。（2）这里说的拼音字母顺序，是《汉语拼音方案》字母表 a、b、c、d、e、f、g、h、i、j、k、l、m、n、o、p、q、r、s、t、u、v、w、x、y、z 的顺序。ê 排在 e 后，如"ê"（欸）排在"è"（饿）后"ēi"（诶）前。ü 排在 u 后，如"nǚ"（女）排在"nù"（怒）后"nuǎn"（暖）前。ch、sh、zh 声母和 ng 韵尾都按单字母顺序排列。ch、ng、sh、zh 分别跟 c、n、s、z 排在一

---

　　① 中国大百科全书编辑委员会《语言文字》编辑委员会：《大百科全书·语言文字卷》，201～205页，北京，中国大百科全书出版社，1988。

起，如"chā"（插）排在"cèng"（蹭）后，"chuò"（辍）排在"cī"（疵）前。（3）声韵母相同的字按照声调阴平、阳平、上声、去声、轻声的顺序排列。例如，巴（bā）、拔（bá）、把（bǎ）、爸（bà），吧（ba）。（4）读音（声母、韵母、声调）完全相同的字，按照起笔笔形横（一）、直（丨）、撇（丿）、点（丶）、正折（乛）、反折（乚）的顺序排列。例如，芭、捌、八、笆、粑、巴。（5）这个查字法是用来检查单个汉字的，如兼排多音词，应以单字的次第为纲，把多音词分别排在单字的下面。第一个字相同的多音词，按第二个字的音序排列次序，第二个字也相同的，按第三个字的音序排列。依此类推。例如，红 hóng，红榜 hóngbǎng，红茶 hóngchá，红军 hóngjūn，红旗 hóngqí，红色 hóngsè，红松 hóngsōng。

　　这种查字法"以单字的次第为纲，把多音词分别排在单字的下面"，事实上这是音节·汉字·字母分层序列法。第一层是按照拼音字母排序，由于 26 个汉语拼音字母中 v 只用来拼写方言、少数民族语言和外来语，i、u、ü 三个单元音作音节第一个字母时，《汉语拼音方案》规定分别用 y 和 w 代替，或把 y、w 加在音节的前边，所以实际充当音节第一个字母的只有 23 个。按音序编排的查字法根据这 23 个字母的顺序进一步排列出汉语拼音音节的次序。第二层是在同一个音节中按照一定的原则给同音的汉字字头排序，第三层是在某一个汉字字头下按字母顺序，排列多音词。第一层和第三层因为都是按照字母顺序排序，所以不会有什么分歧。有分歧的是第二层，也就是说，对同音字如何排序。按照《拼音字母查字法（草案）》的规定，是按照起笔笔形的顺序排列，而起笔笔形有 6 种，这被 1965 年公布的《印刷通用汉字字形表》中规定的 5 种基本笔画所取代。汉语有的音节同音字很多，根据《通用规范汉字表》统计，拥字量在 20（含 20）以上的音节多达 30 个，拥字量最多的 yì 音节共有 74 个同音字。这么多同音字一一根据起笔笔形的顺序排列，读者查起来还是很不方便，事实上大多数有影响的字典、词典或字表都没有贯彻这个原则。

　　下面我们以 hóng 音节为例，比较一下各种工具书是怎样排列同音字的。《新华字典》（第 11 版）："弘""泓""红""荭""玒""虹""鸿""闳""宏""纮""竑""翃""鍧""洪""铁""翃""蕻""黉"。《新华字典》（第 11 版）首先按笔画多少排序，然后把从同一声符的字列在这个字的后面。"弘"字 5 画，"红"字 6 画，"闳"字 7 画，"洪"字 9 画，"黉"字 16 画，这些字是按笔画排列的，其余的从同一声符的字也按笔画多少为序列在后面。如果笔画相同，就按笔形为序，如"闳""宏""纮"同是 7 画，"纮"列在"闳"和"宏"的后面。《现代汉语词典》（第 6 版）的排列顺序是："弘""红""玒""吰""闳""宏""纮""泓""荭""虹""铁""竑""洪""翃""鍧""虹""鸿""漢""鋐""鲎""蕻""黉"。《通用规范汉字字典》的排列顺序是："弘""红""玒""闳"

"宏""纮""泓""荭""虹""竑""洪""翃""鉷""鸿""鈜""鈜""蕻""黉"。这种对于同音字首先按笔画多少排序，笔画相同的按笔形为序的方法，为辞书界广泛采用。

所谓拼音字母查字法实际上是以音序法为主、笔画法为辅的分两部走的排序法，这种排序法是解决汉字定序问题的重要途径之一。

按照音序法查字，还有一种单纯的字母序列法，《汉语拼音词汇》用的就是这种方法。《汉语拼音词汇》安排词条完全根据词条的汉语拼音写法，对多音节词一律依照字母表的字母次序为准，先列汉语拼音，再列汉字。例如，按照单纯的字母序列法，以下拼音词应该按下列次序排列：①

①shāng 商（数学）②shāng 伤③shǎng 赏④shàng 上⑤shàng'àn 上岸⑥shāngbā 伤疤⑦shàngbān 上班⑧shāngbiāo 商标⑨shàngbiāo 上膘⑩shāng bīng 伤兵⑪shāngbù 商埠⑫shàngcāng 上苍⑬shāngchǎng 商场⑭shàngchǎng 上场⑮shǎngcì 赏赐⑯ shāngdào 伤悼⑰ shāngdìng 商定⑱shǎng fá 赏罚⑲shàngfǎng 上访⑳shāngfēng 伤风㉑shǎngfēng 赏封㉒shàng fēng 上风㉓shānggǎn伤感㉔shānggǎng 商港㉕shǎnggé 赏格㉖shànggōng 上工㉗shāng gǔ 商贾〈文〉㉘shànggǔ 上古㉙shǎngguāng 赏光㉚shānghài 伤害

在这儿只考虑词的拼音写法，不考虑字形的异同。如果按照音节·汉字·字母分层序列法，则上述词应该按下列次序排列（省略汉语拼音）：

①商（数学）⑧商标⑪商埠⑬商场⑰商定㉔商港㉗商贾
②伤⑥伤疤⑩伤兵⑯伤悼⑳伤风㉓伤感㉚伤害
③赏⑮赏赐⑱赏罚㉑赏封㉕赏格㉙赏光
④上⑤上岸⑦上班⑨上膘⑫上苍⑭上场⑲上访㉒上风㉖上工㉘上古

第二节　部首查字法

部首查字法源于东汉许慎著《说文解字》。许慎通过分析小篆形体，按照"分别部居，不相杂厕"（《说文·叙》）的原则，把众多的汉字按形体构造分成540部，创立了一套成体系的部首查字法。明代梅膺祚编撰《字汇》，根据笔画多少为序建立部首，列214部。文字归部"论其形，不论其义"，只根据楷书形体分别归入各部。此后的字典，如《正字通》《康熙字典》《中华大字典》，以及民国时期出版的《辞源》《辞海》等工具书都按214部归字，部首则根据

①《汉语拼音词汇》编写组：《汉语拼音词汇》，498～499页，北京，语文出版社，1991。

笔画多少从 1 画到 17 画依次排列。1954 年出版的《新华字典》对传统的部首法作了改进，先后采用过多种部首，从 1971 年的第 4 版直到 1998 年的第 9 版都采用 189 部。《现代汉语词典》从 1983 年的第 2 版到 2002 年的第 4 版也采用 189 部。

由文化部、教育部等单位联合组成的汉字查字法整理小组，于 1964 年 4 月提出《部首查字法（草案）》，对传统部首法进行了修正。草案提出：依据字形定部，一般采取字的上、下、左、右、外等部位作部首，其次是中坐和左上角。按照以上 7 种部位都无从确定部首的，列入余类。如果一个字上、下都有部首的，取上不取下；左、右都有部首的，取左不取右；内、外都有部首的，取外不取内；中坐、左上角都有部首的，取中坐不取左上角；下、左上角或右、左上角都有部首的，取下、取右，不取左上角；在同一部位有多笔或少笔几种部首互相叠合的，取多笔部首，不取少笔部首；单笔部首和复笔部首都有的，取复笔部首，不取单笔部首。部首共 250 个，按笔画数排列，同画数的按横、竖、撇、点、折 5 种笔形顺序排列。

1979 年出版的修订本《辞海》采用了汉字查字法整理工作组推荐的这种经过改进的部首法。和旧《辞海》214 部相比，删去部首 8 个，合并部首 6 个，分立部首 10 个，新改部首 10 个，另加新部首 40 个，总计 250 部。查字的方法例举如下：今（人部）、想（心部）、矜（矛部）、我（戈部）、固（囗部）、夹（大部）、疑（匕部）、含（人部）、相（木部）、闷（门部）、坐（土部）、渠（木部）、肄（聿部）、章（音部）、灭（火部）、旧（日部）、东（一部）、凸（丨部）、长（丿部）、叛（丶部）、也（乛部）。

250 部的《部首查字法（草案）》根据"据形""定位"的原则确定部首。"据形"指的是部首与字的相应部件趋同，确定部首按字形不按字义。"定位"指的是按位置确定部首，尽量取在左、在上、在外框等部件为部首。这样按形式确定部首，规律性较强，即使是缺乏文字学知识的一般读者也可以按部首查字。1979 年出版的修订本《辞海》采用了汉字查字法整理工作组推荐的这种经过改进的部首法。

尽管 250 部的《部首查字法（草案）》有不少优点，但是 250 部和人们熟悉的传统的 214 部相差太远。与传统的 214 部相比，删去部首 8 个，合并部首 6 个，分立部首 10 个，新改部首 10 个，另加新部首 40 个，总计 250 部，部首数目偏多，有的部首表对一般读者来说十分生僻，如"戋"部，有的部首收字偏少甚至只有部首而部内无字，如"龟"部，所以没有被大家普遍接受。20 世纪 80 年代，《汉语大字典》《汉语大词典》这两部采用部首法检字的大型工具书即将问世，人们希望在这之前最好能有一个统一的部首法的方案，供这两部大型工具书使用。1983 年 6 月，中国文字改革委员会和文化部出版局联合召开了统一汉字查字法座谈会，成立统一部首查字法工作组。工作组由上海辞书出版社、商务印书馆、汉语大字典编纂处、汉语大词典编纂处、中国社会科学院语言研究所词典室组成。统一部首查字法工作组根据字形定部，贯彻"以大包小""口径一致"的原则，参照当时通行的《康熙字典》《辞海》《新华字典》3 部辞书的部首制订了《汉字统一部首表（草案）》，设立 201 部。这 201 部和传统的 214 部相比，删去了 9 部，合并了 6 部，增加了卓部和业部，保留了 197 部。语文出版社 1988 年出版的《现代汉语常用字表》《现代汉语通用字表》的部首检字采用的是这个部首表。而在此前 1986 年开始出版的《汉语大字典》和《汉语大词典》在立部上以传统的 214 部为基础，删去了 8 部，合并了 6 部，实有 200 部。和《汉字统一部首表（草案）》的 201 部相比，去掉了卓、业两部，恢复了《康熙字典》的黹部。

《汉字统一部首表（草案）》在辞书编纂、汉字标准的制定、计算机信息处理等方面的排序检索中得到广泛应用，如《新华字典》第 10 版，《现代汉语词典》第 5 版都采用了《汉字统一部首表（草案）》的 201 部。该草案得到了业界的认可，需要升级为正式标准。《汉字部首表》就是在《汉字统一部首表（草案）》的基础上制定的。课题组通过广泛征求语言文字专家及使用者的意见，充分考虑了辞书编纂的现状和需求，"立足现代，兼顾古今"，制定了《汉字部首表》，自 2009 年 5 月 1 日开始实施。该表在确立主部首和附形部首，以及部首排序、部首表的使用规则等方面对《部首查字法（草案）》做出了适当的调整和补充，使"部首表"更具科学性和实用性。为了统一字的归部，同时公布实施的还有《GB13000.1 字符集汉字部首归部规范》。

《汉字部首表》和《GB13000.1 字符集汉字部首归部规范》都是推荐性标准，鼓励社会使用。它们的发布，对贯彻实施《国家通用语言文字法》、促进汉字部首排序检索的统一、推动辞书编纂、汉字信息处理以及汉字教学等，具有重要意义。此后出版的辞书，如《新华字典》《现代汉语词典》《通用规范汉字字典》，都依据《汉字部首表》，设立 201 部，其归部依据《GB13000.1 字符集汉字部首归部规范》，编排次序依据《GB13000.1 字符集汉字笔顺规范》和《GB13000.1 字符集汉字字序（笔画序）规范》，按笔画数由少到多顺序排列，同画数的，按起笔笔形横（一）、竖（丨）、撇（丿）、点（丶）、折（𠃌）顺序排列，第一笔相同的，按第二笔，依次类推。2009 年 9 月出版的第六版《辞海》的部首索引也采用了 201 部。

从《说文解字》的 540 部发展到《字汇》和《康熙字典》的 214 部，再发展到《汉字部首表》的 201 部，是从据义定部的文字学原则向据形定部的检字法原则发展的结果。《说文解字》收录的汉字是作为古文字的小篆，其字符由意符和借音符构成，属于象似符号或相关符号，所以理据显明，其形体由随体诘诎的线条构成，根本无笔画可数，所以采用据义定部的文字学原则的部首是理所当然的选择。《字汇》和《康熙字典》，以及老《辞源》、老《辞海》，收录的汉字是作为今文字的由笔画构成的楷书，其独体字已经丧失了表意功能，成为规约符号，其合体字由意符、音符和区别符构成，构成的符号可能是相关符号，也可能是规约符号，所以采用据形定部的检字法原则的部首是理所当然的选择。《字汇》标榜其文字归部"论其形，不论其义"，其实，《字汇》以及延续《字汇》214 部的辞书对于这条原则执行得并不彻底。例如，"辨""辩""瓣""辫"同是形声字，传统的 214 部按照据形定部的原则，把"辨"和"辩"归入"辛"部，又按照据义定部的原则，把"瓣"归入"瓜"部，把"辫"归入"糸"部。"阁""阙""阀"和"问""闷""闻"同是形声字，按照据义定部的原则，把"阁""阙""阀"归入"门"部，把"问""闷""闻"分别归入"口"部、"心"部、"耳"部。214 部和《说文解字》540 部的最大差别是 214 部建立了不成字的笔画部首，这确实是"论其形，不论其义"。由于 214 部从 540 部脱胎而来，其服务对象是学习文言文的书生，所以其归部总是忘不了据义定部的文字学原则。举例来说，在 201 部的《汉字部首表》中，"條""脩""絛"都归入"亻"部，而《康熙字典》分别归入"木"部、"肉"部、"糸"部；《汉字部首表》中，"塍""騰""謄"都归入"月"部，而《康熙字典》分别归入"土"部、"马"部、"言"部；《汉字部首表》中，"穀""鷇""瑴"都归入"殳"部，而《康熙字典》分别归入"禾"部、"鸟"部、"玉"部；《汉字部首表》中，"颖""颍""颎"都归入"页"部，而《康熙字典》分别归入"禾"部、"水"部、"火"部；《汉字部首表》中"贏""赢""嬴"都归入"月"部，而《康熙字典》分别归入"羊"部、"贝"部、"女"部。

　　《汉字部首表》以及《GB13000.1 字符集汉字部首归部规范》《GB13000.1 字符集汉字笔顺规范》和《GB13000.1 字符集汉字字序（笔画序）规范》，基本上解决了现代汉字的部首查字法的排序问题，至于古文字的部首查字法仍然遵循《说文解字》的 540 部，如甲骨文的排序、金文的排序、战国文字的排序，遵循的仍然是据义定部的文字学原则。只有在古文字改写为楷书之后，才可能运用笔画索引和拼音索引。这提示我们，不同的文化层次，不同的检索内容，可能需要不同的规范。比如，1979 年出版的新《辞源》是为与《辞海》分工专门编撰的古汉语词典，内容包括古书中的语词典故和有关古代文物典章制度等方面的事典词语，是阅读古籍和研究古代文化所必备的工具书。我们由此可知，为什么新《辞源》的部首查字仍然遵循老《辞源》的 214 部，而 2000 年出版的《王力古汉语字典》的字头为什么要按《辞源》的 214 个部首排列。值得关注的是，《王力古汉语字典》在 214 个部首中的"人""刀""力""又"

“口”“囗”“土”“士”“大”“女”“子”“宀”等 98 个部首前附有“部首总论”，概括该部首大致的意义类别，为读者提供了方便。

第三节 四角号码查字法

《四角号码查字法（草案）》规定，查字法分笔形为十种，用 0 到 9 十个号码代表，见表 10-1。

表 10-1

笔名	号码	笔形	字 例	说 明
头	0	亠	主病广言	点和横相结合
横	1	一	天土	横
		㇀乚㇂	活培织兄风	挑、横上钩和斜右钩
垂	2	丨	旧山	直
		丿亅	千顺力则	撇和直左钩
点	3	丶	宝社军外去亦	点
		㇏	造瓜	捺
叉	4	十	古草	两笔交叉
		寸乜乂犭	对式皮猪	
串	5	扌	青本	一笔穿过两笔或两笔以上
		扌戈丰	打戈泰申史	
方	6	口	另扣国甲由曲	四角整齐的方形
		▯▭	目四	
角	7	㇕㇖㇗㇙	刀写亡表	一笔的转折
		冂厂凵	阳兵叉雪	两笔笔头相接所造成的角形
八	8	八	分共	八字形
		人入丷𠂉	余央籴羊午	八字形的变形
小	9	小	尖宗	小字形
		忄个小⺌⺍⺗	快木录当兴組	小字形的变形

取角的顺序是：左上角、右上角、左下角、右下角。例如，端 0212、颜 0128、截 4325、烙 9786。

取角的方法有 5 条：（1）一笔可以分角取号。例如，以 2870，乱 2261，七 4031，习 1712，乙 1771，几 7721。（2）一笔的上下两段和别笔构成两种笔形的，分两角取号。例如，水 1290，大 4080，木 4090，美 8080，火 9080，米 9090。（3）下角笔形偏在一角的，按实际位置取号，缺角作 0。例如，产 0020，户 3020，方 1002，飞 1201，弓 1702，妒 4340。在"弓""亏"等字用作偏旁时，取 2 作整个字的左下角。例如，张 1223，鄂 6722。（4）凡外围是"口""门（門）""鬥"的 3 类字，左右两下角改取里面的笔形。例如，园 6021，田 6040，闭 3724，阛 7721。上、下、左、右有附加笔形的字，都不在此例。例如，苗 4460，思 6033，泪 3610，睛 6502，简 8822，润 3712。（5）一个笔形，前角已经用过，后角作为 0。例如，王 1010，冬 2730，之 3030，直 4010，中 5000，全 8010，卜 2300，心 3300，斗 3400，持 5404，时 6400，一 1000，十 4000，口 6000，八 8000，小 9000。

《四角号码查字法（草案）》又称"新四角号码查字法"，目前使用这个号码法的有商务印书馆出版的《新四角号码词典》。号码法的优点是由字形直接转换成代码，按代码就可以直接查检到要查的字。它不像音序法那样，在了解字的读音之后，要首先查音节，然后查笔画，最后查笔形；也不像部首法那样，在了解字的部首之后，还要按笔画、笔形查检，号码法的优点就是方便、迅速，中间环节少。号码法的缺点是笔形和代码之间没有理据，需要死记。为了应付汉字笔形的各种复杂情况，在取码上订出许多规则。许多号码所代表的笔画不是笔画，部件不是部件，概念十分混乱。即使如此，有些字的代码仍旧避免不了二义性。

汉语拼音排序和部首检字的推行，使四角号码查字法对于许多读者变得陌生，但是这并没有否定四角号码查字法存在的价值，这种查字法为查找那些部首难辨、笔画繁多、不知读音的字，提供了方便，所以新《辞源》、新《辞海》等诸多辞书都附有四角号码索引。

第四节　笔形查字法

《笔形查字法（草案）》规定：汉字的笔画共分成 7 种笔形，名称次序见表 10-2。

表 10-2

笔形	一 (丿)	丨 (亅)	丿 (丿)	丶 (乀)	𠃍 (一フ√)	ㄴ (乚乙)	口 (口 一)
名称	横	竖	撇	点	正折	反折	方
次序（号码）	1	2	3	4	5	6	7
特征	→	↓	↙	↘	↻	↺	▭

表 10-2 中折笔以第一折为准，如乙作正折，𠃌作反折。

汉字的字形分成单结构的和多结构的两类。单结构字的笔画相交、相连，如"夫""又""厂""几"。或者单笔与其他笔画相配相从，如"三""八""戈""马"。多结构字由几个结构合成，如"相""尖""送""盟"。

查单结构字取最高的 3 笔，按 3 笔的笔形或号码查字。取笔次序以笔画的起点为准——先高后低，同高的先左后右，如元 113，夫 311，丫 432，乂 430。起点相接的看终点的高低，终点又同高的再看终点的左右，如厂 130，阝 520，几 350，又 540。

查多结构字，先查字中的第一结构（即"偏旁"）。结构在字中的次序——先左后右、先上后下、先外后内。例如，相（偏旁"木"）、尖（偏旁"小"）、送（偏旁"辶"）、盟（偏旁"日"）。偏旁查法与单结构字相同。查到字的偏旁后，再以同样方法按字的第二结构查字。例如，江（偏旁"氵"，第二结构"工"），湖（偏旁"氵"，第二结构"古"），海（偏旁"氵"，第二结构"𠂉"），泽（偏旁"氵"，第二结构"又"）。如果前三笔是笔形相同的结构，按第四笔排列次序。

笔形查字法后来成为汉字输入电子计算机的一种编码。此查字法 7 种笔形只需要 7 个键，再加上功能键等，也不过 10 多个键，可以单手操作，最适合在笔记本式电脑上使用。它的缺点是码比较长，单结构字要 3 码，多结构字要 6 码。

【思考与练习】

一、什么是音节·汉字·字母分层序列法？

二、部首查字法还有哪些需要解决的问题？为什么有了统一的《汉字部首表》之后有些工具书还采用传统的 540 部或 214 部？

第十一章　汉字的应用和前途

　　汉字的应用包括人际界面和人机界面两个方面。本章在汉字人际界面的应用上，针对汉字的难认、难写、难用等问题，集中论述有关汉字的规范及教学问题；在人机界面的应用上，根据汉字的熵值等性质论述有关中文信息处理现代化的问题。对于汉字发展的前景，我们持乐观态度，因为汉字虽然古老，但是仍然生机勃勃，其潜在的生命力不可低估。对于汉语拼音化的前景，我们也持有乐观态度，因为拼音文字尽管还是将来的事情，并且不可能取代汉字，但是它是新生的事物，一旦条件成熟必将与汉字并存，起到两者互补的作用。

第一节　《通用规范汉字表》的制定

　　《中华人民共和国国家通用语言文字法》从 2001 年 1 月 1 日起施行。教育部、国家语言文字工作委员会于 2001 年 4 月批准《通用规范汉字表》研制课题立项，并作为语言文字应用研究所"十五"科研计划的重大项目。可以说，制定《通用规范汉字表》是贯彻《国家通用语言文字法》、适应新形势下社会各领域汉字应用需要的重要举措，对提升国家通用语言文字的规范化、标准化、信息化水平，促进国家经济社会和文化教育事业发展具有重要意义。
　　《国家通用语言文字法》第三条规定"国家推广普通话，推行规范汉字"。什么是"规范汉字"，在法律条文上并没有明文规定，但是在当代社会的语文生活中是客观存在的。换句话说，对于什么是"规范汉字"，学术界是有共识的。首先，"规范汉字"有特定的通行的时代、地区、领域、场合等条件限制。"规范汉字"是现代通用的，地区限于我国（港、澳、台除外），而不是外国。规范汉字通用于"一般交际场合"，而不是"特殊领域场合"用的。其次，"规范汉字"是新中国成立以来经过定量、定形、定音、定序的多次整理产生的，其表现形式是现行的各种国家标准的字表。我们由此可知，"规范汉字"是指经过系统整理、由国家发布、通行于中国（港、澳、台除外）现代社会一般应用领域的标准汉字。同时，也是中外文化交流以及联合国正式文件汉字文本中所使用的规范用字，其中包括经过整理简化并由国务院或国家有关主管部门以字表形式正式公布的正体字、简化字和未经整理简化的传承字。而不规范汉字是指已经被简化的繁体字，已经被废除的异体字，已经被废弃的二简字，以及乱造的不规范的简体字和错别字。

多年来，国家制定颁布了一系列的字表和字符集。这些字表和字符集反映了汉字研究的局部的阶段性的研究成果，也不可避免地存在着一些疏漏、不足、不够明确或互相矛盾的地方，对于汉字的现实应用造成了某些不便。其中，最引起人们关注的是"一简对多繁""类推简化"以及"异体字"的问题。

《通用规范汉字表》是在以往发布的诸多规范的基础上，根据当代社会用字的状况和信息时代的需要研制的。

《通用规范汉字表》收字8 105个，分为三级。一级字表共收3 500字，其使用频度高达99.5%，其功能相当于原《现代汉语常用字表》，主要满足基础教育和文化普及层面的用字需要。二级字表共收3 000字，使用频度低于一级字。一、二级字表共收6 500字，其使用频度高达99.9%，其功能相当于原《现代汉语通用字表》，主要满足出版印刷、辞书编纂和信息处理等方面的一般用字需要。三级字表共收1 605字，是姓氏人名、地名、科学技术术语和中小学语文教材文言文用字中未进入一、二级字表，但在特定领域中较为通用的字。[1] 与过去的汉字规范相比，《通用规范汉字表》有以下几个特点：

第一，规范性。《通用规范汉字表》对以往的汉字规范进行了全面整合，集众多字表于一表之中，调适了各规范之间相互矛盾的地方，用一个字表覆盖了以前多种字表的功能。字表给出了确定的字量、字级，实现了字形与用字的标准化。为了照顾不同需求，在字量和选字上将所收字划分为三个等级，各级字集所收的字都经过严格选取，并根据规则进行了字形整理，完全可以成为社会用字的标准。

第二，现代性。字表的分级、收字都是从现代应用出发的，充分考虑到现代语言文字生活的需要，所收的字也主要从现代汉语语料库中选出。现代文本中的文言文引文和中小学语文教材中的文言文，是当今文化传承和文化学习所必需的，而且需要用简化字印刷，其用字属于现代用字的范畴，这些字也都纳入了字表。

第三，通用性。在现代一般社会用字领域，没有必要对一些罕用字或生僻字进行标准化处理，经过规范整理的8 105个字，都是现代社会需要的通用字。字表按通用程度分级：一级字表的通用性最高，二级次之，三级字表虽然取自专业领域，但这些字都与国计民生的信息传播息息相关，在计算机存储和阅读上也有通用性。

---

[1] 参见《〈通用规范汉字表〉解读》，王宁主编，商务印书馆，2013年7月。

　　根据《中华人民共和国国家通用语言文字法》的规定，繁体字只能在某些特殊领域，可以保留或使用。这些领域包括：文物古迹；书法、篆刻等艺术作品；题词和招牌的手书字；出版、教学、研究中需要使用的；经国务院有关部门批准的特殊情况等。

　　简化汉字推行了半个世纪，它方便了几亿人的认字和写字，加快了我国教育普及和成人扫盲的步伐，已经成为传播现代信息和国际交流的载体，在传统文化现代化方面，也起到了十分积极的作用。国内外大多数汉字使用者使用简化汉字已经成为习惯。根据文字使用社会性的原则，坚持简化的方向是完全正确的。在通用层面上，《通用规范汉字表》坚持简化的方针，同时也遵循国务院 1986 年批转国家语委《关于废止〈第二次汉字简化方案（草案）〉和纠正社会用字混乱现象的请示》的通知，对汉字的简化持谨慎态度，以利于社会用字的稳定。

　　《通用规范汉字表》对"一简对多繁""类推简化"以及"异体字"等问题做出了妥善的处理。

　　"一简对多繁"指的是在简化汉字时，根据"同音代替"的简化方式，用一个简化字对应两个或两个以上繁体字。这种简化方式减少了字数，增加了义项，甚至增加了音项，往往被人诟病。例如，"吁"作叹词时读 xū，"吁"作为"籲"的简化字时读 yù。"纤"作为"縴"的简化字时读 qiàn，作为"纖"的简化字时读 xiān。"干"本来用于"干戈""干犯""江干""天干"等词，作为"乾"的简化字时读 gān，指缺乏水分，作为"幹"的简化字时读 gàn，是"骨干""树干""干部"的"干"，也是"干活儿"的"干"。

　　在全部简化字中，由"一简对多繁"而形成的新的异字同词情况，大约有170 组。其中绝大多数并没有对人们的学习和阅读造成障碍。例如，"面"本指头的前部，"麵"指粮食磨成的粉，简化字作"面"。当我们说"冷面""方便面"时，有谁会误解为"冷面孔"和"方便面孔"呢？"后"是古代对君王的称呼，后来作为对君王妻子的称呼。"後"是"先後"的"後"，简化字作"后"。当我们说"皇后""后人"时，有谁会感觉到有不方便呢？当然，对于同音代替字造成的实际问题也必须正视，但我们强调，处理问题时首先要考虑文字政策的一贯性和社会应用，要考虑广大群众的承受能力和使用的方便，在此基础上也要考虑到学术的原则、理据的原则。①

　　由于简化字和繁体字流通于不同的领域，流通于不同的国家和地区，要长期共存下去，就存在着转换问题。《通用规范汉字表》在坚持简化政策，不恢

_____

① 《规范汉字表》课题组：《研制〈规范汉字表〉的设想》，载《语言文字应用》，2002（2）。

复繁体字的前提下，为了更加准确、更加清晰地反映简化字与繁体字在记词职能上的不对等关系，促进海峡两岸信息互通，方便字表使用者了解"一简对多繁"的对应关系，明确字用分工职能，所以对这些字组的音义进行了分解说明。①

简化字的"类推简化"存在着类推范围不够明确的问题。《简化字总表》第三表在《新华字典》8 000 多个汉字的范围内进行了类推简化。由于当时对扩大类推范围后产生的问题缺乏研究和估计，因此有了"未收入第三表的字，凡用第二表的简化字或简化偏旁作为偏旁的，一般应该同样简化"的说明。无限制的类推导致字数大量增多，并且产生了一批同形字。另一方面，一表和二表的简化方式不同，一表的简化字不能类推，二表的简化字可以类推。在当时考察的范围内，这样处理是有道理的，但是当汉字的考察范围扩大以后，《简化字总表》一表中的某些字就成了构成另一些字的偏旁。例如，茧（繭）/襺、类（類）/纇、盖（蓋）/瑲、团（團）/糰。是不是"繭、類、蓋、團"等字也应该获得可以类推简化的身份？这些问题都有待解决。②

《通用规范汉字表》根据国务院 1986 年"今后，对汉字的简化应持谨慎态度，使汉字的形体在一个时期内保持相对稳定"的指示精神，对类推简化采取了严格掌握的原则，一般不再扩大类推的范围；但考虑到汉字应用的现实，也收录了少数已经被社会所习用，并符合《简化字总表》规定的类推简化字。也就是说，类推简化的范围限定于《通用规范汉字表》，今后表外字不再类推。

由于历史的和时代的因素，《第一批异体字整理表》中确定的"异体字"，有些并不是严格意义上的异体字。严格意义上的异体字应当是：音义全同、记词职能完全一样、仅仅字形不同，它们在任何语境下都能互相替代而不影响意义表达的一组字。《通用规范汉字表》根据科学的汉字字际关系，同时考虑汉字整理的历史和实际情况，对《第一批异体字整理表》重新进行了整理。

《通用规范汉字表》遵循的字形标准与《印刷通用汉字字形表》和《现代汉语通用字表》完全一致，均按两表中字形收入。两表之外的字，依据两表内部字形规则确定。对于《印刷通用汉字字形表》和《现代汉语通用字表》内部字形规则不一致的地方，由于问题复杂，留待以后进行研究处理。③

2013 年 6 月 5 日国务院发出关于公布《通用规范汉字表》的通知，国务院同意教育部、国家语言文字工作委员会组织制定的《通用规范汉字表》，并予公布。《通用规范汉字表》公布后，社会一般应用领域的汉字使用应以《通用

① 参见《〈通用规范汉字表〉解读》，王宁主编，商务印书馆，2013 年 7 月。
② 《规范汉字表》课题组：《研制〈规范汉字表〉的设想》，载《语言文字应用》，2002（2）。
③ 参见《〈通用规范汉字表〉解读》，王宁主编，商务印书馆，2013 年 7 月。

规范汉字表》为准，原有相关字表停止使用。

第二节 汉字的教学

汉字教育是基础教育的重要组成部分，是扫盲教育和对外汉语教学的重要内容。对于汉字教学的特点，人们进行了多方位的探索。

一、汉字教学与拼音文字教学的比较

文字的教学与语言的教学密切相关，对于使用拼音文字的国家来说，这几乎就是一回事，所以英语里字和词都写作"word"。对于使用汉字的中国人来说，古代和现代不同。古代的时候，字和词大致是一回事，一个字记录的是一个词，所以古人没有"词"的观念。在现代汉语里双音节词占优势，一个字大多数情况下记录的是一个语素，所以不仅要有词典，而且还必须有字典，即使是词典，也要按字头排序，首先解释字的意义，即语素义，然后再列举双音词、多音词进行解释。

汉字是语素文字，记录的是最小的词汇单位和语法单位。拉丁字母是音素文字，记录的是有区别意义的最小的语音单位。学习汉字，不仅仅要学习汉字的字形，而且要学习汉字所记录的词的音义。也就是说，学习汉字事实上是文字词汇一起学习。这和学习拼音文字，首先学习字母读音，然后通过正词法学习拼读词语的学习途径是不同的。我们由此可知，学习汉字入门难，难就难在记录汉字的形和音义的关系太复杂了。相比之下学习拼音文字入门容易，如拉丁字母只有 26 个形体，掌握了这 26 个形体和正词法，就可以拼读出词语。如果母语是拼音文字，学习口语中的词语尤其是基本词汇时，拼出来就懂，这时只需要专门学习书面语的词汇以及各个学科的专门用语，还有层出不穷的新词语。当然，各种拼音文字由于创制的时间早晚不同，其表音能力也有所不同。例如，朝鲜的谚文创制时间近在 15 世纪，其表音能力接近百分之百，而英文由于历史悠久语音变化的缘故，其表音能力不到百分之八十，同样的词形可能读音不同，不同的词形可能读音相同，所以学习英文词汇竟然需要逐个记忆其字母顺序。

汉语学习也有自身的优势。常用汉字有 3 500 个，人们一旦掌握了这些常用字或更多的汉字之后，就几乎可以自由地阅读和写作了。由于汉语构词的理据性很强，极富于联想性，而汉字是语素文字，培养了中国人的语素意识，所以知识分子在阅读汉语读物时几乎不存在什么障碍，不像使用拼音文字的民族那样经常需要查阅词典，更用不着背诵英文的字母顺序了。

我们可以设想一下，如果汉字改为拼音文字，入门的难度显然降低了很多，但是同音词，尤其是同音语素，会对词语的学习和理解带来巨大的障碍，不需要几代人，中国人的语素意识就会大大流失，汉语的拼音词汇在人们面前成为一堆理据不清的符号。学文字入门时容易了，然而对于可持续的学习以及熟练地使用来说，会增添许多麻烦。韩国人、日本人之所以要在谚文和假名中夹用汉字，是因为韩语和日语中有大量的汉语借词，如果不使用汉字就无法显示其理据。不用汉字，只用谚文和假名，学习文字入门是容易了，然而对于深入准确地理解来自中国的借词非常不利。废弃汉字对于韩国、日本的教育及文化所造成的损失为越来越多的人所认识。

主张汉字拉丁化的有些人士认定，"汉字是一种低效率文字"，"语文教学难是汉字的根本缺陷"，"技术应用难是汉字繁难的延伸"。他们甚至引用王力先生的话说，汉字对于语文教学，虽然不是造成文盲的"主犯"，并不等于它连"从犯"的罪也没有。① "如果我们把这番话移过来评价汉字在技术应用上的消极作用，也是很恰当的。"② 王力先生已经去世多年，语言学、文字学的理论早已与时俱进，时至今日还要引用王力先生早年的观点，给汉字扣上"从犯"的帽子，也太不合时宜了吧？

每个民族都要热爱自己的语言文字，这正如热爱自己的民族、自己的祖国一样。汉字是中华民族的瑰宝，汉语拼音也是中华民族的瑰宝。汉字和汉语拼音各有各的优势，我们坚信在不远的将来，汉语拼音会进一步扩大自己的应用领域，并首先用于不便于使用汉字的领域。但提高汉语拼音的地位并不以贬低汉字的地位为前提。当我们主张"一语双文"，或者说在汉字中夹用拼音的时候，我们强调的是汉字的语素性质，强调的是汉字区分同音语素的特点和形声字以形旁表义、以声旁表音的特点，我们强调的是汉字构形的理据和语素构词的理据，以及汉字系统所具有的无可替代的认识价值及文化价值。汉字从甲骨文至今已经 3000 多年了，汉字记载了中国的历史、中国的文明，形成了中国人的语素意识和关于义类的观念。形声字的形旁以及汉字的部首代表了古人对世界的认识和分类，这是一笔珍贵的文化遗产。

说汉字易学，这违反常识，违反大多数人学习汉字的体验。说汉字难，到底难在何处？需要科学的、实事求是的分析。有的人为了说汉字难，连汉字是语素文字都不承认了，非要说汉字是记号文字不可。③ 其实在批评汉字难学的同时，没有必要过分地宣传拼音文字好学，似乎拼音文字是"说得出就写得

---

① 王开扬：《汉字现代化研究》，87 页，济南，齐鲁书社，2004。
② 王开扬：《汉字现代化研究》，87 页，济南，齐鲁书社，2004。
③ 王开扬：《汉字现代化研究》，33 页，济南，齐鲁书社，2004。

出，写得出就读得出"的东西。其实，在世界上凡属于历史悠久的拼音文字，由于拼写定型稳定，而口语读音易于变化，所以言文不一是普遍现象，如英文。如果拼音文字果真学了二三十个字母，就差不多能读能写了，用拼音文字的国家或民族还有人数众多的文盲，那不是太令人奇怪了吗？

对于已经熟练掌握了汉字的人来说，汉字好用，这是常识，符合大多数人使用汉字的体验。汉字比拼音字母多很多，但由拼音字母构成的词汇比由汉字构成的词汇多很多。简言之，汉字多汉字词少，字母少字母词多。同样是汉语，用汉字记录就不必分词连写，词的数目比较少，用汉语拼音记录就必须分词连写，词的数目比较多。《现代汉语词典》（第六版）收词 6.9 万多条，是一部中型词典，对于一般作家而言，终其一生使用的词汇也不过 20 000 条左右。然而《现代汉语词典》（第六版）的规模，对于英语词典收录的词的数量而言，不过是小型词典。目前的英语单词包括各种学科术语已经达到了数百万，虽然英语一些词的构词有可以推导和联想的成分，如前缀、后缀和复合词等，但需要记忆的成分仍旧大得惊人。和英语相比，汉语可以推导和联想的成分要多，尤其是经过汉字记录，更是把语素分辨得清清楚楚。我们可以比较一下汉语和英语的构词：在汉语中，"公牛""公羊""公猪""母牛""母羊""母猪""小牛""小羊""小猪""牛肉""羊肉""猪肉""牛油""羊油""猪油""牛排""羊排""猪排" 18 个词（短语），是由 "牛""羊""猪""公""母""小""肉""油""排" 9 个语素，即 9 个汉字构成的。在英语中，"bull"（公牛）、"ram"（公羊）、"boar"（公猪）、"cow"（母牛）、"ewe"（母羊）、"sow"（母猪）、"calf"（小牛）、"lamb"（小羊）、"pigling"（小猪）、"beef"（牛肉）、"mut-ton"（羊肉）、"pork"（猪肉）、"butter"（牛油）、"suet"（羊油）、"lard"（猪油）、"beefsteak"（牛排）、"mutton chop"（羊排）、"pork chop"（猪排）18 个词（短语）中只有 "pigling"（小猪）、"beefsteak"（牛排）、"mutton chop"（羊排）、"pork chop"（猪排）构词的理据清晰。让我们拿英语和汉语比较一下：cattle（牛）、sheep（羊）、pig（猪）、male（公）、female（母）、small（小）、meat（肉）、grease（油）、chop（排骨）。让我们再比较一下现代汉语和古代汉语：公牛/特、犘、牯，公羊/羝、羭，公猪/豭、豵，母牛/牸，母羊/牂，母猪/豝，小牛/犊，小羊/羍、羔，小猪/豚、豰。

"牛""羊""猪"是类名，"特""犘""牯""羝""羭""豭""豵""牸""牂""豝""犊""羍""羔""豚""豰"是专名。专名太多造成记忆的负担过重，于是采用在类名前加修饰语的办法命名，虽然延长了词形，把一个音节延长到两个音节，但是大大减轻了记忆的负担。

英语也可以采用派生或复合的方法造词，如 "pigling"（小猪）是派生词，

"beefsteak"（牛排）是复合词，"mutton chop"（羊排）"pork chop"（猪排）是短语。这样做的优点是理据清晰，缺点是词形过长。英语的公牛并非由 male（公）＋cattle（牛）构成，而写作 bull（公牛），牛肉并非由 cattle（牛）＋meat（肉）构成，而写作 beef（牛肉）。在英语中"bull"（公牛）和"male"（公）与"cattle"（牛）毫无关系，"beef"（牛肉）和"cattle"（牛）与"meat"（肉）毫无关系，"donkey meat"（驴肉）由 donkey（驴）＋meat（肉）构成。这是因为"beef"（牛肉）是常用词，要求发音简短，所以单独设立了符号形式，而"donkey meat"是不常用词，所以没有为这个词单独设立符号形式，而采用了短语的形式。

英语的平均词形要比汉语长，为了简短，节省发音时间，就要增加记忆。汉语的平均词长 1.48 个音节左右，在数量上以双音节词占优势，在使用频率上以单音节词占优势。绝大多数情况下，一个汉字记录的是一个语素，一个音节。绝大多数双音节词是结构词，构词理据清晰，便于理解和记忆。而目前英语单词很多，需要机械记忆的单词不会少于几万，而这几万个单词在汉语中可以用 4 000 个汉字来组合，熟悉了这 4 000 个汉字的形与音义之间的对应关系，就基本上掌握了成千上万个词语。

如果比较汉语和英语的缩略语，差异就更大了。汉语的缩略是以音节为单位，而记录一个音节的恰好是一个汉字，一个语素，也就是说，汉语的缩略是以汉字、以语素为基础的，所以理据清晰，意义明确，可以进一步发展为缩略词。而英语则不同，英语的缩略语以音素为单位，缩略与意义无关，不便于学习和记忆。举个例子，汉语水平考试，用汉语拼音缩略为 hsk，读都不好读，没办法，只好读为英文字母。

对于汉语教学与英语教学的特点、对于汉字教学的特点、对于母语教学与第二语言教学的特点，我们都应该进行深入的比较研究，实证式的研究，全面的研究，而不是浮光掠影，满足于一般性的结论。

二、基础教育中的汉字教学

从古至今，汉字教学始终是语文教学的一个重点和难点。学习汉字是学习语文的基础。汉字是语素文字，常用的现代汉字也有 3 500 个之多，况且还有一字多音，一字多义等种种复杂问题，所以初学汉字的时候，在识字、理解意义以及书写上都有相当的困难。为了搞好汉字教学，教育工作者和语文工作者在教材、教法等方面设计了许多行之有效的方案，积累了不少可贵的经验。

历史上最有影响的识字课本，有南朝梁武帝时周兴嗣编的《千字文》，宋初人编的《百家姓》，宋王应麟编的《三字经》。这三种识字课本从宋代起形成了配套的识字教材，通称"三百千"，在全国范围内使用了1 000多年。"三百千"的总字数是2 720，去掉重复，大约共有2 000字。清代文字学家王筠为儿童识字编的《文字蒙求》共收字2 049个。王筠在书的自序中说："人之不识字也，病于不能分，苟能分一字为数字，则点画必不可以增减，且易记而难忘矣。苟于童蒙时先令知某为象形，某为指事，而会意字即合此二者以成之，形声字即合此三者以成之，岂非执简御繁之法乎？"王筠认为："总四者而约计之，亦不过二千字而尽。当小儿四五岁时，识此二千字非难事也，而于全部《说文》九千余字固已提纲挈领、一以贯之矣。"

"三百千"以及《文字蒙求》等课本在收字方面有两个特点：第一是选录常用字。这些字大都是基本词汇用字，使用频率高，稳定性好，可以使学习者在认识一定字数的情况下，获得最高的阅读能力，从而提高了识字效率。第二是收字数量科学适中。汉字初级教学的数量应该和社会常用字的数量大体持平。通过统计，我们知道，我国历代的社会常用字大体上保持在3 000个字左右，其中的最常用字属于社会的基本用字，历代变化很小。

"三百千"采用韵文的形式编排，为的是朗朗上口，便于记忆。《文字蒙求》按六书的结构讲解字形字义，为的是化整为零、化繁为简，便于理解，也就便于记忆。

五四运动以后，对于小学识字的字种和字量的研究始终没有停止过。尤其是改革开放以来，为了加强识字教学的科学性，国家对于字量的确定和字种的选择非常重视。在1983年第5期的《教育研究》上，张卫国发表了《小学语文用字研究》一文，其中《小学语文用字表》收字种3 071个。1985年，北京语言学院教学研究所对1978—1980年出版的中小学语文课本的全部词汇作了统计与分析，编成了《常用字和常用词》。其中《按出现次数多少排列的常用字表》收字1 000个。作者统计："中小学语文课本用作统计资料的全部篇幅，有近4/5是用1 000个高频汉字写成的。"其中，前500字的覆盖率达到69.98％。1988年，语文出版社出版了国家语委汉字处编的《现代汉语常用字表》。这个字表收常用字2 500个，次常用字1 000个。2013年公布的《通用规范汉字表》一级字表共收3 500字，其使用频度高达99.5％，主要满足基础教育和文化普及层面的用字需要，可以作为进行汉字教学、编写语文教材时确定字量、选择字种的权威根据。《义务教育语文课程常用字表》采用了一级字表，又根据小学和初中不同阶段的特点，将3 500常用字分成两个部分，分别安排在语文学习的不同时期，有利于将识字写字教学和阅读写作教学结合起来。《识字、写字教学基本字表》在《义务教育语文课程常用字表》的基础上，选出300个构形简单、重现率高、大多数能成为其他字结构成分的常用汉字，有利于学生打好识字、写字基础，发展好识字、写字能力，提高学习效率。

对于识字教学的方法，研究者作过多方面的探索，积累了一些经验。主要的识字教学方法有 3 种，即"分散识字""集中识字""注音识字，提前读写"。

"分散识字"，是把小学阶段应当学会的字有计划地分配在小学几个年级的阅读材料里，随课文教识字。这种教学方法的好处是，识字教学与语言教学同步。因为小学初期阶段识字量的负担减轻了，所以可以把注意力更多地用于说话、阅读等训练上。

"集中识字"，是利用大多数汉字是合体字的特点，选择造字能力强、表音性能好的字作为基本字，把基本字相同的一批字放在一起集中学习的教学方法。例如，在教"青""清""蜻""晴""请"这一组字时，"青"作为基本字要首先掌握，然后引导小学生从音和义两方面掌握"清""蜻""晴""请"等字。在采用基本字带字的方法"集中识字"时，不仅学习了字，而且学习了词语，因为在讲字的时候要说明字义，最简捷的办法就是用双音节的词来解释单音节的字（绝大多数是语素）。例如，"芳"是"芳香"的"芳"，"房"是"房子"的"房"，"防"是"防备"的"防"，"妨"是"妨碍"的"妨"，"坊"是"街坊"的"坊"，"仿"是"仿佛"的"仿"，"访"是"访问"的"访"。采用"集中识字"的方法教学，只要教法得当，一般来说，可以在两年或稍多一点的时间使儿童认识 2 500 字左右，从而为阅读打下基础。

"注音识字，提前读写"，是充分利用汉语拼音帮助识字和读写的一种语文教学法。教师要首先提高学生运用汉语拼音方案的能力，用汉语拼音阅读和作文，让学生的口语能力得到充分的发挥。然后在阅读和作文中逐步引进汉字，最后达到全部使用汉字阅读和写作的目的。这种教学实验试图解决我国小学教育中久已存在的识汉字同学汉语的矛盾。儿童入学以后，口语已经发展到相当水平，但是识字不达到一定数量，就无法开始阅读和写作的教学。"注音识字，提前读写"的实验，在学生入学不久未识字或识字不多的情况下，利用汉语拼音使识字和阅读、作文同时起步、交叉并进，使学生的口语能力及书面语能力同时得到发展。①

2001 年制定的语文课程标准提出，学生在义务教育阶段要完成识字教育，累计认识常用汉字 3 500 个，其中 3 000 个左右要会写。在小学阶段 1～2 年级认识常用汉字 1 600～1 800 个，其中 800～1 000 个会写；3～4 年级累计认识常用汉字 2 500 个，其中 2 000 个左右会写；5～6 年级累计认识常用汉字 3 000 个，其中 2 500 个左右会写。

---

① 陈龙俊：《关于"注音识字，提前读写"实验情况的汇报》，见全国语言文字工作会议秘书处：《新时期的语言文字工作》，209～216 页，北京，语文出版社，1987。

　　长期以来，识字教学以"四会"，即"会读、会讲、会写、会用"作为学生识字的质量要求。现行语文课程标准将识字教学要求简化为"认识"和"会写"，体现识写分开、多认少写的理念。从形式上看，识字教学的要求降低了，但实际效果却更好。因为"识写分开"既符合语文的教学规律，又符合学生的认知规律，在减轻学生学习负担的同时，加快了学生的识字进程。

　　语文课程标准要求学生"有主动识字的愿望""养成主动识字的习惯""有较强的独立识字能力"。对于教师来说，汉字教学有两大任务：一是激发学生的学习兴趣，二是帮助学生记忆。识字教学的策略可以归纳为以下五点：（1）识写分开，多认少写。（2）自主识字，开放识字。（3）掌握规律，举一反三。（4）分析字形，突出特点。（5）识字游戏，生动活泼。

　　汉字难，教法不得当，就难上加难；教法得当，就可以化解困难。我们应该从汉字学、认知心理学等学科里吸取营养，形成一套科学、完整、有效的汉字教学法。

三、扫盲教育中的汉字教学

　　汉字扫盲开始于 20 世纪初期。当时的中国积贫积弱、民智不开，忧国忧民的知识分子提倡教育救国、唤醒民众，于是开始了汉字扫盲运动。扫盲字表的编写，是扫盲工作的基础。由洪深编著的《一千一百个基本汉字使用教学法》于 1935 年 11 月由生活书店出版。该书扉页的题字是"献给推行识字运动的众位先生"，揭示了作者的写作目的。作者选定了 1 100 个字作为基本汉字，另外再加 250 个特别字。作者认为，只用这些字就可以"用来表达一切的心情和事实"，"将来，一切政府的文告，法院的批判，学者的理论，报纸的社评，也许可以全用 1 100 个基本字和 250 个特别字来写，使得那凡是经过识字训练的民众，自己都能看懂。"作者的这种愿望是良好的，但是与实际是不符的。作者把扫盲用字与整个社会用字等同起来，要求整个社会用字迁就扫盲用字，这等于是用贫乏的文字去限制丰富的语言。洪深的基本汉字不是根据字频来选定的，而是根据字义和表达的需要，在意义相近的两种说法或几种说法中选择一种。例如，在"土"和"泥"中选择了"土"，在"地"和"田"中选择了"地"，在"弟"和"妹"中选择了"弟"。"泥"只能说成"湿土"，"种田"必须改说成"种地"，"妹"要说成"女弟"。因为基本汉字中没有"媳"，所以"媳"要改称"儿子的老婆"，因为没有"夫妻"，所以"夫妻"要改称"男人""女人"，或"汉子""老婆"，或"当家的""家里人"，等等。

　　在旧中国，由于广大民众在政治上经济上受压迫，所以在文化上也处于弱势地位。尽管进步的知识分子为扫除文盲做出了不懈的努力，但是扫盲不可能取得显著成果。在中国共产党领导的解放区，开展大生产运动的同时开展了扫盲运动，形成了人人学文化的热潮。新中国成立以后，党和政府非常重视扫盲工作，于1952年成立了扫除文盲工作委员会。同年教育部公布扫盲常用字表，收字2 000个，供编写识字课本用。1953年11月，扫除文盲工作委员会制订《扫除文盲标准》，规定农民识字1 500个，工人识字2 000个。20世纪50年代是扫盲工作取得重要进展的年代。在新中国成立后的45年中，全国累计扫除文盲近2亿人。从1949年到1990年，全国人口中文盲比率已由80％多下降至15.88％。

改革开放以后，由于一个时期教育受到商品经济的冲击，不少儿童失学，文盲率有所回升。据1988年人口抽样调查估计，我国有文盲两亿左右，每年还有200万左右的新文盲产生。根据这种情况，国家加大了扫盲工作的力度。1988年2月，国务院颁布了《扫除文盲工作条例》。这是为了加强我国的扫盲工作，尽快完成扫盲的历史任务而制订的行政法规。《条例》规定："个人扫盲的标准是：农民识1 500个汉字，企业和事业单位职工、城镇居民识2 000个汉字；能够看懂浅显通俗的报刊、文章，能够记简单的账目，能够书写简单的应用文。"为了确定科学、实用的扫盲用字，国家语委所属语言文字应用研究所从1991年开始进行《扫盲用字表》的研制工作。他们从全国各地搜集了1980年以后编写的扫盲课本，然后进行用字统计，得出了3 571个字种，再按照每个字在多少种课本中出现的频率定序，从而选出使用频率最高的2 000多字。在截止点前后有些字入选的课本数相同，就依照《现代汉语常用字表》的顺序选取频率高的，然后再进行少量的人工干预，最后得到总数2 000字的《扫盲用字表》。该表分甲、乙二表，甲表收全国统一的扫盲必学字1 800个，乙表收扫盲参考用字200个。对乙表的字，各地可以根据实际情况进行替换。根据《现代汉语常用字表》所附字频统计，这2 000个扫盲用字的累积频率为93.9936％。这个数字可以看作是对当前出版的一般书刊用字的覆盖率。这说明《扫盲用字表》的设计是合乎实际用字情况的。《扫盲用字表》刊载于《语言文字应用》1993年第3期上。

扫盲工作受到世界各国政府的普遍重视。1985年，联合国教科文组织大会第23届会议，认为在2000年扫除文盲是一项特别紧迫的任务。联合国大会于1987年12月通过决议，规定1990年为国际扫盲年。

四、对外汉语教学中的汉字教学

对外汉语教学中的汉字教学涉及两个问题，一是涉及汉语水平及汉字大纲，二是涉及汉字的教法问题。第一个问题已经解决了。早在1990年至1991

年，国家对外汉语教学领导小组办公室汉语水平考试部和北京语言学院汉语水平考试中心联合研制了《汉语水平词汇与汉字等级大纲》。这份大纲是我国初等、中等汉语水平考试和高等汉语水平考试的主要依据，也是我国对外汉语教学总体设计、教材编写、课堂教学和成绩测试的重要依据。大纲中汉字的分级和词汇的分级保持一定的联系。汉字大纲收汉字 2 905 个，分为 4 级：甲级字800 个，乙级字 804 个，丙级字 601 个，丁级字 700 个。这 2 905 字中有 2 485字是《现代汉语常用字表》中的一级常用字。下面我们主要论述的是对外汉语教学中汉字教学的方法问题。

我国的对外汉语教学自 20 世纪 50 年代起步，已经走过了半个多世纪的历程，尤其是 20 世纪 80 年代以来，对外汉语教学进入了蓬勃发展的时期，取得了很大的成绩。几十年来，对外汉语教学按照"语文一体、语文同步"的模式组织教学内容和进行技能训练，把词和句子作为教学内容的基本单位，汉字教学没有得到应有的重视，一般都是采用"字不离词，词不离句，句不离篇"的"分散识字法"进行汉字教学。这样做的结果是：重口头语言的学习，轻书面语言的学习；重听说的训练，轻读写的训练；致使留学生语体转换和书面表达能力普遍滞后。

为了探讨汉字教学与汉字学习的规律，提高对外汉语教学中汉字研究及汉字教学的水平，中国国家对外汉语教学领导小组办公室邀请有关专家、学者和教师于 1997 年 6 月在湖北宜昌举行了汉字与汉字教学研讨会，在研讨会基础上遴选部分论文作者于 1998 年 2 月参加了由世界汉语教学学会和法国汉语教师协会联合在法国巴黎举办的国际汉字与汉字教学研讨会。

这两次学术研讨会对于汉字教学与研究的现状、汉字与汉字教学的主要地位、汉字的教学法与教材等一系列问题进行了充分的讨论，在许多原则性问题上达成了共识。

专家们认为，对外汉语教学虽然已经形成了相对完整的学科体系，但是汉字与汉字教学的研究一直未得到足够的重视，形成了相对滞后的局面。这表现为：第一，对汉字的研究较少；第二，汉字教学不独立，即使有独立的汉字课，也缺乏总体设计和适用的教材；第三，没有深入地探讨汉字教学法，目前的大多数教材都采用随文识字的方式，毫无规律可言；第四，对汉字教学的特点缺乏了解，如母语用拼音文字的学生在学习汉字时难点是什么，应该采取什么措施，以及对外汉语教学中的汉字教学与国内的中小学生的汉字教学有何异同等问题，都还没有得到研究和解决。

对于汉字教学在汉语教学中所具有的重要地位，大家具有相同的认识：第一，汉字是记录汉语的工具，汉字和语音、语法、词汇一样是汉语教学的重要组成部分；第二，在对外汉语教学中，听、说、读、写 4 种技能在训练中有着有机的内在联系，要全面培养学生的交际能力，就不能不重视汉字教学；第三，只有认识一定数目的汉字，才能大量阅读汉语的报刊书籍，才能深入了解中华文化；第四，由于汉字是语素文字，学习汉字有利于了解词义和提高阅读能力。

在对外汉语教学中如何体现汉字教学所应有的地位，学者们提出3种观点：第一种观点是在现有教材的基础上加强汉字教学，要妥善解决学习汉语口语与学习汉字之间的矛盾。可以借鉴"注音识字，提前读写"的经验，用汉字拼音代替暂时不能出现的汉字，随着学生识字量的增加，在课文中逐步增加汉字。也可以借鉴分散识字，随文认读的方法，巩固识字量，适当的时候再借鉴集中识字的方法，大幅度地扩大识字量。第二种观点是在现有教材之外，再加上汉字辅助教材以配合主课的学习。第三种观点是抛开现有的教材体系，重新编写以汉字为纲的教材。大家一致认为，在汉字教学中，部件的教学是关键。对于部件的拆分，应该根据汉字的规律，遵循可称谓性强、理据性高、便于识记的原则。

与会者认为，汉字教材的编写应该全面考虑：要注意字量字种的确定和选择；要综合考虑汉字规律、教学规律、学习规律，在不同时期采用不同的识字法；要正确处理语与文、识字与阅读的关系，使学习汉字与学习词语、句子、篇章有机结合；要讲汉字的基础知识，如汉字的笔画和笔顺、汉字的间架结构、常用汉字的部件等。与会者认为，在科技迅速发展的今天，对外汉语教学也应该充分利用现代科技成果，在传统教材的基础上，制作多种多样的教具、学具，设计计算机多媒体教学软件，加强对外汉语教学。

吕必松认为："现在仍然占主流地位的'语文一体、语文同步'的教学模式严重忽视了汉字的特点，不利于按照汉字的形体结构规律进行汉字的认读和书写教学；也严重地忽视了汉字与汉语的关系的特殊性和汉语口语和书面语的显著差别，不利于充分利用汉字特有的表意、表音功能和易于理解和记忆的优势，因此不利于帮助学生加快识字和发展书面语言能力；汉字认读、书写能力和书面语言能力的滞后又反过来影响了口头语言能力的迅速发展。所以从根本上说，'语文一体、语文同步'的教学模式不利于全面发展学生的语言能力和语言交际能力。建立相对独立的、与口头语言教学系统相平行的书面语言教学系统，就是从根本上改变'语文一体、语文同步'的教学模式，加快发展学生的语言能力和语言交际能力。"[①]

随着对外汉语教学事业的蓬勃发展，人们越来越深刻地认识到汉字教学在

---

① 吕必松：《汉字教学与汉语教学》，见吕必松：《汉字与汉字教学研究论文选》，13～29页，北京，北京大学出版社，1997。

对外汉语教学中的重要性，并且总结出一套行之有效的教学模式。在对外汉语教学课程设置上，语言教学和文字教学有分有合，双管齐下，改变了汉字教学长期以来的从属地位。在对外汉语汉字教学中，字理识字教学法得到普遍的运用。在学习汉字时，从笔画、笔顺的教学开始，从独体字的教学开始，注重培养学生对字形、字音、字义的认知能力，对汉字部件的拆分及组合的分析能力。为了提高识字效率，除了随文识字之外，还采用了形声字归类、基本字带字、偏旁部首带字等集中识字的教学法。

过去，人们总是把汉字难学挂在嘴边，事实上汉字难学跟汉字教学不得法有密切的关系，并不完全是由于汉字本身的原因。与其我们天天数落汉字的缺点，说汉字这也不好、那也不好，不如我们在汉字教学中认真研究、认真总结汉字的特点和教学的规律，减轻学生学习汉字的困难。我们坚信，如果对汉字与汉字教育有了系统深入的研究，形成了行之有效的教学法，汉字的难关并不是不可逾越的。

第三节　汉字在计算机上的应用

计算机也叫电脑，本来是用于数值运算的，但是由于它具有逻辑运算功能，可以用于非数值的运算，所以可以用来处理语言文字所包含的信息，这就是语言信息处理。计算机的原有输入键盘与英文打字机键盘完全兼容，以拉丁字母为基础的西文可以直接键入，而如何输入比 26 个拉丁字母数量大得多、结构复杂得多的汉字就成为一个重大的历史课题。使汉字进入计算机有 3 种途径，即：键盘输入，语音识别，文字识别。后两种方法，由于难度大，估计还要经过较长的时间才能进入实用阶段，目前最普遍、最具有实际应用价值的是键盘输入。

汉字键盘输入计算机，必须为汉字编制相应的各种代码，主要有音码、形码、音形码、形音码 4 类。这些编码互有优缺点。例如，音码的优点是操作简捷，便于"听打"和"想打"，并且便于作进一步的信息处理；缺点是在利用"看打"方式处理文稿时，遇到不认识的字无法输入，另外还必须对同音字问题作特殊处理。形码中的笔触字表法一字一键，无重码，直观性好；缺点是需要特制的大键盘，输入速度较慢。部件结构码按形取码，不涉及字音，便于"看打"，不认识的字也可以编码输入；但汉字形体结构复杂，分解标准不容易统一，因而大多数方案规则复杂，需要进行专门学习才能掌握。音形码或形音码兼取字音和字形两方面的信息，分别适应不同用户的需求。以音为主的编码，操作简单，编码程序与语言思考一致，最适合记者、作家、编辑、教师、干部、科技工作者等普通用户。他们一般采用"想打"方式，对于速度没有过高的需求，输入速度一般低于每分钟 30 字，但是希望编码方法易学、易用，不必经过专门培训就可以掌握。以形为主的编码，能满足大量用字的要求，最适合录入员、打字员、发报员等专业用户。他们一般采用"看打"方式，为追求较高的输入速度可以另外接受职业培训，以掌握一些比较复杂的编码方法或规则。

全用汉字的中文，汉字假名混合的日文，汉字谚文混合的韩文，是 3 种"大单位文字"，它们符号多、用法繁，进行电子计算机处理时不如拼音文字便捷。大单位文字的电子计算机处理经历了 3 个发展阶段：（1）大键盘、大字表"整字"输入阶段；（2）字形编码"拆字"输入阶段；（3）字母——汉字自动变换"无编码"输入阶段。1977 年日本东芝公司首先生产"假名—汉字自动变换"日文处理机，1978 年夏普公司也有同类产品问世，1979 年有 6 家公司生产同类的产品，1980 年日本广泛采用"假名—汉字自动变换"日文处理机，开始了"无编码"的自动变换时代。1983 年以来，中文处理机也逐步进入了"无编码"自动变换阶段。学过汉语拼音的小学生不必另外学习编码，只要输入汉语拼音就可以自动变换成汉字。输入方法是以双音节和多音节的词语、词组、语段、成语、短句、人地名、事物和机构名称等作为输入单位。"输入用语"事先贮存在词库中，还可以由用户自己补充，尽量避免以"单个汉字"作为输入单位。例如，"中国"要作为一个词语输入，不要拆分成两个字输入。"中国人民解放军"也要作为一个单位输入，不拆分成几段输入。

周有光极力推崇"拼音转变法"，他说，汉字打字机无法跟大众化的字母打字机相比。事实上，我们失去了一个大众化的打字机时代。现在如果输入汉字必须经过记忆编码的特别训练，计算机就不能成为大众化的语词处理机。我们在失去了一个大众化的打字机时代以后，不能再失去一个大众化的语词处理机时代。真正消灭差距，追回失去的时代，出路很有可能就在于采用"拼音转变法"。① 周有光提倡中文信息处理的双轨制，他说："汉语拼音是一把两用钥匙。它既能输入拼音、输出拼音，又能输入拼音、输出汉字。汉字和汉语拼音两种法定文字工具的并存并用，给中文信息处理的'双轨制'准备了良好条件。"②

当然，中文信息处理的"双轨制"还包括更丰富的内容。众所周知，汉字处理阶段不过是中文信息处理所特有的一个阶段。中文信息处理属于语言信息处理范畴，它是指用计算机对自然语言的音、形、义等信息进行处理，即对

---

① 周有光：《中文信息处理的双轨制》，载《百科知识》，1984（3）。
② 周有光：《中文信息处理的双轨制》，载《百科知识》，1984（3）。

字、词、句、篇章的输入、输出、识别、分析、理解、生成等的操作与加工。尽管计算机科学的发展解决了汉字的输入输出问题，但是这并不意味着汉字性质的改变，尤其不能证明汉字优越。

语言文字作为信息的载体，它本身包含的信息量也是一种属性。信息量的大小与概率成反比。这就是说，概率越大，获得的信息量越小。信息论中采用比特（bit）作为信息量的单位。如果某一消息由两个出现概率相等的符号组成，那么，包含在这个消息里的信息量叫作 1 比特。比如，掷硬币时知道，或者正面朝上，或者背面朝上，二者出现概率相等，都是 0.5。如果猜中了，概率为 1，所获得的信息量为 1 比特。

还有一个反映语言数学面貌的重要的信息论参数，叫熵。熵本来是物理学中的一个术语，表示热力学系统中分子混乱的程度，在信息论中，就把随机试验结局的不肯定程度的大小叫作熵。在接收到语言符号之前，熵因语言符号的数目和出现概率的不同而有所不同。在接收到语言符号之后，不肯定性被消除，熵等于零。可见，信息量等于被消除的熵，我们只要测出了语言符号的熵，就可以了解到语言符号所负荷的信息量是多少。由于汉字数量太大，出现概率又不同，因此计算起来十分复杂。冯志伟用逐渐扩大汉字容量的办法，计算出在不同汉字容量时，包含在一个汉字中的熵。当汉字容量是 12 370 时，熵值是 9.65，当汉字容量超过 12 370 以后，随着汉字容量的继续扩大，熵值不会再有显著的增加。冯志伟称此为"汉字容量极限定律"。下面是近 10 种语言包含在一个字母（假名）中的熵与汉语书面语中包含在一个汉字中的熵的比较，见表 11-1。

表 11-1

语种	法语	意大利语	西班牙语	英语	德语	罗马尼亚语	俄语	日语	汉语
熵值（比特）	3.98	4.00	4.01	4.03	4.10	4.12	4.38	4.81	9.65

冯志伟认为："汉字的熵值如此之大，说明汉字中包含的信息量大，这固然有其优越之处。但是，从通信技术和汉字信息处理的技术应用角度来看，熵值过大必然会带来技术上的许多困难。根据申农信道编码定理，在一种非扩展的无记忆信源中，码字的平均长度不能小于信源的熵。汉字的熵值大，其相应的码字的平均长度也就很大，即使是一个最优的信道编码系统，其码字的平均长度至少也应与汉字的熵相等，也就是说，如果用二进制数码编码，码字的平均长度不能小于 9.65，如果用十进制数码编码，码字的平均长度不能小于

2.9066（二进制数码的位数为十进制数码的位数的 3.32 倍），而英语如果用二进制数码编码，码字的平均长度不能小于 1.2138，比用汉字编码经济得多。所以，汉字的熵值过大必然要影响通信的效率。在汉字信息处理中，汉字的输入输出是一个关键问题，汉字的熵值大，其输入输出的信息量也就很大，这就给汉字的输入输出带来很大的困难。尽管现在已经研制出了一些汉字输入输出设备，但其工作效率比英文或俄文输入输出的工作效率差得多。"①

怎样才能减少或克服汉字输入输出的困难呢？一方面要搞好现代汉字的规范化、标准化，严格地限制常用汉字的数量，大力减少和淘汰异体字、异形词，使汉语的书面形式尽量适应现代科学技术发展的要求；另一方面可以考虑在电子计算机上实现双轨制，也就是说汉字和汉语拼音并用，在不便于用汉字的时候用汉语拼音。冯志伟在他的《语言文字规范化对于语言信息处理的作用》一文中说："目前，世界许多国家都在讨论建立信息高速公路的问题。美国已经着手建立多媒体的信息高速网等四通八达的信息技术基础设施。我国'金桥'工程以'信息中速国道'（传输速率为 144 千比特～2 兆比特）为起步，将来也将发展成为'信息高速公路'（传输速率在 1000 兆比特以上）。作为信息主要负荷者的语言文字，在信息高速公路的建设中起着关键的作用。据报道，日本由于其文字系统复杂，在信息高速公路的建立中出现困难。如果我们在信息高速公路的建设中，在计算机系统上以拼音文字作为信息的载体，将会大大地提高系统的通信效率，更有利于国际交流。"冯志伟提出一种设想：我们在信息化时代，不要求在全民中推行拉丁化新文字，而只是在计算机上实行"文字的双轨制"——既可使用汉字，又可使用拼音文字，让计算机上使用的文字与世界上大多数发达国家一致，必将显著地提高我国信息通信网络系统的效能。

事实很清楚，计算机再先进，支撑能力再强，汉字在计算机上的使用效率也无法与拼音文字相比。现在无论是在电脑网络已经普及的我国台湾地区，还是在电脑网络刚刚起步的我国大陆地区，中国人在电脑上通信只能用英文，即使有汉化软件可以实现汉字的传输，但是我们不可能要求世界上所有地方的电脑网络都实行"汉化"。如果实行"双轨制"，我们就可以输入拼音文字，由对方转换成为汉字或者直接阅读拼音文字。要使汉语走遍天下，单靠汉字是不行的，"双轨制"是汉语进入国际网络的最理想的选择。

---

① 何九盈等：《中国汉字文化大观》，88～90 页，北京，北京大学出版社，1995。

第四节　汉字的前途

汉字是世界上唯一的成熟的语素文字，它适应汉语的特点，能够称职地完成记录汉语的任务；它负载着中华民族几千年的文明史，造就了独特的汉字文化及民族心理。汉字通过编码等手段，已经可以在电子计算机上输入、输出。随着电子计算机技术的发展和对汉字的深入研究，汉字在电子计算机上的应用有着广阔的前景。当我们讨论汉字的前途时，讲的并非是拼音文字取代汉字的可能性，即使 100 年以后或几百年以后，拼音文字与汉字实行"双轨制"，汉字也永远不会灭亡。在这一点上，大多数学者已经达成共识。

关于汉字的前途，我们首先要讨论两个问题：一是还要不要继续简化汉字；二是还要不要走"世界文字共同的拼音方向"。

简化汉字取得了很大的成绩，但是有一批常用字或通用字笔画仍旧很多。在电子计算机上，15×16 点阵组成"竖 7 行×横 8 行"的栅格，而《GB2312-80 信息交换用汉字编码字符集·基本集》6 763 个字中有多至 138 个多笔字不能用 15×16 点阵显现，即使 24×24 点阵显现，在屏幕上也是黑漆漆的一团。"颤""蠹""叠""覆""膏""羹""壕""曦""嚎""僵""疆""警""譬""巅""巍""纂""蠢""魅""醴""魍"等字就是这种情况。有些人以此为根据，要求继续简化汉字。

持相反意见的人认为，汉字经过简化，常用字平均笔画降低到 10 画左右，汉字书写的困难已经大大减轻了。从 20 世纪 50 年代至今，全国已经有近 10 亿人以上学习、掌握了简化字，如果再继续简化，会给人们带来不便，也会对出版物和电子计算机字库造成很多困难。人们希望文字不要总处于变动之中，最好能稳定一个时期。

我们认为，要不要继续简化汉字，要从广大人民群众的需要出发，要坚决执行国家的语言文字政策。新时期的语言文字方针中有一句话，说要"继续推动文字改革工作"；当前语言文字工作的主要任务中有一句话，说要"研究和整理现行汉字，制订各项有关标准"。刘导生在题为《新时期的语言文字工作》的报告中说："50 年代确定的三项任务，有的还没有很好完成，需要继续完成。所以方针中明确规定要'继续推动文字改革工作'。"[1] 我们认为，这样的提法可以保持语言文字政策的连续性，这并不是说在完成了 50 年代确定的文改任

---

[1] 全国语言文字工作会议秘书处：《新时期的语言文字工作》，24 页，北京，语文出版社，1987。

务之后继续进行文字改革。《全国语言文字工作会议纪要》是这样表述的："三十多年来，汉语规范化和文字改革工作有较大的发展，取得了很大成就。当前，需要充分消化、巩固和发展这一历史性重要成果。在促进语言文字规范化、标准化的同时，文字改革工作还要继续进行，尚未完成的任务还要继续完成。但是文字改革必须稳步进行，不能急于求成；脱离实际超越历史条件的改革，是得不到大多数人支持的。""1977 年发表征求意见的《第二次汉字简化方案（草案）》，经过多次修订，迄今未成定案。这一草案中虽然有一部分简化字比较合理，对识字教学、文字使用有某些积极作用，但是再正式公布这批新简化字，对出版物特别是多卷本的字典、词典、百科全书以及电子计算机的汉字字库等，都会造成很多困难。因此，会议建议国务院正式宣布废止《第二次汉字简化方案（草案）》。汉字的演变是从繁到简的。从长远看汉字不能不简化，但今后对于汉字的简化，应持谨慎的态度，在一个时期内使汉字的形体保持相对的稳定，以利社会应用。"① 国务院批准国家语言文字工作委员会《关于废止〈第二次汉字简化方案（草案）〉和纠正社会用字混乱现象的请示》的通知说："1977 年 12 月 20 日发表的《第二次汉字简化方案（草案）》，自本通知下达之日起停止使用。今后，对汉字的简化应持谨慎态度，使汉字的形体在一个时期内保持相对的稳定，以利于社会应用。当前社会上滥用繁体字、乱造简化字，随便写错别字，这种用字混乱现象，应引起高度重视。国务院责成国家语言文字工作委员会尽快会同有关部门研究、制订各方面用字管理办法，逐步消除社会用字混乱的不正常现象。为便利人们正确使用简化字，请《人民日报》、《光明日报》以及其他有关报刊重新发表《简化字总表》。"②

由此可见，国家关于汉字简化的政策是十分明确的，也是符合实际情况的。2013 年《通用规范汉字表》的颁布体现了全社会的共识。当然，文字在将来总是要变化的，可以设想，若干年以后的汉字改革并不一定着眼于减少笔画。语言学家赵元任在《通字方案》中曾经提出把汉字限定在 2 085 个字的设想。对于初学者或者已经掌握汉字的人来说，限定字种，减少常用字和通用字的数量更具有可行性和必要性。

有关汉字改革的种种问题，作为政府，理应十分谨慎，作为专家当然可以自由研究。当这种研究达到一定程度，能够拿出完整的经得起考验的方案的时候，如果社会有这种要求，客观条件允许的话，也可能继续简化汉字，不过那

---

① 全国语言文字工作会议秘书处：《新时期的语言文字工作》，4 页，北京，语文出版社，1987。

② 国家语委标准化工作委员会办公室：《国家语言文字规范和标准选编》，19 页，北京，中国标准出版社，1997。

至少是几十年以后的事了。

　　新时期语言文字工作的方针和任务中没有再重申走拼音化的道路。刘导生在大会报告中指出："必须强调的是，在今后相当长的时期，汉字作为国家的法定文字还要继续发挥它的作用。现行的《汉语拼音方案》不是代替汉字的拼音文字，它是帮助学习汉语、汉字和推广普通话的注音工具，并用于汉字不便使用或不能使用的方面。"刘导生说："汉字的前途到底如何，我国能不能实现汉语拼音文字，什么时候实现，怎样实现，那是将来的事情，不属于当前文字改革的任务，现在有不同的意见，可以讨论，并且进行更多的科学研究。但是仍然不宜匆忙做出结论。"①

　　全国语言文字工作会议已经过去 30 年了，实践证明新时期语言文字工作的方针和任务是正确的。文件中不提"走世界文字共同的拼音方向"了，但是专家们仍然可以从事"汉语拼音化"的研究，用自己的努力创造"双文制"的未来。周有光在《切音字运动百年祭》中指出："拼音化"是一个十分缓慢而艰巨的发展过程。中国实现"双轨制"至少要等 100 年。急于求成是无济于事的，只有锲而不舍、实事求是、脚踏实地、埋头苦干，一步一步走向最后目标。他说："扩大实际应用，是拼音化向前推进的唯一方法。""新生事物，只要本身的确是有用的，并得到切实的不断利用，就一定会慢慢成长起来，最后，'附庸蔚为大国'。从世界文字史的发展过程来看，没有例外。中国也绝不会是例外。"②

　　怎么扩大应用呢？我们在汉字的行文中已经接受了字母词，那么是否同样可以夹用汉语拼音呢？首先可以用汉语拼音转写外来语，转写来自外族的人名、地名等。这是最现实，也最容易操作的事。再进一步和扩大汉语拼音的用处，并和减少基础教育汉字字数联系起来进行。从字和语素的关系来看，那些记录黏着语素、多音节语素的汉字，可以考虑废弃，而代之以拼音。例如，构成"葡萄""茉莉""玫瑰""蜻蜓""蜈蚣""鸳鸯"等词的两个汉字只能构成一个词，又不存在同音语素的问题，可以考虑用汉语拼音代替。

　　最后我们要从中国讲到世界，汉字在世界的前途如何呢？我们既反对"汉字落后论"，又反对"汉字优越论"。世界上的语言文字和世界上的种族一样，都是平等的，都是世界多样化的存在形式，都有自己存在和发展的权利。文字是历史的产物，它不仅决定于语言的特点，而且决定于文化传播及社会需求。尽管文字的技术性问题是有优劣之分的，但是文字不仅存在技术性的问题，而

① 全国语言文字工作会议秘书处：《新时期的语言文字工作》，24 页，北京，语文出版社，1987。

② 周有光：《切音字运动百年祭》，载《语文建设》，1992（5）。

且存在流通性的问题。

　　流通性既体现在历史的纵向方面，又体现在现实的横向方面。汉字的历史的纵向流通性强，而现实的横向流通性弱。换句话说，也就是汉字（包括汉语）的国际流通性弱。不同的语言和文字有不同程度的国际性，联合国通用的 6 种语言和文字也是如此。国际性最强的是英语（包括文字）。英语在国际交往中使用范围最广，英语科技词汇基本上已经成为国际上通用的术语。目前世界上把英语作为第一语言（本族语）的人口约有 3 亿，作为第二语言（不是本族语，但是所在国通用语）使用的人口约有 2.5 亿，共 5.5 亿。此外，把英语作为外国语使用的人约 3 亿～5 亿。[①] 英语作为第二语言和作为外国语这两种情况，说明英语正在越来越被看成一种国际交往的工具，它不再为一国或一个民族所专有，而成为一种中性的信息媒介。

　　从文字形式来看，今天世界分为"五大文化圈"，即：汉字文化圈，印度字母文化圈，阿拉伯字母文化圈，斯拉夫字母文化圈，拉丁字母文化圈。其中使用阿拉伯字母的国家约 23 个，使用斯拉夫字母的国家约 12 个，使用拉丁字母的国家约 121 个。全世界多国通用的"全国性字母"只有这 3 种，而 3 种之中拉丁字母是全世界通用的字母。下面是世界文字分布示意统计图。[②]

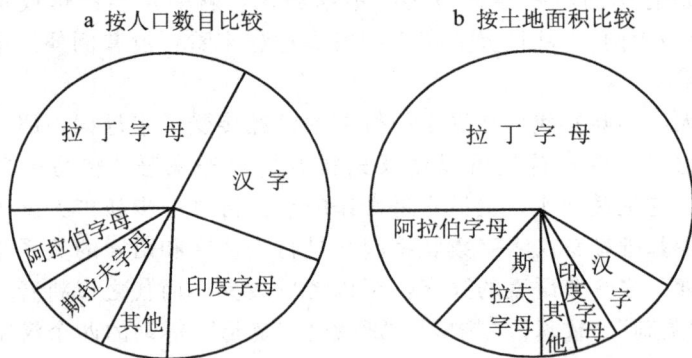

图 11-1

　　看一种语言文字的国际通用性，可以从使用人口、使用人口占有的土地，以及使用国家这三个角度来考察，另外还要注意作为第二语言和外国语来使用的情况。伍铁平说："一种语言能在世界上多大范围内传播（最好不要用'发

----

　　① 中国大百科全书编辑委员会《语言文字》编辑委员会：《中国大百科全书·语言文字卷》，458～460 页，北京，中国大百科全书出版社，1988。

　　② 周有光：《世界文字发展史》，3 页，上海，上海教育出版社，1997。

挥威力'这种带有感情色彩的，不科学的提法），这主要取决于使用这种语言的一个或几个民族当时在世界政治、经济和军事上的地位和作用。一种文字能在世界多大范围内传播，除上述原因外，还取决于掌握这种文字的难易程度。当今世界使用英语的人数越来越多；众所公认，英语是当今世界比较通行的语言。在 21 世纪汉语汉字的传播能否比现在的范围扩大一些，不取决于我们的主观愿望和宣传，而取决于我国的国力和外族人对汉语和汉字是否感兴趣和愿意接受的程度。我国著名语言学家和书法家、博士生导师启功教授为 1992 年在新加坡召开的首届国际汉语语言学会议题词'各民族的语言和文字是全世界人民的共同财富'（见《国外社会科学》1992 年第 11 期）。我认为，这是体现了民族平等进步思想的正确的语言文字观。"①

对于西方文化，我们要有宽广的胸怀与平和的心态。这并不等于说，我们就可以无所作为地全盘接受西方的文化、西方的价值观。在全球一体化的时代，我们反对文化霸权，主张各种文化的和谐相处，在竞争中共同发展。改革开放以来，中国国际地位的提高，不仅表现为经济竞争力的增强，还体现为文化影响力的增强，汉语在国际交往中的实用价值不断提升，很多国家和地区都出现了不同程度的汉语热。据不完全统计，目前，全世界有 100 多个国家、3 000 多所高等学校开设了汉语课程，学习汉语的人数大约有 4 000 万人。2014 年共有来自 203 个国家和地区的 377 054 名各类外国留学人员，在我国 31 个省、自治区、直辖市的 775 所高等学校、科研院所和其他教学机构中学习，比 2013 年增加了 20 555 人，增长比例为 5.77%（以上数据均不含港、澳、台地区）。汉语正日渐成为仅次于英语的一门世界性的语言。为了满足世界人民学习汉语的需要，中国决定在世界各地建立孔子学院。汉语汉字要以此为契机，走出国门、走向世界。孔子学院并非一般意义上的大学，而是推广汉语文化的教育和文化交流机构，是一个非营利性的社会公益机构。孔子学院最重要的一项工作就是给世界各地的汉语学习者提供规范、权威的现代汉语教材，提供最正规、最主要的汉语教学渠道。孔子是中国传统文化的代表人物，选择孔子作为汉语教学品牌是中国传统文化复兴的标志。为推广汉语文化，中国政府在 1987 年成立了"国家对外汉语教学领导小组"，简称"汉办"。"汉办"承办的第一所孔子学院，于 2004 年 11 月 21 日在韩国首都首尔挂牌。中国孔子学院总部于 2007 年 4 月 9 日在北京成立，设在境外的孔子学院都是其分支机构。孔子学院总部是促进中外语言和文化交流，发展人类多元文化，共同构建和谐世界

---

① 伍铁平：《语言和文化评论集》，203 页，北京，北京语言文化大学出版社，1997。

的重要机构，其职能是统筹协调和综合服务，并通过孔子学院为各国学习汉语、汉字和中国文化的人士提供支持和帮助。近年来孔子学院的建设得到了许多国家的热烈响应和积极支持。截至 2014 年 12 月我国已在全球 126 个国家和地区建立 475 所孔子学院和 851 个孔子课堂，累计注册学员 345 万人。据中新网 2015 年 9 月报道，全世界 134 个国家已建立 495 所孔子学院和 1 000 个中小学孔子课堂。

在世界经济一体化的大背景下，中华民族要有所作为，不仅要具有经济的硬实力，而且要具有文化的软实力。在让中国制造、中国创造的产品走出国门、走向世界的同时，要让汉语、汉字走出国门、走向世界。中国在重新认识世界，世界也在重新认识中国。中华民族的和平崛起为东西方文化的交融提供了历史的契机。

【思考与练习】

一、结合你本人学习汉语、汉字和英语的经历，谈谈你对学习两种不同文字的体会。

二、在历史上"三百千"是利用韵文的形式集中识字，请列举今人利用韵文形式集中识字的试验。

三、利用字理识字，是不是就要讲六书？请举例说明字理识字的可行性。

四、请介绍一下什么是部件识字法。

五、你怎样看待对外汉语教学中汉字教学所应该具有的重要地位？

六、请介绍一下利用拼音转变法的最先进的软件。

七、有人预测，21 世纪英语将一统天下，你对此有何看法？

八、为什么说汉语、汉字走向世界，有助于东西方文化交融，有助于构筑和谐世界？

参考文献

———— ※ ————

1. 布龙菲尔德. 语言论. 上海，商务印书馆，1980
2. 曹先擢. 汉字文化漫笔. 上海，语文出版社，1992
3. 陈原. 现代汉语定量分析. 上海，上海教育出版社，1989
4. 德·索绪尔. 普通语言学教程. 上海，商务印书馆，1980
5. （清）段玉裁. 说文解字注. 上海，上海古籍出版社，1981
6. 冯志伟. 现代汉字和计算机. 北京，北京大学出版社，1989
7. 傅永和主编. 汉字属性字典. 北京，语文出版社，1989
8. 高家莺，范可育，费锦昌. 现代汉字学. 北京，高等教育出版社，1993
9. 龚嘉镇. 现行汉字形音关系研究. 武汉，湖北人民出版社，1995
10. 国家语委标准化工作委员会办公室. 国家语言文字规范和标准选编. 北京，中国标准出版社，1997
11. 国家语言工作委员会汉字处. 现代汉语常用字表. 北京，语文出版社，1988
12. 国家语言工作委员会汉字处. 现代汉语通用字表. 北京，语文出版社，1989
13. 何九盈，胡双宝，张猛. 中国汉字文化大观. 北京，北京大学出版社，1995
14. 李公宜，刘如水. 汉字信息字典. 北京，科学出版社，1988
15. 李敏生. 汉字哲学初探. 北京，社会科学文献出版社，2000
16. 李敏生，李涛. 昭雪汉字百年冤案. 北京，社会科学文献出版社，1994
17. 鲁允中. 普通话的轻声和儿化. 上海，商务印书馆，1995
18. 吕必松. 汉字与汉字教学研究论文选. 北京，北京大学出版社，1999
19. 帕默尔. 语言学概论. 上海，商务印书馆，1983
20. 皮尔斯. 皮尔斯：论符号. 成都，四川大学出版社，2014
21. 裘锡圭. 文字学概要. 上海，商务印书馆，1988
22. 全国语言文字工作会议秘书处. 新时期的语言文字工作. 北京，语文出版社，1987

23. 苏培成. 现代汉字学纲要. 北京，北京大学出版社，1994

24. 王凤阳. 汉字学. 长春，吉林文史出版社，1989

25. 王还，常宝儒，等. 现代汉语频率词典. 北京，北京语言学院出版社，1986

26. 王开扬. 汉字现代化研究. 济南，齐鲁书社，2004

27. 王宁.《通用规范汉字表》解读. 北京，商务印书馆，2013

28. 王宁. 通用规范汉字字典. 北京，商务印书馆，2013

29. 伍铁平. 语言和文化评论集. 北京，北京语言文化大学出版社，1997

30. 徐世荣. 普通话异读词审音表释例. 北京，语文出版社，1997

31.（东汉）许慎. 说文解字. 北京，中华书局，1963

32. 伊斯特林. 文字的产生和发展. 北京，北京大学出版社，1987

33. 张普. 汉语信息处理研究. 北京，北京语言学院出版社，1992

34. 张育泉. 语文现代概论. 北京，首都师范大学出版社，1995

35. 赵元任. 通字方案. 北京，商务印书馆，1983

36. 赵元任. 语言问题. 上海，商务印书馆，1980

37. 中国大百科全书·语言文字. 北京，中国大百科全书出版社，1988

38. 中国社会科学院语言文字应用研究所. 汉字问题学术讨论会论文集. 北京，语文出版社，1988

39. 中国社会科学院语言研究所词典编辑室. 现代汉语词典（第6版）. 北京，商务印书馆，2012

40. 中国社会科学院语言研究所. 新华字典（第11版）. 北京，商务印书馆，2011

41. 周有光. 汉字改革概论（第三版）. 北京，文字改革出版社，1979

42. 周有光. 世界文字发展史. 上海，上海教育出版社，1997

43. 周有光. 新语文的建设. 北京，语文出版社，1992

44. 周有光. 中国语文的现代化. 上海，上海教育出版社，1986

45. 周有光. 中国语文纵横谈. 北京，人民教育出版社，1992

附　录

规范字与繁体字、异体字对照表

说　明

一、本表的编制是为了指导正确使用《通用规范汉字表》、方便古籍阅读、促进海峡两岸及港澳地区交流。繁体字和异体字的使用，遵循《中华人民共和国国家通用语言文字法》的规定。

二、本表列出了《通用规范字表》中的 3120 个规范字及相应的繁体字、异体字。分三栏编排：第一栏是规范字。第二栏是繁体字，用圆括号括注。第三栏是异体字，用方括号括注。

三、本表收录了与 2546 个规范字相对应的 2574 个繁体字。对 96 组一个规范字对应多个繁体字（或传承字）的字际关系进行了分解。表中的"～"代表与规范字相同的传承字。依据《简化字总表》的规定，对在部分义项和用法上不简化的"瞭、乾、藉、麽"等字，加注予以说明。

四、本表对《第一批异体字整理表》进行了调整，收录了 794 组共计 1023 个异体字。对在部分义项和用法上可作规范字使用的"仝、甦、堃、脩"等异体字，加注说明其使用范围和用法。

五、本表引自《通用规范汉字表》的附件 1，但略去了原表中标注的各字序号。本表按各字在《通用规范汉字表》中的原有顺序排列。

规范字与繁体字、异体字对照表

规范字	繁体字	异体字	规范字	繁体字	异体字
厂	（廠）		尸		［屍］
卜	～		卫	（衛）	
	（蔔）		飞	（飛）	
儿	（兒）		习	（習）	
几	～		马	（馬）	
	（幾）		乡	（鄉）	
了	～		丰	～	
	（瞭¹）			（豐）	
乃		［迺逎²］	开	（開）	
干	～		无	（無）	
	（乾³）	［亁乾］	云	～	
	（幹）	［榦］		（雲）	
亏	（虧）		专	（專）	［耑⁶］
才	～		丐		［匃匄］
	（纔）		扎		［紮紥］
与	（與）		艺	（藝）	
万	～		厅	（廳）	
	（萬）		区	（區）	
千	～		历	（歷）	［歴厯］
	（韆）			（曆）	［厤］
亿	（億）		匹		［疋］
个	（個）	［箇］	车	（車）	
么	（麼⁴）		巨		［鉅⁷］
凡		［凢］	贝	（貝）	
广	（廣）		冈	（岡）	
亡		［亾］	见	（見）	
门	（門）		气	（氣）	
丫		［枒椏⁵］	升		［昇⁸陞⁹］
义	（義）		夭		［殀］

规范字	繁体字	异体字
长	（長）	
仆	～	
	（僕）	
仇		［讐讎10］
币	（幣）	
仅	（僅）	
斤		［觔］
从	（從）	
仑	（侖）	［崘崙］
凶		［兇］
仓	（倉）	
风	（風）	
乌	（烏）	
凤	（鳳）	
为	（爲）	
斗	～	
	（鬥）	［鬩鬦鬪］
忆	（憶）	
计	（計）	
订	（訂）	
认	（認）	
冗		［宂］
讥	（譏）	
丑	～	
	（醜）	
队	（隊）	
办	（辦）	
以		［㠯目］
邓	（鄧）	
劝	（勸）	
双	（雙）	

规范字	繁体字	异体字
书	（書）	
刊		［栞］
击	（擊）	
扑	（撲）	
节	（節）	
术	～	
	（術）	
厉	（厲）	
布		［佈］
龙	（龍）	
灭	（滅）	
轧	（軋）	
东	（東）	
占		［佔］
卢	（盧）	
业	（業）	
旧	（舊）	
帅	（帥）	
归	（歸）	
叶	～	
	（葉）	
电	（電）	
号	（號）	
只	（祇）	［衹11秖］
	（隻）	
叽	（嘰）	
叫		［呌］
叩		［敂］
叹	（嘆）	［歎］
冉		［冄］
丘		［坵］

规范字	繁体字	异体字
仙		［僊］
们	（們）	
仪	（儀）	
丛	（叢）	
尔	（爾）	［尒］
乐	（樂）	
匆		［怱悤］
册		［冊］
卯		［夘戼］
处	（處）	
冬	～	
	（鼕）	
鸟	（鳥）	
务	（務）	
饥	（飢）	
	（饑）	
冯	（馮）	
闪	（閃）	
兰	（蘭）	
汇	（匯）	［滙］
	（彙）	
头	（頭）	
汉	（漢）	
宁	（寧）	［寍甯¹²］
它		［牠］
讨	（討）	
写	（寫）	
让	（讓）	
礼	（禮）	
训	（訓）	
议	（議）	

规范字	繁体字	异体字
讯	（訊）	
记	（記）	
出	～	
	（齣）	
辽	（遼）	
奶		［妳嬭］
边	（邊）	
发	（發）	
	（髮）	
圣	（聖）	
对	（對）	
台	～	
	（臺）	
	（颱）	
	（檯）	
纠	（糾）	［糺］
丝	（絲）	
动	（動）	［働］
扛		［摃］
扣		［釦］
考		［攷］
托		［託］
巩	（鞏）	
执	（執）	
扩	（擴）	
扫	（掃）	
场	（場）	［塲］
扬	（揚）	［敭颺¹³］
亚	（亞）	
朴	～	
	（樸）	

规范字	繁体字	异体字
机	（機）	
权	（權）	
过	（過）	
再		［冄冊］
协	（協）	
压	（壓）	
厌	（厭）	
页	（頁）	
夸	～	
	（誇）	
夺	（奪）	
达	（達）	
夹	（夾）	［袷[14]袼］
轨	（軌）	
邪		［衺］
尧	（堯）	
划	～	
	（劃）	
迈	（邁）	
毕	（畢）	
贞	（貞）	
师	（師）	
尘	（塵）	
当	（當）	
	（噹）	
吁	～	
	（籲）	
吓	（嚇）	
虫	（蟲）	
曲	～	
	（麯）	［麴[15]］

规范字	繁体字	异体字
团	（團）	
	（糰）	
同		［仝[16]衕］
吊		［弔］
吃		［喫］
因		［囙］
吗	（嗎）	
屿	（嶼）	
岁	（歲）	［嵗］
帆		［帄颿］
回	～	
	（迴）	［廻逥］
岂	（豈）	
则	（則）	
刚	（剛）	
网	（網）	
年		［秊］
朱	～	
	（硃）	
迁	（遷）	
乔	（喬）	
伟	（偉）	
传	（傳）	
优	（優）	
伤	（傷）	
价	（價）	
伦	（倫）	
华	（華）	
仿		［倣髣］
伙	～	
	（夥[17]）	

规范字	繁体字	异体字
伪	（僞）	
向	～	
	（嚮）	［曏］
似		［佀］
后	～	
	（後）	
会	（會）	
杀	（殺）	
合	～	
	（閤）	
众	（衆）	［眾］
爷	（爺）	
伞	（傘）	［繖繖］
创	（創）	［刱刅］
朵		［朶］
杂	（雜）	［襍］
负	（負）	
壮	（壯）	
冲	～	
	（衝）	
妆	（妝）	［粧］
冰		［氷］
庄	（莊）	
庆	（慶）	
刘	（劉）	
齐	（齊）	
产	（産）	
决		［決］
闭	（閉）	
问	（問）	
闯	（闖）	

规范字	繁体字	异体字
并		［併並竝］
关	（關）	
灯	（燈）	
污		［汙汚］
汤	（湯）	
兴	（興）	
讲	（講）	
讳	（諱）	
军	（軍）	
讶	（訝）	
许	（許）	
讹	（訛）	［譌］
论	（論）	
讼	（訟）	
农	（農）	［辳］
讽	（諷）	
设	（設）	
访	（訪）	
诀	（訣）	
寻	（尋）	［尋］
尽	（盡）	
	（儘）	
导	（導）	
异		［異］
孙	（孫）	
阵	（陣）	
阳	（陽）	
阶	（階）	［堦］
阴	（陰）	［隂］
奸		［姦］
妇	（婦）	［媍］

规范字	繁体字	异体字
妈	（媽）	
戏	（戲）	［戯］
观	（觀）	
欢	（歡）	［懽讙驩］
买	（買）	
红	（紅）	
驮	（馱）	［駄］
纤	（縴）	
	（纖）	
驯	（馴）	
约	（約）	
级	（級）	
纪	（紀）	
驰	（馳）	
纫	（紉）	
巡		［廵］
寿	（壽）	
弄		［挵衖］
麦	（麥）	
玛	（瑪）	
进	（進）	
远	（遠）	
违	（違）	
韧	（韌）	［靭靱靭］
运	（運）	
抚	（撫）	
坛	（壇）	
	（罎）	［罈壜］
坏	（壞）	
抠	（摳）	
扰	（擾）	

规范字	繁体字	异体字
扼		［搤］
址		［阯］
扯		［撦］
贡	（貢）	
坝	（壩）	
	（壪）	
折	～	
	（摺）	
抡	（掄）	
抢	（搶）	
坎		［埳］
坟	（墳）	
坑		［阬］
护	（護）	
壳	（殼）	
志		［誌］
块	（塊）	
声	（聲）	
报	（報）	
拟	（擬）	［儗］
却		［卻卻］
劫		［刦刧刼］
芜	（蕪）	
苇	（葦）	
花		［苍蘤］
苍	（蒼）	
严	（嚴）	
芦	（蘆）	
劳	（勞）	
克	～	
	（剋）[18]	［尅］

规范字	繁体字	异体字
苏	（蘇）	［甦[19] 蘓］
	（嚕）	
杆		［桿］
杠		［槓］
村		［邨[20]］
极	（極）	
杨	（楊）	
豆		［荳］
两	（兩）	
丽	（麗）	
医	（醫）	
励	（勵）	
还	（還）	
歼	（殲）	
来	（來）	
连	（連）	
轩	（軒）	
卤	（鹵）	
	（滷）	
坚	（堅）	
时	（時）	［旹］
县	（縣）	
里	～	
	（裏）	［裡］
呆		［獃］
呕	（嘔）	
园	（園）	
旷	（曠）	
围	（圍）	
吨	（噸）	
邮	（郵）	

规范字	繁体字	异体字
困	～	
	（睏）	
员	（員）	
听	（聽）	
吟		［唫］
呛	（嗆）	
吻		［脗］
呜	（嗚）	
别	～	
	（彆）	
岖	（嶇）	
岗	（崗）	
帐	（帳）	
财	（財）	
针	（針）	［鍼］
钉	（釘）	
乱	（亂）	
体	（體）	
佣	（傭）	
你		［妳］
皂		［皁］
佛		［彿髴］
彻	（徹）	
余	～	
	（餘）	
谷	～	
	（穀）	
邻	（鄰）	［隣］
肛		［疘］
肠	（腸）	［膓］
龟	（龜）	

规范字	繁体字	异体字
犹	(猶)	
狈	(狽)	
删		[刪]
条	(條)	
岛	(島)	[嶋]
刨		[鉋鑤]
饭	(飯)	
饮	(飲)	[歓]
系	～	
	(係)	
	繋	
冻	(凍)	
状	(狀)	
亩	(畝)	[畆畞畂畮畮]
况		[況]
床		[牀]
库	(庫)	
疗	(療)	
吝		[悋]
应	(應)	
这	(這)	
庐	(廬)	
弃		[棄]
闰	(閏)	
闲	(閑)	[閒]
间	(間)	
闷	(悶)	
灶	(竈)	
灿	(燦)	
沥	(瀝)	
沦	(淪)	

规范字	繁体字	异体字
泅		[洶]
泛		[氾[21]汎]
沧	(滄)	
沟	(溝)	
沪	(滬)	
沈	～	
	(瀋)	
怀	(懷)	
忧	(憂)	
穷	(窮)	
灾		[災烖甾]
证	(證)	
启	(啓)	[唘啟]
评	(評)	
补	(補)	
祀		[禩]
识	(識)	
诈	(詐)	
诉	(訴)	[愬]
诊	(診)	
词	(詞)	[䛐]
译	(譯)	
灵	(靈)	
层	(層)	
迟	(遲)	
局		[侷跼]
张	(張)	
际	(際)	
陆	(陸)	
陈	(陳)	
附		[坿]

规范字	繁体字	异体字
坠	（墜）	
妙		［玅］
姊		［姉］
妒		［妬］
劲	（勁）	
鸡	（鷄）	［雞］
纬	（緯）	
驱	（驅）	［駈敺］
纯	（純）	
纱	（紗）	
纲	（綱）	
纳	（納）	
驳	（駁）	［駮］
纵	（縱）	
纷	（紛）	
纸	（紙）	［帋］
纹	（紋）	
纺	（紡）	
驴	（驢）	
纽	（紐）	
玩		［翫］
环	（環）	
责	（責）	
现	（現）	
表	～	
	（錶）	
规	（規）	［槼］
拓		［搨］
拢	（攏）	
拣	（揀）	
担	（擔）	

规范字	繁体字	异体字
坤		［堃[22]］
拐		［柺］
拖		［拕］
顶	（頂）	
拥	（擁）	
抵		［牴觝］
势	（勢）	
拦	（攔）	
幸		［倖］
拧	（擰）	
拨	（撥）	
择	（擇）	
拗		［抝］
苹	（蘋[23]）	
范	～	
	（範）	
茎	（莖）	
杯		［盃桮］
枢	（樞）	
柜	（櫃）	
板	～	
	（闆）	
松	～	
	（鬆）	
枪	（槍）	［鎗］
枫	（楓）	
构	（構）	［搆］
杰		［傑］
丧	（喪）	
画	（畫）	
枣	（棗）	

规范字	繁体字	异体字
卖	（賣）	
郁	～	
	鬱	［欝鬱］
矾	（礬）	
矿	（礦）	［鑛］
码	（碼）	
厕	（廁）	［廁］
奔		［奔逩犇24］
奋	（奮）	
态	（態）	
欧	（歐）	
殴	（毆）	
垄	（壟）	
轰	（轟）	
顷	（頃）	
转	（轉）	
斩	（斬）	
轮	（輪）	
软	（軟）	［輭］
肯		［肎］
齿	（齒）	
虏	（虜）	［虜］
肾	（腎）	
贤	（賢）	
果		［菓］
昆		［崑崐］
国	（國）	
畅	（暢）	
咙	（嚨）	
咒		［呪］
呼		［虖嘑謼］

规范字	繁体字	异体字
鸣	（鳴）	
咏		［詠］
岸		［岍］
岩		［嵒巖巖］
罗	（羅）	
帜	（幟）	
岭	（嶺）	
凯	（凱）	
败	（敗）	
账	（賬）	
贩	（販）	
贬	（貶）	
购	（購）	
贮	（貯）	
图	（圖）	
钓	（釣）	
制	～	
	（製）	
氛		［雰］
刮	～	
	（颳）	
秆		［稈］
和		［咊龢25］
岳		［嶽］
侠	（俠）	
侥	（僥）	［傲］
侄		［姪姪］
侦	（偵）	［遉］
侧	（側）	
凭	（憑）	［凴］
侨	（僑）	

规范字	繁体字	异体字
货	（貨）	
迫		［廹］
质	（質）	
欣		［訢²⁶］
征	～	
	（徵²⁷）	
往		［徃］
径	（徑）	［逕²⁸］
舍	～	
	捨	
命		［俞］
肴		［餚］
采		［採寀］
觅	（覓）	［覔］
贪	（貪）	
念		［唸］
贫	（貧）	
肤	（膚）	
肿	（腫）	
胀	（脹）	
肮	（骯）	
胁	（脅）	［脇］
周		［週］
昏		［昬］
鱼	（魚）	
兔		［兎兒］
狞	（獰）	
备	（備）	［俻］
饰	（飾）	
饱	（飽）	
饲	（飼）	［飤］

规范字	繁体字	异体字
变	（變）	
享		［亯］
庞	（龐）	
夜		［亱］
庙	（廟）	
疟	（瘧）	
剂	（劑）	
卒		［卆］
废	（廢）	［癈］
净		［淨］
闸	（閘）	［牐］
闹	（鬧）	［閙］
郑	（鄭）	
券		［劵］
卷	～	
	（捲）	
单	（單）	
炕		［匟］
炉	（爐）	［鑪²⁹］
浅	（淺）	
法		［泫灋］
泄		［洩］
沾		［霑］
泪		［淚］
注		［註］
泞	（濘）	
泻	（瀉）	
泼	（潑）	
泽	（澤）	
怜	（憐）	
怪		［恠］

规范字	繁体字	异体字
学	（學）	
宝	（寶）	［寳］
宠	（寵）	
审	（審）	
帘	～	
	（簾）	
实	（實）	［寔］
试	（試）	
诗	（詩）	
诚	（誠）	
衬	（襯）	
视	（視）	［眎眡］
话	（話）	［語］
诞	（誕）	
诡	（詭）	
询	（詢）	
该	（該）	
详	（詳）	
肃	（肅）	
录	（録）	
隶	（隸）	［隸隷］
帚		［箒］
届		［屆］
弥	（彌）	
	（瀰）	
弦		［絃］
陕	（陝）	
函		［圅］
驾	（駕）	
参	（參）	［㕘叅蔘薓］
艰	（艱）	

规范字	繁体字	异体字
线	（綫）	［線[30]］
练	（練）	
组	（組）	
绅	（紳）	
细	（細）	
驶	（駛）	
织	（織）	
驹	（駒）	
终	（終）	
驻	（駐）	
绊	（絆）	
驼	（駝）	［駞］
绍	（紹）	
绎	（繹）	
经	（經）	
贯	（貫）	
贰	（貳）	
春		［旾］
帮	（幫）	［幇幚］
珍		［珎］
珊		［珊］
挂		［掛掛］
项	（項）	
挟	（挾）	
挠	（撓）	
赵	（趙）	
挡	（擋）	［攩］
括		［捛］
垛		［垜］
垫	（墊）	
挤	（擠）	

规范字	繁体字	异体字
挥	（揮）	
荐	（薦）	
带	（帶）	
草		［艸］
茧	（繭）	［蠒］
荡	（蕩）	［盪］
荣	（榮）	
荤	（葷）	
荧	（熒）	
胡	～	［衚］
	（鬍）	
荫	（蔭）	［廕］
荔		［茘］
药	（藥）	
标	（標）	
栈	（棧）	
栋	（棟）	
查		［査］
柏		［栢］
栅		［柵］
柳		［栁栁］
柿		［柹］
栏	（欄）	
柠	（檸）	
树	（樹）	
咸	～	
	（鹹）	
砖	（磚）	［塼甎］
厘		［釐[31]］
砚	（硯）	
面	～	

规范字	繁体字	异体字
	（麵）	［麪］
牵	（牽）	
鸥	（鷗）	
残	（殘）	
轴	（軸）	
轻	（輕）	
鸦	（鴉）	［鵶］
韭		［韮］
背		［揹］
战	（戰）	
点	（點）	
临	（臨）	
览	（覽）	
竖	（豎）	［竪］
尝	（嘗）	［甞嚐］
是		［昰］
哄		［閧鬨］
哑	（啞）	
显	（顯）	
冒		［冐］
映		［暎］
贵	（貴）	
虾	（蝦）	
蚁	（蟻）	
蚂	（螞）	
虽	（雖）	
咽		［嚥］
骂	（罵）	［傌駡］
勋	（勛）	［勳］
哗	（嘩）	［譁］
咱		［偺喒偺喒］

规范字	繁体字	异体字
响	（響）	
咬		［齩］
咳		［欬］
哟	（喲）	
峡	（峽）	
罚	（罰）	［罸］
贱	（賤）	
贴	（貼）	
贻	（貽）	
钙	（鈣）	
钝	（鈍）	
钞	（鈔）	
钟	（鍾³²）	
	（鐘）	
钢	（鋼）	
钠	（鈉）	
钥	（鑰）	
钦	（欽）	
钧	（鈞）	
钩	（鈎）	［鉤］
钮	（鈕）	
矩		［榘］
毡	（氈）	［氊］
氢	（氫）	
选	（選）	
适	（適）	
种	〜	
	（種）	
秋	〜	［秌穐］
	（鞦）	
复	（復）	

规范字	繁体字	异体字
	（複）	
俩	（倆）	
贷	（貸）	
顺	（順）	
修		［脩³³］
俭	（儉）	
俊		［儁儁］
须	（須）	
	（鬚）	
叙		［敘敍］
剑	（劍）	［劔］
胚		［肧］
胧	（朧）	
胆	（膽）	
胜	（勝）	
脉		［脈衇脈］
狭	（狹）	［陜］
狮	（獅）	
独	（獨）	
狱	（獄）	
贸	（貿）	
饵	（餌）	
饶	（饒）	
蚀	（蝕）	
饺	（餃）	
饼	（餅）	
峦	（巒）	
弯	（彎）	
将	（將）	
奖	（獎）	［奬］
迹		［跡蹟］

规范字	繁体字	异体字
疮	（瘡）	
疯	（瘋）	
亲	（親）	
闱	（闈）	
闻	（聞）	
闽	（閩）	
阀	（閥）	
阁	（閣）	［閤］
养	（養）	
姜	～	
	（薑）	
类	（類）	
娄	（婁）	
总	（總）	
炼	（煉）	［鍊］
烁	（爍）	
炮		［砲礟］
烂	（爛）	
剃		［薙鬀］
洼	（窪）	
洁	（潔）	［絜³⁴］
洒	（灑）	
浇	（澆）	
浊	（濁）	
测	（測）	
浏	（瀏）	
济	（濟）	
浑	（渾）	
浓	（濃）	
恒		［恆］
恍		［怳］

规范字	繁体字	异体字
恤		［卹衈賉］
恼	（惱）	
举	（舉）	［擧］
觉	（覺）	
宪	（憲）	
窃	（竊）	
诚	（誠）	
诬	（誣）	
语	（語）	
袄	（襖）	
误	（誤）	
诱	（誘）	
诲	（誨）	
说	（説）	
诵	（誦）	
垦	（墾）	
昼	（晝）	
费	（費）	
逊	（遜）	
陨	（隕）	
险	（險）	
姻		［婣］
娇	（嬌）	
贺	（賀）	
垒	（壘）	
绑	（綁）	
绒	（絨）	［毧羢］
结	（結）	
绕	（繞）	［遶］
骄	（驕）	
绘	（繪）	

规范字	繁体字	异体字
给	（給）	
绚	（絢）	
骆	（駱）	
络	（絡）	
绝	（絕）	
绞	（絞）	
骇	（駭）	
统	（統）	
耕		［畊］
艳	（艶）	［豓豔］
蚕	（蠶）	
顽	（頑）	
盏	（盞）	［琖醆］
捞	（撈）	
载	（載）	
赶	（趕）	
盐	（鹽）	
捍		［扞35］
捏		［揑］
捆		［綑］
损	（損）	
哲		［喆36］
捡	（撿）	
挽		［輓］
挚	（摯）	
热	（熱）	
捣	（搗）	［擣擣］
壶	（壺）	
耻		［恥］
耽		［躭］
聂	（聶）	

规范字	繁体字	异体字
莱	（萊）	
莲	（蓮）	
获	（獲）	
	（穫）	
晋		［晉］
恶	（惡）	
	（噁）	
莹	（瑩）	
莺	（鶯）	［鸎］
栖		［棲］
档	（檔）	
桥	（橋）	
桦	（樺）	
桩	（樁）	
核		［覈］
样	（樣）	
栗		［慄］
贾	（賈）	
翅		［翄］
唇		［脣］
砾	（礫）	
础	（礎）	
顾	（顧）	
轿	（轎）	
较	（較）	
顿	（頓）	
毙	（斃）	［獘］
致	～	
	（緻）	
桌		［槕］
虑	（慮）	

规范字	繁体字	异体字
监	（監）	
紧	（緊）	[繄緊]
党	～	
	（黨）	
晒	（曬）	
晓	（曉）	
唠	（嘮）	
鸭	（鴨）	
晃		[提]
晕	（暈）	
蚊		[螡螡]
恩		[㤙]
鸯	（鴦）	
罢	（罷）	
峭		[陗]
峨		[峩]
峰		[峯]
圆	（圓）	
贼	（賊）	
贿	（賄）	
赂	（賂）	
赃	（臟）	
钱	（錢）	
钳	（鉗）	
钻	（鑽）	[鑚]
钾	（鉀）	
铁	（鐵）	
铃	（鈴）	
铅	（鉛）	[鈆]
牺	（犧）	
乘		[乗椉]

规范字	繁体字	异体字
敌	（敵）	
积	（積）	
称	（稱）	
秘		[祕37]
笔	（筆）	
笑		[咲]
笋		[筍]
债	（債）	
借	～	
	（藉38）	
倾	（傾）	
赁	（賃）	
俯		[俛頫39]
倦		[勌]
射		[躰]
躬		[躳]
殷		[慇]
舰	（艦）	
舱	（艙）	
拿		[拏𢫨挐]
耸	（聳）	
爱	（愛）	
颂	（頌）	
颂	（頌）	
脆		[脃]
胸		[胷]
胳		[肐]
脏	（臟）	
	（髒）	
脐	（臍）	
胶	（膠）	

规范字	繁体字	异体字
脑	（腦）	
脓	（膿）	
狸		［貍］
鸵	（鴕）	
留		［畱留畱］
鸳	（鴛）	
皱	（皺）	
饿	（餓）	
馁	（餒）	
凄		［淒悽］
恋	（戀）	
桨	（槳）	
浆	（漿）	
席		［蓆］
准	～	
	（準）	
症	～	
	（癥）	
斋	（齋）	［亝］
效		［効傚］
离	（離）	
资	（資）	［貲40］
凉		［涼］
竞	（競）	
阅	（閱）	
瓶		［缾］
烦	（煩）	
烧	（燒）	
烛	（燭）	
烟		［菸煙］
递	（遞）	

规范字	繁体字	异体字
涛	（濤）	
浙		［淛］
涝	（澇）	
涡	（渦）	
涂	～	
	（塗）	
涤	（滌）	
润	（潤）	
涧	（澗）	
涨	（漲）	
烫	（燙）	
涩	（澀）	［澁濇］
涌		［湧］
悖		［誖］
悍		［猂］
悯	（憫）	
宽	（寬）	
家	～	
	（傢）	
宴		［醼讌］
宾	（賓）	
窍	（竅）	
请	（請）	
诸	（諸）	
诺	（諾）	
读	（讀）	
诽	（誹）	
袜	（襪）	［韈韤］
课	（課）	
冥		［冥冥］
谁	（誰）	

规范字	繁体字	异体字
调	（調）	
冤		［寃冤］
谅	（諒）	
谆	（諄）	
谈	（談）	
谊	（誼）	
恳	（懇）	
剧	（劇）	
娘		［孃］
难	（難）	
预	（預）	
桑		［桒］
绢	（絹）	
绣	（綉）	［繡］
验	（驗）	［騐］
继	（繼）	
骏	（駿）	
球		［毬］
琐	（瑣）	［璅］
琉		［瑠瑠］
琅		［瑯］
捷		［倢］
捶		［搥］
掏		［搯］
掷	（擲）	
据	～	
	（據）	［㩀］
掺	（摻）	
职	（職）	
菱		［蓤］
萝	（蘿）	

规范字	繁体字	异体字
萤	（螢）	
营	（營）	
萧	（蕭）	
萨	（薩）	
梦	（夢）	
婪		［惏］
梅		［楳槑］
检	（檢）	
救		［捄］
酝	（醞）	
厢		［廂］
戚		［慽慼］
硕	（碩）	
聋	（聾）	
袭	（襲）	
辅	（輔）	
辆	（輛）	
颅	（顱）	
眯		［瞇］
悬	（懸）	
野		［埜壄］
跃	（躍）	
略		［畧］
蛇		［虵］
累	～	
	（纍）	
啰	（囉）	
啸	（嘯）	
崭	（嶄）	［嶃］
逻	（邏）	
婴	（嬰）	

规范字	繁体字	异体字
铐	（銬）	
铛	（鐺）	
铝	（鋁）	
铜	（銅）	
铭	（銘）	
铲	（鏟）	［剷］
银	（銀）	
矫	（矯）	
秸		［稭］
梨		［棃］
犁		［犂］
秽	（穢）	
移		［迻］
笼	（籠）	
偿	（償）	
偷		［媮］
躯	（軀）	
兜		［兠］
假		［叚⁴¹］
衅	（釁）	
衔	（銜）	［啣御］
盘	（盤）	
船		［舩］
鸽	（鴿）	
敛	（斂）	［歛］
欲		［慾］
彩		［綵］
领	（領）	
脚		［腳］
脖		［䐱］
脸	（臉）	

规范字	繁体字	异体字
够		［夠］
猪		［豬］
猎	（獵）	
猫		［貓］
馅	（餡）	
馆	（館）	［舘］
凑		［湊］
减		［減］
庶		［庻］
麻		［蔴］
庵		［菴］
痒	（癢）	
旋	～	
	（鏇）	
望		［朢］
阎	（閻）	
阐	（闡）	
盖	（蓋）	
眷		［睠］
粗		［觕麤］
断	（斷）	
兽	（獸）	
焊		［釺銲］
鸿	（鴻）	
淋		［痳］
渐	（漸）	
淆		［殽］
渊	（淵）	
淫		［婬滛］
渔	（漁）	
淳		［湻］

规范字	繁体字	异体字
淀	～	
	（澱）	
深		［滦］
梁		［樑］
渗	（滲）	
惭	（慚）	［慙］
惧	（懼）	
惊	（驚）	
悴		［顇］
惨	（慘）	
惯	（慣）	
寇		［冦宼］
宿		［宿］
窑		［窰窯］
谋	（謀）	
谍	（諜）	
谎	（謊）	
谐	（諧）	
祷	（禱）	
祸	（禍）	［旤］
谓	（謂）	
谚	（諺）	
谜	（謎）	
弹	（彈）	
堕	（墮）	
随	（隨）	
隐	（隱）	
婶	（嬸）	
颇	（頗）	
颈	（頸）	
绩	（績）	［勣[42]］

规范字	繁体字	异体字
绪	（緒）	
续	（續）	
骑	（騎）	
绰	（綽）	
绳	（繩）	
维	（維）	
绵	（綿）	［緜］
绷	（綳）	［繃］
绸	（綢）	［紬］
综	（綜）	
绽	（綻）	
绿	（綠）	［菉[43]］
缀	（綴）	
琴		［琹］
琼	（瓊）	
款		［欵］
塔		［墖］
趁		［趂］
趋	（趨）	
揽	（攬）	
堤		［隄］
博		［愽］
插		［挿］
揪		［揫］
搜		［蒐[44]］
煮		［煑］
搀	（攙）	
搁	（擱）	
搂	（摟）	
搅	（攪）	
期		［朞］

规范字	繁体字	异体字
联	（聯）	
散		［散］
葬		［塟葬］
葱		［蔥］
蒋	（蔣）	
蒂		［蔕］
韩	（韓）	
棱		［稜］
棋		［碁碁］
棕		［椶］
椭	（橢）	
逼		［偪］
厨		［厨廚］
厦		［廈］
确	（確）	
雁		［鴈］
颊	（頰）	
雳	（靂）	
暂	（暫）	［蹔］
翘	（翹）	
辈	（輩）	
凿	（鑿）	
辉	（輝）	［煇］
赏	（賞）	
睐	（睐）	
最		［㝡寂］
晰		［晢］
喷	（噴）	
畴	（疇）	
践	（踐）	
遗	（遺）	

规范字	繁体字	异体字
蛙		［鼃］
鹃	（鵑）	
喂		［餧餵］
啼		［嗁］
喧		［誼］
帽		［帞］
赋	（賦）	
赌	（賭）	
赎	（贖）	
赐	（賜）	
赔	（賠）	
铸	（鑄）	
铺	（鋪）	［舖］
链	（鏈）	
销	（銷）	
锁	（鎖）	［鎻］
锄	（鋤）	［鉏耡］
锅	（鍋）	
锈	（銹）	［鏽］
锋	（鋒）	
锌	（鋅）	
锐	（銳）	
鹅	（鵝）	［鵞䳘］
剩		［賸］
筑	～	
	（築）	
策		［筴簎］
筛	（篩）	
筒		［箭］
筏		［栰］
储	（儲）	

规范字	繁体字	异体字
皓		[暠皜]
惩	（懲）	
御	～	
	（禦）	
逾		[踰]
释	（釋）	
腊	（臘）	[臈]
鲁	（魯）	
猬		[蝟]
愆	（愆）	
馈	（饋）	[餽]
馋	（饞）	
装	（裝）	
蛮	（蠻）	
敦		[敦]
阔	（闊）	[濶]
粪	（糞）	
焰		[燄]
滞	（滯）	
渺		[淼 45 淼]
湿	（濕）	[溼]
溃	（潰）	
溅	（濺）	
湾	（灣）	
游		[遊]
愤	（憤）	
愧		[媿]
慨		[嘅]
寓		[庽]
窜	（竄）	
窝	（窩）	

规范字	繁体字	异体字
窗		[窓窻牕牎窻]
遍		[徧]
雇		[僱]
裤	（褲）	[袴]
裙		[帬裠]
禅	（禪）	
谢	（謝）	
谣	（謠）	
谤	（謗）	
谦	（謙）	
属	（屬）	
屡	（屢）	
强		[強彊]
疏		[疎]
婿		[壻]
缅	（緬）	
缆	（纜）	
缉	（緝）	
缎	（緞）	
缓	（緩）	
缔	（締）	
缕	（縷）	
骗	（騙）	
编	（編）	
骚	（騷）	
缘	（緣）	
鹉	（鵡）	
瑰		[瓌]
魂		[霓]
摄	（攝）	
鼓		[皷]

规范字	繁体字	异体字
摆	（擺）	
	（襬）	
携		［攜㩗擕攜］
摊	（攤）	
勤		［懃］
靴		［鞾］
鹊	（鵲）	
蓝	（藍）	
幕		［幙］
蒙	～	
	（濛）	
	（懞）	
	（矇）	
献	（獻）	
榄	（欖）	
楼	（樓）	
概		［槩］
赖	（賴）	（頼）
酬		［酧詶醻］
碍	（礙）	
碰		［掽踫］
碗		［𥎊盌椀⁴⁶］
碌		［磟］
尴	（尷）	
雾	（霧）	
辐	（輻）	
辑	（輯）	
输	（輸）	
频	（頻）	
龄	（齡）	
鉴	（鑒）	［鋻鑑］

规范字	繁体字	异体字
睹		［覩］
睬		［保］
暖		［暝煖煗］
暗		［晻闇］
照		［炤］
跷	（蹺）	［蹻］
踩		［跴］
蜗	（蝸）	
蜂		［蠭螽］
置		［寘］
罪		［辠］
错	（錯）	
锚	（錨）	
锡	（錫）	
锣	（鑼）	
锤	（錘）	［鎚］
锥	（錐）	
锦	（錦）	
键	（鍵）	
锯	（鋸）	
锰	（錳）	
辞	（辭）	［辝］
稚		［稺穉］
颓	（頹）	［穨］
筹	（籌）	
签	（簽）	
	（籤）	
简	（簡）	
毁		［燬譭］
愈		［瘉癒］
腻	（膩）	

规范字	繁体字	异体字
腮		[顋]
鹏	(鵬)	
腾	(騰)	
腿		[骽]
鲍	(鮑)	
猿		[猨蝯]
颖	(穎)	[頴]
触	(觸)	
雏	(雛)	
馍	(饃)	[饝]
馏	(餾)	
酱	(醬)	
禀		[稟]
痹		[痺]
痴		[癡]
廉		[亷廉]
韵		[韻]
誊	(謄)	
粮	(糧)	
数	(數)	
满	(滿)	
滤	(濾)	
滥	(濫)	
溪		[谿⁴⁷]
滴	～	
	(灘)	
溯		[泝遡]
滨	(濱)	
滩	(灘)	
慎		[昚]
誉	(譽)	

规范字	繁体字	异体字
窥	(窺)	[闚]
寝	(寢)	[寑]
谨	(謹)	
裸		[躶臝]
谬	(謬)	
群		[羣]
辟	～	
	(闢)	
叠		[疊曡疉]
缚	(縛)	
缝	(縫)	
缠	(纏)	
缤	(繽)	
剿		[勦劋]
璃		[琍瓈]
赘	(贅)	
墙	(墻)	[牆]
蔑	～	
	(衊)	
蔼	(藹)	
熙		[熈熙]
槛	(檻)	
榜		[牓]
榨		[搾]
歌		[謌]
酿	(釀)	
碱		[城▢礆鹻]
愿	(願)	
辖	(轄)	
辗	(輾)	
颗	(顆)	

规范字	繁体字	异体字
瞅		［䀜瞜］
嗽		［嗽］
踊	（踴）	
蜡	（蠟）	
蝇	（蠅）	
蝉	（蟬）	
赚	（賺）	
锹	（鍬）	［鏊］
锻	（鍛）	
镀	（鍍）	
稳	（穩）	
熏		［燻］
箩	（籮）	
管		［筦⁴⁸］
箫	（簫）	
舆	輿	
膀		［髈］
鲜	（鮮）	［尠尟鱻］
馒	（饅）	
瘩		［瘩］
辣		［辢］
旗		［旂］
弊		［獘］
潇	（瀟）	
漱		［潄］
寨		［砦］
赛	（賽）	
察		［督］
谭	（譚）	
谱	（譜）	
嫩		［嫰］

规范字	繁体字	异体字
凳		［櫈］
骠	（驃）	［骉］
缩	（縮）	
撵	（攆）	
撑		［撐］
墩		［墪］
撰		［譔］
聪	（聰）	
鞋		［鞵］
鞍		［鞌］
蕊		［蕋橤蘂］
蕴	（蘊）	
樱	（櫻）	
飘	（飄）	［飃］
醇		［醕］
霉	（黴）	
瞒	（瞞）	
题	（題）	
嘻		［譆］
踩		［跴］
踪		［蹤］
蝶		［蜨］
蝎		［蠍］
嘱	（囑）	
镇	（鎮）	
镐	（鎬）	
镑	（鎊）	
稿		［稾］
篓	（簍）	
僵		［殭］
德		［悳］

规范字	繁体字	异体字
膝		［厀］
鲤	（鯉）	
鲫	（鯽）	
襄		［襄］
瘢	（癜）	瘢［瘢］
瘤		［瘤］
瘫	（癱）	
颜	（顏）	
糊		［粘餬］
潜		［潛］
鲨	（鯊）	
澜	（瀾）	
澄		［澂⁴⁹］
憔		［癄顦］
额	（額）	［頟］
谴	（譴）	
鹤	（鶴）	
缭	（繚）	
操		［捒捒］
燕		［鷰］
薯		［藷］
颠	（顛）	
橱		［樹］
融		［螎］
辙	（轍）	
蹄		［蹏］
蟆		［蟇］
噪		［譟］
鹦	（鸚）	
赠	（贈）	
镜	（鏡）	

规范字	繁体字	异体字
赞	（贊）	［賛讚］
篮	（籃）	
篡		［簒］
篱	～	
	（籬）	
雕		［彫琱鵰］
鲸	（鯨）	
瘾	（癮）	
辩	（辯）	
糖		［餹］
糕		［餻］
濒	（瀕）	
懒	（懶）	［嬾］
缰	（繮）	［韁］
缴	（繳）	
檐		［簷］
磷		［粦燐］
瞩	（矚）	
赡	（贍）	
繁		［緐］
徽		［微］
鳄	（鰐）	［鱷］
辫	（辮）	
赢	（贏）	
糟		［蹧］
糠		［粇穅］
臀		［臋］
骤	（驟）	
藤		［籐］
嚣	（嚻）	
镰	（鐮）	［鎌鐮］

规范字	繁体字	异体字
翻		[繙飜]
鳍	(鰭)	
鹰	(鷹)	
辇		[輦]
巅	(巔)	
蟹		[蠏]
颤	(顫)	
癣	(癬)	
鳖	(鱉)	[鼈]
鬓	(鬢)	
耀		[燿]
蠕		[蝡]
鳞	(鱗)	
糯		[稬穤]
蠢		[惷]
霸		[覇]
蹰	(躕)	
赣	(贛)	[贑灨]
镶	(鑲)	
罐		[鑵]

规范字	繁体字	异体字
韦	(韋)	
厄		[戹阨]
门	(門)	
讣	(訃)	
札		[剳劄50]
匝		[帀]
劢	(勱)	
厃		[厓]
刍	(芻)	
邝	(鄺)	
讦	(訐)	

规范字	繁体字	异体字
讧	(訌)	
讪	(訕)	
讫	(訖)	
驭	(馭)	
玑	(璣)	
圹	(壙)	
扪	(捫)	
艿	(薚)	
亘		[亙]
厍	(厙)	
钇	(釔)	
伛	(傴)	
伥	(倀)	
伧	(傖)	
仁		[仃伫]
犷	(獷)	
犸	(獁)	
凫	(鳧)	
邬	(鄔)	
饧	(餳)	
忏	(懺)	
讴	(謳)	
讵	(詎)	
讷	(訥)	
阱		[穽]
纡	(紆)	
纣	(紂)	
纥	(紇)	
纨	(紈)	
玙	(璵)	
抟	(摶)	

规范字	繁体字	异体字
坂		［阪⁵¹岅］
坞	（塢）	［隖］
扱	（撄）	
芸	～	
	（蕓）	
苈	（藶）	
苋	（莧）	
苌	（萇）	
苁	（蓯）	
苎	（苧）	
矶	（磯）	
奁	（奩）	［匳匲籢］
欤	（歟）	
轫	（軔）	［軏］
邺	（鄴）	
呒	（嘸）	
呓	（囈）	
呖	（嚦）	
旸	（暘）	
虬		［虯］
呗	（唄）	
帏	（幃）	
岘	（峴）	
岚	（嵐）	
囵	（圇）	
钊	（釗）	
钋	（釙）	
钉	（釘）	
釒	（僉）	
鸠	（鳩）	
邹	（鄒）	

规范字	繁体字	异体字
饨	（飩）	
饩	（餼）	
饪	（飪）	［餁］
饫	（飫）	
饬	（飭）	
庑	（廡）	
疖	（癤）	
闱	（闈）	
闳	（閎）	
闵	（閔）	
羌		［羗羌］
炀	（煬）	
沣	（灃）	
沤	（漚）	
沨	（渢）	
沩	（潙）	
怃	（憮）	
怄	（慪）	
忤		［捂］
忾	（愾）	
怅	（悵）	
怆	（愴）	
诂	（詁）	
诃	（訶）	
诅	（詛）	
诋	（詆）	
诌	（謅）	
诏	（詔）	
诒	（詒）	
陇	（隴）	
陉	（陘）	

规范字	繁体字	异体字
妩	(嫵)	
妪	(嫗)	
妊		[姙]
妫	(媯)	
刭	(剄)	
纭	(紜)	
纰	(紕)	
纴	(紝)	
纶	(綸)	
纾	(紓)	
玮	(瑋)	
瓯	(甌)	
垆	(壚)	
抚	(擓)	
坳		[坳]
茏	(蘢)	
茑	(蔦)	
茔	(塋)	
茕	(煢)	
枥	(櫪)	
枧	(梘)	
枨	(棖)	
枞	(樅)	
砀	(碭)	
瓯	(甌)	
郏	(郟)	
轭	(軛)	
鸢	(鳶)	
昙	(曇)	
虮	(蟣)	
黾	(黽)	

规范字	繁体字	异体字
咛	(嚀)	
咝	(噝)	
峃	(嶨)	
帙		[袟袠]
剀	(剴)	
迥		[逈]
剀	(剴)	
峄	(嶧)	
罔		[岡]
钍	(釷)	
钎	(釺)	
钏	(釧)	
钒	(釩)	
钕	(釹)	
钗	(釵)	
牦		[犛氂]
侃		[偘]
侩	(儈)	
侪	(儕)	
侬	(儂)	
刽	(劊)	
怂	(慫)	
籴	(糴)	
瓮		[甕罋]
馂	(餕)	
胠	(膊)	
迩	(邇)	
枭	(梟)	
饯	(餞)	
饴	(飴)	
疠	(癘)	

规范字	繁体字	异体字		规范字	繁体字	异体字
疡	（瘍）			绁	（紲）	［絏］
炜	（煒）			绂	（紱）	
㶽	熰			驲	（馹）	
炝	（熗）			驸	（駙）	
泷	（瀧）			绉	（縐）	
泸	（瀘）			绌	（絀）	
泺	（濼）			驿	（驛）	
泯		［冺］		骀	（駘）	
泾	（涇）			珐		［琺］
怃	（憮）			珑	（瓏）	
怿	（懌）			玳		［瑇］
诓	（誆）			顸	（頇）	
诔	（誄）			垭	（埡）	
诖	（詿）			挝	（撾）	
诘	（詰）			挞	（撻）	
诙	（詼）			贲	（賁）	
郓	（鄆）			垱	（壋）	
祎	（禕）			挦	（撏）	
诛	（誅）			荚	（莢）	
诜	（詵）			贳	（貰）	
诟	（詬）			荜	（蓽）	
诠	（詮）			荞	（蕎）	［荍］
诣	（詣）			荟	（薈）	
诤	（諍）			荠	（薺）	
诧	（詫）			垩	（堊）	
诨	（諢）			荥	（滎）	
诩	（詡）			荦	（犖）	
姗		［姍］		荨	（蕁）	
驽	（駑）			荩	（藎）	
虱		［蝨］		剋		［尅］
绀	（紺）			荪	（蓀）	

规范字	繁体字	异体字
荚	(賈)	
苟	(葤)	
枾	(櫛)	
栊	(欖)	
枦	(櫨)	
栀		[栀]
栎	(櫟)	
桱	(樫)	
郦	(酈)	
砗	(硨)	
斫		[斵斲斸]
砜	(碸)	
殇	(殤)	
轱	(軲)	
轲	(軻)	
轳	(轤)	
轶	(軼)	
轸	(軫)	
蛋	(蠤)	
觇	(覘)	
眍	(瞘)	
眇		[眇]
昵		[暱]
哓	(嘵)	
哔	(嗶)	
毗		[毘]
虹		[蚰]
哆	(嗦)	
剐	(剮)	
郧	(鄖)	
咿		[吚]

规范字	繁体字	异体字
哙	(噲)	
咩		[哶哶]
咤		[吒52]
哝	(噥)	
峣	(嶢)	
帧	(幀)	
峒		[峝]
峤	(嶠)	
觊	(覬)	
钚	(鈈)	
钛	(鈦)	
钡	(鋇)	
钣	(鈑)	
铃	(鈴)	
钨	(鎢)	
钫	(鈁)	
钯	(鈀)	
秕		[粃]
笃	(篤)	
俦	(儔)	
俨	(儼)	
俪	(儷)	
侔		[㑶]
徇		[狥]
胨	(腖)	
胪	(臚)	
胫	(脛)	[踁]
鸧	(鶬)	
狯	(獪)	
飑	(颮)	
狲	(猻)	

规范字	繁体字	异体字
饷	（餉）	［饟］
饴	（飴）	
饹	（餎）	
李	（欒）	
娈	（孌）	
疬	（癧）	
疢	（瘀）	
飒	（颯）	［颭］
阕	（闋）	
间	（間）	
阎	（閻）	
阂	（閡）	
籼		［秈］
炽	（熾）	
炯		［烱］
烃	（烴）	
浃	（浹）	
涎		［次］
浍	（澮）	
浒	（滸）	
浔	（潯）	
泺	（濼）	
恸	（慟）	
恹	（懨）	
恺	（愷）	
恻	（惻）	
恽	（惲）	
衭		［衭］
诮	（誚）	
祢	（禰）	
诰	（誥）	

规范字	繁体字	异体字
诳	（誆）	
鸩	（鴆）	［酖］
娅	（婭）	
娆	（嬈）	
怼	（懟）	
绮	（綺）	
骁	（驍）	
骅	（驊）	
绗	（絎）	
绛	（絳）	
骈	（駢）	
顼	（頊）	
珰	（璫）	
珲	（琿）	
埘	（塒）	
埙	（塤）	［壎］
埚	（堝）	
赟	（贇）	
盍		［盇］
莳	（蒔）	
萬	（蕮）	
苊		［㳂菧］
莸	（蕕）	
鸪	（鴣）	
莼	（蒓）	［蓴］
桡	（橈）	
桢	（楨）	
桤	（榿）	
桧	（檜）	
逦	（邐）	
砺	（礪）	

规范字	繁体字	异体字
砧		[碪]
砢	(礊)	
轼	(軾)	
轻	(輕)	
辂	(輅)	
鸹	(鴰)	
殌	(薒)	
龇	(齜)	
鸬	(鸕)	
眬	(矓)	
唛	(嘜)	
鸺	(鵂)	
蚬	(蜆)	
蚝		[蠔]
唢	(嗩)	
唪		[哱]
崂	(嶗)	
崃	(崍)	
觊	(覬)	
赅	(賅)	
钰	(鈺)	
钲	(鉦)	
钴	(鈷)	
钵	(鉢)	[盋缽]
钹	(鈸)	
钺	(鉞)	
钽	(鉭)	
钼	(鉬)	
钿	(鈿)	
铀	(鈾)	
铂	(鉑)	

规范字	繁体字	异体字
铄	(鑠)	
铆	(鉚)	
铈	(鈰)	
铉	(鉉)	
铊	(鉈)	
铋	(鉍)	
铌	(鈮)	
铍	(鈹)	
铍	(鏺)	
铎	(鐸)	
氩	(氬)	
笕	(筧)	
倏		[倐儵]
隽		[雋]
皋		[皐臯]
衄		[衂鼽]
颀	(頎)	
徕	(徠)	
胭		[臙]
脍	(膾)	
鸥	(鷗)	
玺	(璽)	
鸰	(鴒)	
狷		[獧]
猃	(獫)	
袅	(裊)	[嫋裊嬝]
饽	(餑)	
栾	(欒)	
挛	(攣)	
疴		[痾]
痈	(癰)	

规范字	繁体字	异体字	规范字	繁体字	异体字
疱		[皰]	绠	(綆)	
痉	(痙)		骊	(驪)	
颏	(頦)		绡	(綃)	
阃	(閫)		骋	(騁)	
阄	(鬮)		绥	(綏)	
阆	(閬)		绦	(縧)	[縚絛]
阗	(闐)		绨	(綈)	
郓	(鄆)		骘	(騭)	
烨	(燁)	[爗]	鸷	(鷙)	
烩	(燴)		焘	(燾)	
烬	(燼)		琏	(璉)	
涞	(淶)		麸	(麩)	[粰𪎏]
涟	(漣)		掳	(擄)	
涅		[湼]	掴	(摑)	
涧	(澗)		鸶	(鷥)	
浣		[澣]	掸	(撣)	
浚		[濬]	悫	(愨)	
悭	(慳)		掼	(摜)	
诹	(諏)		萦	(縈)	
冢		[塚]	梿	(槤)	
诼	(諑)		觇	(覘)	
祢		[禰]	梾	(梾)	
祯	(禎)		啬	(嗇)	
诿	(諉)		匮	(匱)	
谀	(諛)		敕		[勅勑]
谂	(諗)		戛		[戞]
谄	(諂)	[謟]	硖	(硤)	
谇	(誶)		硗	(磽)	
娲	(媧)		鸸	(鴯)	
娴	(嫻)	[嫺]	厩		[廄廐]
婀		[娿]	龚	(龔)	

规范字	繁体字	异体字
殒	（殞）	
殓	（殮）	
赍	（賫）	
轪	（軑）	［軙］
堑	（塹）	
眦		［眥］
啧	（嘖）	
眺		［覜］
勖		［勗］
啭	（囀）	
啮	（嚙）	［齧嚙］
跄	（蹌）	
蛎	（蠣）	
蛊	（蠱）	
蛏	（蟶）	
唛		［咭嘜］
帻	（幘）	
帼	（幗）	
赇	（賕）	
赈	（賑）	
赊	（賒）	
铑	（銠）	
铒	（鉺）	
铗	（鋏）	
铙	（鐃）	
铟	（銦）	
铠	（鎧）	
铡	（鍘）	
铢	（銖）	
铣	（銑）	
铤	（鋌）	

规范字	繁体字	异体字
铧	（鏵）	
铨	（銓）	
铩	（鎩）	
铪	（鉿）	
铫	（銚）	
铬	（鉻）	
铮	（錚）	
铯	（銫）	
铰	（鉸）	
铱	（銥）	
铳	（銃）	
铵	（銨）	
铷	（銣）	
鸹	（鴰）	
秽	（穢）	
笺	（箋）	［牋椾］
笾	（籩）	
债	（債）	
偬		［傯］
偻	（僂）	
皑	（皚）	
鸺	（鵂）	
舻	（艫）	
龛	（龕）	
猡	（玀）	
猕	（獼）	
馃	（餜）	
馄	（餛）	
鸾	（鸞）	
阇	（闍）	
阈	（閾）	

规范字	繁体字	异体字
阄	（鬮）	
闻	（聞）	
阅	（閱）	
阎	（閻）	
阕	（闋）	
羟	（羥）	
粝	（糲）	
焖	（燜）	
溃	（潰）	
㳇	（濆）	
挲		［挱］
渑	（澠）	
恓	（悽）	［㥪］
惇		［憞］
惮	（憚）	
谌	（諶）	
谏	（諫）	
鞑	（韃）	
谞	（諝）	
裆	（襠）	
谒	（謁）	
谔	（諤）	
谕	（諭）	
谖	（諼）	
谗	（讒）	
谙	（諳）	
谛	（諦）	
谝	（諞）	
粜	（糶）	
婵	（嬋）	
悳		［悳懲］

规范字	繁体字	异体字
绫	（綾）	
骐	（騏）	
绮	（綺）	
绯	（緋）	
绱	（緔）	
骒	（騍）	
绲	（緄）	
雏	（雛）	
绶	（綬）	
绺	（綹）	
绻	（綣）	
绾	（綰）	
骖	（驂）	
缁	（緇）	
靓	（靚）	
辇	（輦）	
鼋	（黿）	
堙		［陻］
颉	（頡）	
揪	（揪）	［揫］
蛰	（蟄）	
埚	（堝）	
葶		［䓃］
萋	（蔞）	
萱		［萲蘐蕿蕿］
楼	（樓）	
棹		［櫂］
椤	（欏）	
棰		［箠］
赍	（賫）	［賷齎］
椁		［槨］

规范字	繁体字	异体字
鸨	（鴇）	
鹏	（鵬）	
殚	（殫）	
辊	（輥）	
辋	（輞）	
椠	（槧）	
辍	（輟）	
辐	（輻）	
睑	（瞼）	
喋		［啑］
跖		［蹠］
跞	（躒）	
蛱	（蛺）	
蛲	（蟯）	
蛳	（螄）	
蛔		［蚘痐蛕蛦］
蛴	（蠐）	
喑		［瘖］
喽	（嘍）	
嵘	（嶸）	
嵝	（嶁）	
赕	（賧）	
锗	（鍺）	
铼	（錸）	
铿	（鏗）	
锃	（鋥）	
锂	（鋰）	
锆	（鋯）	
锇	（鋨）	
锉	（銼）	［剉］
锏	（鐧）	

规范字	繁体字	异体字
锑	（銻）	
锒	（鋃）	
锔	（鋦）	
锕	（錒）	
犊	（犢）	
鹄	（鵠）	
筜	（簹）	
牍	（牘）	
傥	（儻）	
傧	（儐）	
傩	（儺）	
逼		［逼］
媭	（嬃）	
颌	（頜）	
鸽	（鴿）	
腌		［醃］
鱿	（魷）	
鲀	（魨）	
鲂	（魴）	
颍	（潁）	
飓	（颶）	［颶］
觞	（觴）	
颎	（熲）	
飧		［飱］
馇	（餷）	
馊	（餿）	
亵	（褻）	
脔	（臠）	
痨	（癆）	
痫	（癇）	
赓	（賡）	

规范字	繁体字	异体字
颏	（頦）	
鸭	（鵾）	
阑	（闌）	
阒	（闃）	
阕	（闋）	
鹈	（鵜）	
愤	（憒）	
謷	（謷）	
谟	（謨）	[暮]
裢	（褳）	
裥	（襇）	
谠	（讜）	
幂		[冪]
谡	（謖）	
谥	（謚）	[諡]
谧	（謐）	
骘	（騭）	
毓	（甋）	
翚	（翬）	
骛	（騖）	
缂	（緙）	
缃	（緗）	
缄	（緘）	[械]
缇	（緹）	
缈	（緲）	
缌	（緦）	
缑	（緱）	
缒	（縋）	
缗	（緡）	
飨	（饗）	
耢	（耮）	

规范字	繁体字	异体字
骜	（驁）	
韫	（韞）	
摅	（攄）	
摈	（擯）	
毂	（轂）	
蓦	（驀）	
鹕	（鶘）	
蓟	（薊）	
蓑		[簑]
蓠	（蘺）	
鋬	（鋬）	
颐	（頤）	
楠		[枏柟]
楫		[檝]
榈	（櫚）	
榉	（櫸）	
楦		[楥]
碛	（磧）	
碇		[矴椗]
碜	（磣）	
鹌	（鵪）	
辏	（輳）	
龃	（齟）	
鲍	（鮑）	
尰	（尰）	
嗳	（噯）	
跶	（躂）	
踌	（躊）	
跹	（躚）	
跻	（躋）	
喋		[嘌猱]

规范字	繁体字	异体字
嗳	（噯）	
锗	（鍺）	
锛	（錛）	
锜	（錡）	
锝	（鍀）	
锞	（錁）	
锟	（錕）	
锢	（錮）	
锨	（鍁）	
锩	（錈）	
锭	（錠）	
锱	（錙）	
稗		［粺］
筲		［箱］
愆		［諐］
觎	（覦）	
颔	（頷）	
腭		［齶］
塍		［堘］
鲅	（鮁）	
鲆	（鮃）	
鲇	（鮎）	
鲈	（鱸）	
稣	（穌）	
鲋	（鮒）	
鲐	（鮐）	
鸺	（鵂）	
飔	（颸）	
馐	（饈）	
鹑	（鶉）	
痱		［疿］

规范字	繁体字	异体字
瘆	（瘮）	
雍		［雝］
阖	（闔）	
阗	（闐）	
阙	（闕）	
粳		［秔杭稉］
滟	（灧）	
滢	（瀅）	
滗	（潷）	
滦	（灤）	
溆	（漵）	
慑	（懾）	［慴］
鲎	（鱟）	
骞	（騫）	
窦	（竇）	
邋	（邋）	
谪	（謫）	［讁］
嫒	（嬡）	
嫔	（嬪）	
缙	（縉）	
缜	（縝）	
缛	（縟）	
辔	（轡）	
骝	（騮）	
缟	（縞）	
缡	（縭）	
缢	（縊）	
缣	（縑）	
骟	（騸）	
觏	（覯）	
韬	（韜）	

规范字	繁体字	异体字	规范字	繁体字	异体字
叆	（靉）		锴	（鍇）	
撄	（攖）		锶	（鍶）	
蔷	（薔）		锷	（鍔）	
蔺	（藺）		锸	（鍤）	
鹕	（鶘）		锹	（鍬）	
槁		［槀］	镁	（鎂）	
槟	（檳）		镂	（鏤）	
楮	（櫧）		赘	（贅）	
榷		［搉榷］	箧	（篋）	
酽	（釅）		箅		［節］
厮		［廝］	箬		［篛］
碛		［磧］	箪	（簞）	
殡	（殯）		箓	（籙）	
霁	（霽）		膑	（臏）	
辕	（轅）		鲑	（鮭）	
龇	（齜）		鲔	（鮪）	
龈	（齦）		鲚	（鱭）	
睿		［叡］	鲛	（鮫）	
瞍	（瞍）		鲟	（鱘）	
嘎		［嘎］	獐		［麞］
暧	（曖）		僮	（罋）	
踌	（躊）		銮	（鑾）	
蝈	（蟈）		瘘	（瘺）	
蜽		［蜽］	阘	（闒）	
鹗	（鶚）		鏊	（鏊）	
嘤	（嚶）		粽		［糭］
罴	（羆）		糁	（糝）	
赙	（賻）		鹚	（鷀）	［鶿］
嚣	（嚻）	［嚻］	潋	（瀲）	
鹘	（鶻）		潍	（濰）	
锲	（鍥）		谮	（譖）	

规范字	繁体字	异体字
褛		［綵］
楼	（樓）	
谯	（譙）	
谲	（譎）	
鹛	（鶥）	
嫱	（嬙）	
鹜	（鶩）	
骠	（驃）	
缥	（縹）	
缦	（縵）	
缧	（縲）	
缨	（纓）	
骢	（驄）	
缪	（繆）	
缫	（繅）	
耧	（耬）	
璎	（瓔）	
璇		［璿］
聱		［聟］
撷	（擷）	
撸	（擼）	
挦	（撏）	
聩	（聵）	
觐	（覲）	
辒	（轀）	
鞒	（鞽）	
蕲	（蘄）	
赜	（賾）	
槽	（檣）	［艢］
靥	（靨）	

规范字	繁体字	异体字
魇	（魘）	
餍	（饜）	
辘	（轆）	
龉	（齬）	
龅	（齙）	
觑	（覷）	
颥	（顬）	
踬	（躓）	
踯	（躑）	
蝾	（蠑）	
蝼	（螻）	
颚	（顎）	
噜	（嚕）	
颙	（顒）	
镊	（鑷）	
镉	（鎘）	
镌	（鎸）	
镍	（鎳）	
镏	（鎦）	
镒	（鎰）	
镓	（鎵）	
镔	（鑌）	
簧	（簀）	
鹭	（鷺）	
膘		［臕］
鲠	（鯁）	［骾］
鲤	（鱺）	
鲢	（鰱）	
鲣	（鰹）	
鲥	（鰣）	
鲧	（鯀）	

规范字	繁体字	异体字
鲩	（鯇）	
觯	（觶）	
徼	（儌）	
馔	（饌）	［籑］
斎	（齎）	
糍		［餈］
谳	（讞）	
褴	（襤）	
谵	（譫）	
屦	（屨）	
劈		［劉］
缬	（纈）	
缮	（繕）	
缯	（繒）	
骒	（騾）	
擞	（擻）	
颢	（顥）	
颠	（顛）	
薮	（藪）	
檩		［檁］
橹	（櫓）	［樐艪艣艫］
樽		［罇］
橼	（櫞）	
赝	（贋）	［贗］
飙	（飆）	
霓		［蜺］
錾	（鏨）	
辚	（轔）	
瞰		［矙］
螨	（蟎）	
镨	（鐠）	

规范字	繁体字	异体字
镖	（鏢）	
镗	（鏜）	
镘	（鏝）	
镙	（鎦）	
镛	（鏞）	
镝	（鏑）	
镞	（鏃）	
镠	（鏐）	
氇	（氌）	
憩		［憇］
穑	（穡）	
翱		［翺］
魈	（魈）	
膳		［饍］
鲮	（鯪）	
鲱	（鯡）	
鲲	（鯤）	
鲳	（鯧）	
鲴	（鯝）	
鲵	（鯢）	
鲷	（鯛）	
鲻	（鯔）	
獭	（獺）	
鸥	（鷗）	
赟	（贇）	
瘦	（瘻）	
斓	（斕）	
濑	（瀨）	
颡	（顙）	
缱	（繾）	
缲	（繰）	

规范字	繁体字	异体字
缳	（繯）	
藓	（蘚）	
黳		［瞖］
鹟	（鶲）	
齮	（齮）	
齺	（齺）	
蹙	（躤）	
蹒	（蹣）	
羁	（羈）	［羈］
镡	（鐔）	
镢	（鐝）	
镣	（鐐）	
镦	（鐓）	
镧	（鑭）	
镨	（鐥）	
镩	（鑹）	
镫	（鐙）	
簛	（簛）	
鸌	（鸌）	
膻		［羴羶］
鲼	（鱝）	
鲽	（鰈）	
鳀	（鯷）	
鳃	（鰓）	
鳅	（鰍）	［鰌］
鳇	（鰉）	
鳊	（鯿）	
燹		［燓］
鹭	（鷺）	
瀤	（瀃）	
襁		［繦］

规范字	繁体字	异体字
鹬	（鷸）	
鳌	（鰲）	［鼇］
鬃		［騣鬉鬷］
鞯	（韉）	
藜		［蔾］
颢	（顥）	
蹚		［蹺］
鹭	（鷥）	
鹮	（䴉）	
髅	（髏）	
镬	（鑊）	
镭	（鐳）	
镯	（鐲）	
簪		［篸］
雠	（讎）	［讐］
鳎	（鰨）	
鳏	（鰥）	
鳐	（鰩）	
癫	（癲）	
攒	（攢）	
霭	（靄）	
蹰		［躕］
蹴		［蹵］
蹿	（躥）	
髋	（髖）	
髌	（髕）	
镲	（鑔）	
籁	（籟）	
鳓	（鰳）	
鳔	（鰾）	
鳕	（鱈）	

规范字	繁体字	异体字
鳗	（鰻）	
鳙	（鱅）	
谶	（讖）	
骥	（驥）	
缵	（纘）	
瓒	（瓚）	
鼍	（鼉）	
颥	（顬）	
黪	（黪）	
镳	（鑣）	
镴	（鑞）	
纂		［簒］
臜	（臢）	
鳜	（鱖）	
鳝	（鱔）	［鱓］
鳟	（鱒）	
獾		［貛貆］
骧	（驤）	
鼙	（鼙）	
鳢	（鱧）	
癫	（癲）	
灏	（灝）	
鹳	（鸛）	
镶	（鑲）	
趱	（趲）	
颧	（顴）	
躜	（躦）	
鼹		［鼴］
麟		［麐］
穰	（饟）	
戆	（戇）	

规范字	繁体字	异体字
戋	（戔）	
讦	（訐）	
讱	（訒）	
钋	（釙）	
伲	（伲）	
闫	（閆）	
汈	（汈）	
讫	（訖）	
讻	（訩）	
讧	（訌）	
纠	（糾）	
纩	（纊）	
场	（場）	
划	（劃）	
坼	堨	
坊	（墶）	
坨	（塿）	
扔	（撦）	
芴	（蔿）	
枏	（楠）	
軑	（軑）	
轧	（軋）	
呙	（咼）	
岖	（嶇）	
岿	（巋）	
伛	（傴）	
飑	（颮）	
闵	（閔）	
沃	（潕）	
沛	（湋）	
沄	（澐）	

规范字	繁体字	异体字	规范字	繁体字	异体字
沨	（渢）		诨	（誯）	
诶	諓		郒	（鄩）	
祃	（禡）		鸤	（鳲）	
诇	（詗）		陒	（隑）	
诎	（詘）		陊	（隋）	
诐	（詖）		妌	（娙）	
屃	（屓）		迳	（逕）	
弤	彊		驲	（馹）	
纮	（紘）		驵	（駔）	
驲	（駔）		骁	（駧）	
驭	（馭）		绹	（綯）	
纻	（紵）		骀	（駘）	
纮	（紞）		骇	（駭）	
驮	（馱）		绯	（緋）	
绉	（縐）		给	（給）	
珫	（瑝）		珠	（璏）	
苧	（薴）		鞁	（鞁）	
枫	（橢）		垯	（墶）	
轵	（軝）		垲	（塏）	
旫	（暐）		莚	（蓬）	
眤	（晲）		荛	（蕘）	
崈	（崬）		茼	（茼）	
钛	（釱）		荭	（葒）	
钐	（鈒）		鸰	（鴒）	
钉	（釘）		癸	（龔）	
钖	（鍚）		轵	（軹）	
郐	（鄶）		轷	（軤）	
狝	（獮）		轹	（轢）	
饳	（飿）		轺	（軺）	
峃	（嶨）		眤	睨	
诇	（詗）		晄	（曬）	

规范字	繁体字	异体字
哒	（噠）	
钘	（鈃）	
铁	（鋐）	
钜	（鉅）	
银	（鋃）	
钘	（釿）	
铨	（鑰）	
钪	（鈧）	
钦	（欽）	
斜	（斜）	
倈	（倈）	
舣	（艤）	
鸽	（鴿）	
飚	（颮）	
饻	（餏）	
滇	（滇）	
浉	（溮）	
沪	（滬）	
裈	（褌）	
经	（經）	
驷	（駟）	
细	（細）	
驮	（馱）	
绖	（絰）	
綖	（綖）	
螴	（蠶）	
勋	（勛）	
珥	（璕）	
垯	（墶）	
蒔	（蕒）	
荟	（薈）	

规范字	繁体字	异体字
荺	（蘄）	
桠	（椏）	
梾	（棶）	
颊	（頰）	
硁	（硜）	
轪	（軑）	
辀	（輈）	
轾	（輊）	
赀	（貲）	
喷	（噴）	
晔	（曄）	
晖	（暉）	
鄆	（鄆）	
帱	（幬）	
峯	（崒）	
崄	（嶮）	
赆	（贐）	
钵	（鉢）	
钜	（鉅）	
铲	（鑪）	
钟	（鐘）	
铝	（鋁）	
锔	（鋂）	
俾	（僤）	
鸧	（鴰）	
鸫	（鶬）	
鲠	（鯁）	
炼	（煉）	
焊	（燁）	
涢	（溳）	
岩	礐	
鸬	（寫）	

规范字	繁体字	异体字
褛	(褸)	
骎	(駸)	
缔	(綈)	
绤	(綌)	
骍	(騂)	
绽	(綻)	
琟	(瑉)	
埠	(埠)	
壶	(壺)	
聍	(聹)	
搒	(搒)	
勘	(勘)	
崟	(崟)	
梼	(檮)	
棶	(棶)	
厣	(厴)	
硙	(磑)	
硇	(磠)	
硖	(硤)	
鸢	(鳶)	
龁	(齕)	
颐	(頤)	
崃	(崍)	
啴	(嘽)	
铡	(鍘)	
铦	(銛)	
铗	(鋏)	
铕	(銪)	
铥	(銩)	
铖	(鋮)	
铘	(鋣)	

规范字	繁体字	异体字
铨	(銓)	
锎	(鐦)	
铼	(錸)	
锡	(錫)	
鸺	(鵂)	
鹠	(鶹)	
貀	(貐)	
胭	(膕)	
舭	(舭)	
庼	(廎)	
鸡	(鶏)	
阒	(閴)	
涠	(潿)	
鋈	(鋈)	
谭	(譚)	
诚	(諴)	
裨	(褌)	
诿	(諉)	
谀	(諛)	
谞	(諝)	
隤	(隤)	
媚	(嫵)	
绩	(績)	
绌	(絀)	
绯	(緋)	
绹	(綯)	
绚	(絢)	
综	(綜)	
绰	(綽)	
骗	(騙)	
骡	(騾)	

规范字	繁体字	异体字
綮	（綮）	
塿	（塿）	
蒇	（蒇）	
蒉	（蕢）	
椟	（櫝）	
鹚	（鶿）	
鹕	（鶘）	
酦	（醗）	
觌	（覿）	
訾	（訾）	
轵	（軹）	
辌	（輬）	
斳	（斳）	
龂	（齗）	
崷	（嶹）	
嵌	（嵌）	
翙	（翽）	
颌	（頜）	
赑	（贔）	
腭	（腭）	
锊	（鋝）	
锘	（鍩）	
钍	（釷）	
铽	（鋱）	
铼	（錸）	
铞	（銱）	
铻	（鋙）	
铳	（銃）	
锏	（鐧）	
铉	（鉉）	
镅	（鎇）	

规范字	繁体字	异体字
颐	（頤）	
笪	（簹）	
颒	（頮）	
胭	（膃）	
颎	（熲）	
鲃	（鮁）	
瓺	（鶱）	
馉	（餶）	
欪	（欪）	
阃	（閫）	
焯	（燀）	
渍	（瀆）	
溁	（濚）	
溇	（漊）	
敊	（敊）	
裣	（襝）	
毬	（毬）	
骉	（驫）	
骃	（駰）	
缊	（縕）	
线	（線）	
骙	（騤）	
鹃	（鵑）	
赪	（赬）	
蒉	（蕡）	
槟	（檳）	
酞	（酞）	
碑	（碑）	
辒	（轀）	
辎	（輶）	
辒	（輮）	

规范字	繁体字	异体字
韶	(韶)	
鸲	(鴝)	
噁	噁	
赗	(賵)	
锖	(錆)	
锘	(鍩)	
锘	(鍺)	
铗	(鋏)	
锧	(鑕)	
锪	(鍃)	
锌	(錞)	
锫	(錇)	
锬	(錟)	
钹	(鈹)	
穆	(穆)	
箦	(簀)	
筼	(篔)	
鹎	(鵯)	
鲉	(鮋)	
鲊	(鮓)	
鲌	(鮊)	
鲫	(鮰)	
鲍	(鮑)	
鮀	(鮀)	
鲏	(鮍)	
飔	(颸)	
膢	(膢)	
馠	(餀)	
瘅	(癉)	
鹠	(鶹)	
阒	(闃)	

规范字	繁体字	异体字
阑	(闌)	
潏	(潏)	
禣	(禣)	
谝	(諞)	
鹩	(鷯)	
頵	(頵)	
骒	(騍)	
骎	(駸)	
缳	(繯)	
璊	(璊)	
瑷	(璦)	
蔹	(蘞)	
槚	(檟)	
榄	(欖)	
鸥	(鷗)	
酾	(釃)	
碨	(磈)	
鳌	(鰲)	
鹛	(鶥)	
鹘	(鶻)	
锴	(鍇)	
锺	(鍾)	
锼	(鎪)	
锽	(鍠)	
锾	(鍰)	
锿	(鎄)	
镅	(鎇)	
镃	(鎡)	
锞	(鐯)	
锔	(錭)	
鹙	(鶖)	

规范字	繁体字	异体字
箨	（籜）	
鲒	（鮚）	
鲔	（鮪）	
鲕	（鮞）	
鲖	（鮦）	
鲗	（鰂）	
鲘	（鮜）	
鲙	（鱠）	
鲱	（鮡）	
鲼	（鮠）	
鲛	（鮫）	
飑	（颮）	
鸶	（鷥）	
瘘	（瘻）	
鲞	（鯗）	
潆	（瀠）	
窭	（窶）	
谫	（譾）	
缤	（繽）	
麹	（麴）	
逮	（逮）	
鹖	（鶡）	
憖	（憖）	
蟒	（蟒）	
镆	（鏌）	
镈	（鎛）	
镋	（钂）	
镎	（鎿）	
镏	（鎦）	
镕	（鎔）	
鹛	（鶥）	

规范字	繁体字	异体字
鹟	（鶲）	
鲩	（鯇）	
鲦	（鰷）	
鲻	（鯔）	
鲬	（鯒）	
鹠	（鶹）	
鹡	（鶺）	
糇		［餱］
鹢	（鷁）	
鹣	（鶼）	
澛	（瀂）	
骞	（騫）	
谖	（譞）	
骣	（驏）	
蘋	（蘋）	
獱	（獱）	
辚	（轔）	
龂	（齮）	
龁	（齯）	
龇	（齹）	
巘	（巘）	
错	（錯）	
锁	（鎖）	
镦	（鐓）	
镬	（鑊）	
鲭	（鯖）	
鲯	（鯕）	
鳂	（鰃）	
鳁	（鰛）	
鲹	（鰺）	
馆	舘	

规范字	繁体字	异体字
觯	(觶)	
鷩	(鷩)	
黉	(黌)	
鹦	(鸚)	
缯	(繒)	
璥	璥	
蟥	(蟥)	
嚫	(嚫)	
镭	(鐯)	
镤	(鏷)	
镖	(鏢)	
镨	(鐥)	
镥	(鑥)	
镨	(鐥)	
镤	(鏻)	
镩	(鐏)	
镢	(鐩)	
镭	(鐳)	
鹬	(鷸)	
鲭	(鯖)	
鲗	(鯏)	
鲖	(鮦)	
鲠	(鯁)	
鲞	(鮺)	
鲴	(鯝)	
鲺	(鯴)	
鲸	(鯨)	
鳍	(鰭)	
襕	(襴)	
鬶	(鬹)	
缥	(繘)	

规范字	繁体字	异体字
缥	(繻)	
鸂	(鸂)	
藕	(藕)	
鹱	(鸌)	
魇	(魘)	
镮	(鐶)	
镱	(鐿)	
酅	(酅)	
滕	(縢)	
鲣	(鰹)	
鲢	(鰱)	
鲦	(鰷)	
鹩	(鷯)	
鞭	(鞭)	
鹨	(鷚)	
缰	(繮)	
鳖	(鱉)	
鲧	鯀	
鲩	(鯇)	
鲥	(鰣)	
鲳	(鯧)	
穫	(穫)	
颢	(顥)	
鳕	(鱈)	
骦	(驦)	
缠	(纏)	
齼	(齼)	
镬	(鑊)	
鳜	(鱖)	
鳢	(鱧)	
鹠	(鶹)	

规范字	繁体字	异体字
鳤	（鱤）	

规范字	繁体字	异体字
鱲	（鱲）	

【注释】

1 瞭：读 liào 时不简化作"了"，如"瞭望""瞭哨"。

2 迺：可用于姓氏人名、地名。

3 乾：读 qián 时不简化作"干"，如"乾坤""乾隆"。

4 麼：读 mó 时不简化作"么"，如"幺麼小丑"。

5 椏：可用于姓氏人名、地名和科学技术术语，但须类推简化作"桠"，如"五桠果科"。

6 耑：可用于姓氏人名，读 duān。读 zhuān 时用"专"。

7 鉅：可用于姓氏人名、地名，但须类推简化作"钜"。

8 昇：可用于姓氏人名，如毕昇。

9 陞：可用于姓氏人名、地名。

10 讎：用于"校讎""讎定""仇讎"等，但须类推简化作"雠"。其他意义用"仇"。

11 祇：用于表示地神，读 qí。读 zhǐ 时用"只"。

12 甯：可用于姓氏人名。

13 颺：可用于姓氏人名，但须类推简化作"飏"。

14 袷：用于"袷袢"，读 qiā。读 jiá 时用"夹"。

15 麯：可用于姓氏人名，但须类推简化作"麴"。

16 仝：可用于姓氏人名。

17 夥：作"多"解时不简化作"伙"。

18 剋：表示训斥、打人时读 kēi，不简化作"克"。

19 甦：可用于姓氏人名。

20 邨：可用于姓氏人名。

21 氾：可用于姓氏人名，读 fán。读 fàn 时用"泛"。

22 堃：可用于姓氏人名。

23 蘋：用于表示植物名时简化作"蘋"，不简化作"苹"。

24 犇：可用于姓氏人名。

25 敺：可用于姓氏人名。

26 訢：可用于姓氏人名，但须类推简化作"䜣"。

27 徵：用于表示"宫商角徵羽"五音之一时读 zhǐ，不简化作"征"。

28 逕：可用于姓氏人名、地名，但须类推简化作"迳"。

29 鑪：用于科学技术术语，指一种人造的放射性元素（符号为 Rf），但须类推简化作"𬬻"。

30 線：可用于姓氏人名，但须类推简化作"线"。

31 釐：可用于姓氏人名，读 xī。读 lí 时用"厘"。

32 鍾：用于姓氏人名时可简化作"锺"。

33 脩：用于表示干肉，如"束脩"。其他意义用"修"。

³⁴ 絜：读 xié 或 jié 时均可用于姓氏人名。

³⁵ 扞：用于表示相互抵触，如"扞格"。其他意义用"捍"。

³⁶ 喆：可用于姓氏人名。

³⁷ 祕：可用于姓氏人名。

³⁸ 藉：读 jí 或用于慰藉、衬垫义时不简化作"借"，如"狼藉（jí）""枕藉（jiè）"。

³⁹ 頫：可用于姓氏人名，但须类推简化作"頫"，如赵孟頫。

⁴⁰ 貲：可用于姓氏人名和表示计量义，但须类推简化作"赀"。

⁴¹ 叚：可用于姓氏人名，读 xiá。读 jiǎ 时用"假"。

⁴² 勣：可用于姓氏人名，但须类推简化作"勣"。

⁴³ 菉：可用于姓氏人名、地名。

⁴⁴ 蒐：用于表示草名和春天打猎。其他意义用"搜"。

⁴⁵ 淼：可用于姓氏人名、地名。

⁴⁶ 椀：用于科学技术术语，如"橡椀"。其他意义用"碗"。

⁴⁷ 谿：可用于姓氏人名。

⁴⁸ 筦：可用于姓氏人名。

⁴⁹ 澂：可用于姓氏人名。

⁵⁰ 劄：用于科学技术术语，如中医学中的"目劄"。其他意义用"札"。

⁵¹ 阪：可用于地名，如大阪。

⁵² 吒：可用于姓氏人名，读 zhā，如哪吒。读 zhà 时用"咤"。

附录二

国家语言文字工作委员会

国家教育委员会

广播电视部

关于《普通话异读词审音表》的通知

（1985 年 12 月 27 日）

普通话审音委员会曾于 1957 年到 1962 年分三次发表了《普通话异读词审音表初稿》，并于 1963 年辑录成《普通话异读词三次审音总表初稿》（以下简称《初稿》）。

《初稿》自公布以来，受到文教、出版、广播等部门广泛重视，对现代汉语的语音规范和普通话的推广起了积极作用。但是，随着语言的发展，《初稿》中原审的一些词语的读音需要重新审定；同时，作为语音规范化的标准，《初稿》也亟须定稿。因此在 1982 年 6 月重建了普通话审音委员会，进行修订工作。

这次修订以符合普通话语音发展规律为原则，以便利广大群众学习普通话为着眼点，采取约定俗成、承认现实的态度。对《初稿》原订读音的改动，力求慎重。

修订稿经国家语言文字工作委员会、国家教育委员会、广播电视部审核通过，决定以《普通话异读词审音表》名称予以公布。自公布之日起，文教、出版、广播等部门及全国其他部门、行业所涉及的普通话异读词的读音、标音，均以本表为准。

普通话异读词审音表
(1985 年 12 月修订)
说　明

一、本表所审，主要是普通话有异读的词和有异读的作为"语素"的字。不列出多音多义字的全部读音和全部义项，与字典、词典形式不同。例如："和"字有多种义项和读音，而本表仅列出原有异读的八条词语，分列于 hè 和 huo 两种读音之下（有多种读音，较常见的在前。下同）；其余无异读的音、义均不涉及。

二、在字后注明"统读"的，表示此字不论用于任何词语中只读一音（轻声变读不受此限），本表不再举出词例。例如："阀"字注明"fá（统读）"，原表"军阀"、"学阀"、"财阀"条和原表所无的"阀门"等词均不再举。

三、在字后不注"统读"的，表示此字有几种读音，本表只审订其中有异读的词语的读音。例如"艾"字本有 ài 和 yì 两音，本表只举"自怨自艾"一词，注明此处读 yì 音，至于 ài 音及其义项，并无异读，不再赘列。

四、有些字有文白二读，本表以"文"和"语"作注。前者一般用于书面语言，用于复音词和文言成语中；后者多用于口语中的单音词及少数日常生活事物的复音词中。这种情况在必要时各举词语为例。例如："杉"字下注"（一）shān（文）：紫～、红～、水～；（二）shā（语）：～篙、～木"。

五、有些字除附举词例之外，酌加简单说明，以便读者分辨。说明或按具体字义，或按"动作义"、"名物义"等区分，例如："畜"字下注"（一）chù（名物义）：～力、家～、牲～、幼～；（二）xù（动作义）：～产、～牧、～养"。

六、有些字的几种读音中某音用处较窄，另音用处甚宽，则注"除××（较少的词）念乙音外，其他都念甲音"，以避免列举词条繁而未尽、挂一漏万的缺点。例如："结"字下注"除'～了个果子'、'开花～果'、'～巴'、'～实'念 jiē 之外，其他都念 jié"。

七、由于轻声问题比较复杂，除《初稿》涉及的部分轻声词之外，本表一般不予审订，并删去部分原审的轻声词，例如"麻刀（dao）"、"容易（yi）"等。

八、本表酌增少量有异读的字或词，作了审订。

九、除因第二、六、七各条说明中所举原因而删略的词条之外，本表又删汰了部分词条。主要原因是：1. 现已无异读（如"队伍"、"理会"）；2. 罕用词语（如"俵分"、"仔密"）；3. 方言土音（如"归里包堆〔zuī〕"、"告送〔song〕"）4. 不常用的文言词语（如"刍荛"、"甒甀"）；5. 音变现象（如"胡里八涂〔tū〕"、"毛毛腾腾〔tēngtēng〕"）；6. 重复累赘（如原表"色"字的有关词语分列达 23 条之多）。删汰条目不再编入。

十、人名、地名的异读审订，除原表已涉及的少量词条外，留待以后再审。

A

阿(一) ā

　～訇　～罗汉　～木林　～姨

(二) ē

　～谀　～附　～胶　～弥陀佛

挨(一) āi

　～个　～近

(二) ái

　～打　～说

癌 ái（统读）

霭 ǎi（统读）

蔼 ǎi（统读）

隘 ài（统读）

谙 ān（统读）

埯 ǎn（统读）

昂 áng（统读）

凹 āo（统读）

拗(一) ào

　～口

(二) niù

　执～　脾气很～

坳 ào（统读）

B

拔 bá（统读）

把 bà

印～子

白 bái（统读）

膀 bǎng

　翅～

蚌(一) bàng

　蛤～

(二) bèng

　～埠

傍 bàng（统读）

磅 bàng

　过～

鲍 bāo（统读）

胞 bāo（统读）

薄(一) báo（语）

　常单用，如"纸很～"。

(二) bó（文）

　多用于复音词。

　～弱　稀～　淡～　尖嘴～舌

　单～　厚～

堡(一) bǎo

　碉～　～垒

(二) bǔ

　～子　吴～　瓦窑～　柴沟～

(三) pù

　十里～

暴(一) bào

　～露

(二) pù

一～（曝）十寒

爆 bào（统读）

焙 bèi（统读）

惫 bèi（统读）

背 bèi

　～脊　～静

鄙 bǐ（统读）

俾 bǐ（统读）

笔 bǐ（统读）

比 bǐ（统读）

臂（一）bì

　手～　～膀

　（二）bei

　胳～

庇 bì（统读）

髀 bì（统读）

避 bì（统读）

辟 bì

　复～

裨 bì

　～补　～益

婢 bì（统读）

痹 bì（统读）

壁 bì（统读）

蝙 biān（统读）

遍 biàn（统读）

骠（一）biāo

　黄～马

　（二）piào

　～骑　～勇

傧 bīn（统读）

缤 bīn（统读）

濒 bīn（统读）

殡 bìn（统读）

屏（一）bǐng

～除　～弃　～气　～息

（二）píng

　～藩　～风

柄 bǐng（统读）

波 bō（统读）

播 bō（统读）

菠 bō（统读）

剥（一）bō（文）

　～削

　（二）bāo（语）

泊（一）bó

　淡～　飘～　停～

　（二）pō

　湖～　血～

帛 bó（统读）

勃 bó（统读）

钹 bó（统读）

伯（一）bó

　～～（bo）　老～

　（二）bǎi

　大～子（丈夫的哥哥）

箔 bó（统读）

簸（一）bǒ

　颠～

　（二）bò

　～箕

膊 bo

　胳～

卜 bo

　萝～

醭 bú（统读）

哺 bǔ（统读）

捕 bǔ（统读）

鹋 bǔ（统读）

埠 bù（统读）

C

残 cán（统读）

惭 cán（统读）

灿 càn（统读）

藏（一）cáng

　矿～

　（二）zàng

　宝～

糙 cāo（统读）

嘈 cáo（统读）

螬 cáo（统读）

厕 cè（统读）

岑 cén（统读）

差（一）chā（文）

　不～累黍　不～什么　偏～色～

　～别　视～　误～　电势～

　一念之～　～池　～错　言～语错

　一～二错　阴错阳～　～等　～额

　～价　～强人意　～数　～异

　（二）chà（语）

　～不多　～不离　～点儿

　（三）cī

　参～

猹 chá（统读）

搽 chá（统读）

阐 chǎn（统读）

羼 chàn（统读）

颤（一）chàn

　～动　发～

　（二）zhàn

　～栗（战栗）　打～（打战）

鞯 chàn（统读）

伥 chāng（统读）

场（一）chǎng

　～合　～所　冷～　捧～

（二）cháng

　外～　圩～　～院　一～雨

（三）chang

　排～

钞 chāo（统读）

巢 cháo（统读）

嘲 cháo

　～讽　～骂　～笑

耖 chào（统读）

车（一）chē

　安步当～　杯水～薪　闭门造～

　螳臂当～

（二）jū

（象棋棋子名称）

晨 chén（统读）

称 chèn

　～心　～意　～职　对～　相～

撑 chēng（统读）

乘（动作义，念 chéng）

　包～制　～便　～风破浪　～客

　～势　～兴

橙 chéng（统读）

惩 chéng（统读）

澄（一）chéng（文）

　～清（如"～清混乱"、"～清问题"）

　（二）dèng（语）

　单用，如"把水～清了"。

痴 chī（统读）

吃 chī（统读）

弛 chí（统读）

褫 chǐ（统读）

尺 chǐ

　～寸　～头

豉 chǐ（统读）

侈 chǐ（统读）

炽 chì（统读）

舂 chōng（统读）

冲 chòng

  ～床　～模

臭（一）chòu

  遗～万年

  （二）xiù

  乳～　铜～

储 chǔ（统读）

处 chǔ（动作义）

  ～罚　～分　～决　～理　～女

  ～置

畜（一）chù（名物义）

  ～力　家～　牲～　幼～

  （二）xù（动作义）

  ～产　～牧　～养

触 chù（统读）

搐 chù（统读）

绌 chù（统读）

黜 chù（统读）

闯 chuǎng（统读）

创（一）chuàng

  草～　～举　首～　～造　～作

  （二）chuāng

  ～伤　重～

绰（一）chuò

  ～～有余

  （二）chuo

  宽～

疵 cī（统读）

雌 cí（统读）

赐 cì（统读）

伺 cì

  ～候

枞（一）cōng

  ～树

  （二）zōng

  ～阳［地名］

从 cóng（统读）

丛 cóng（统读）

攒 cuán

  万头～动　万箭～心

脆 cuì（统读）

撮（一）cuō

  ～儿　一～儿盐　一～儿匪帮

  （二）zuǒ

  一～儿毛

措 cuò（统读）

D

搭 dā（统读）

答（一）dá

  报～　～复

  （二）dā

  ～理　～应

打 dá

  苏～　一～（十二个）

大（一）dà

  ～夫（古官名）　～王（如爆破～

  王、钢铁～王）

  （二）dài

  ～夫（医生）　～黄　～王（如山

  ～王）　～城［地名］

呆 dāi（统读）

傣 dǎi（统读）

逮（一）dài（文）如"～捕"。

  （二）dǎi（语）单用，如"～蚊

  子"、"～特务"。

当（一）dāng

  ～地　～间儿　～年（指过去）

~日（指过去）　~天（指过去）

~时（指过去）　螳臂~车

（二）dàng

一个~俩　安步~车　适~

~年（同一年）　~日（同一时候）

~天（同一天）

档 dàng（统读）

蹈 dǎo（统读）

导 dǎo（统读）

倒（一）dǎo

颠~　颠~是非　颠~黑白

颠三~四　倾箱~箧　排山~海

~板　~嚼　~仓　~嗓　~戈

潦~

（二）dào

~粪（把粪弄碎）

悼 dào（统读）

纛 dào（统读）

凳 dèng（统读）

羝 dī（统读）

氐 dī [古民族名]

堤 dī（统读）

提 dī

~防

的 dí

~当　~确

抵 dǐ（统读）

蒂 dì（统读）

缔 dì（统读）

谛 dì（统读）

点 dian

打~（收拾、贿赂）

跌 diē（统读）

蝶 dié（统读）

订 dìng（统读）

都（一）dōu

~来了

（二）dū

~市　首~　大~（大多）

堆 duī（统读）

吨 dūn（统读）

盾 dùn（统读）

多 duō（统读）

咄 duō（统读）

掇（一）duō（"拾取、采取"义）

（二）duo

撺~　掂~

裰 duō（统读）

踱 duó（统读）

度 duó

忖~　~德量力

E

婀 ē（统读）

F

伐 fá（统读）

阀 fá（统读）

砝 fǎ（统读）

法 fǎ（统读）

发 fà

理~　脱~　结~

帆 fān（统读）

藩 fān（统读）

梵 fàn（统读）

坊（一）fāng

牌~　~巷

（二）fáng

粉~　磨~　碾~　染~　油~

谷~

妨 fáng（统读）

防 fáng（统读）

肪 fáng（统读）

沸 fèi（统读）

汾 fén（统读）

讽 fěng（统读）

肤 fū（统读）

敷 fū（统读）

俘 fú（统读）

浮 fú（统读）

服 fú

　　～毒　～药

拂 fú（统读）

辐 fú（统读）

幅 fú（统读）

甫 fǔ（统读）

复 fù（统读）

缚 fù（统读）

<h2 style="text-align:center">G</h2>

噶 gá（统读）

冈 gāng（统读）

刚 gāng（统读）

岗 gǎng

　　～楼　～哨　～子　门～　站～

　　山～子

港 gǎng（统读）

葛（一）gé

　　～藤　～布　瓜～

　　（二）gě［姓］（包括单、复姓）

隔 gé（统读）

革 gé

　　～命　～新　改～

合 gě（一升的十分之一）

给（一）gěi（语）单用

　　（二）jǐ（文）

　　补～　供～　供～制　～予

　　配～　自～自足

亘 gèn（统读）

更 gēng

　　五～　～生

颈 gěng

　　脖～子

供（一）gōng

　　～给　提～　～销

　　（二）gòng

　　口～　翻～　上～

佝 gōu（统读）

枸 gǒu

　　～杞

勾 gòu

　　～当

估（除“～衣”读 gù 外，都读 gū）

骨（除“～碌”、“～朵”读 gū 外，都
　　读 gǔ）

谷 gǔ

　　～雨

锢 gù（统读）

冠（一）guān（名物义）

　　～心病

　　（二）guàn（动作义）

　　沐猴而～　～军

犷 guǎng（统读）

庋 guǐ（统读）

桧（一）guì［树名］

　　（二）huì［人名］秦～

刽 guì（统读）

聒 guō（统读）

蝈 guō（统读）

过（除姓氏读 guō 外，都读 guò）

<h2 style="text-align:center">H</h2>

虾 há

～蟆

哈（一）hǎ

　～达

　（二）hà

　～什蚂

汗hán

　可～

巷hàng

　～道

号háo

　寒～虫

和（一）hè

　唱～　附～　曲高～寡

　（二）huo

　搀～　搅～　暖～　热～　软～

貉（一）hé（文）

　一丘之～

　（二）háo（语）

　～绒　～子

壑 hè（统读）

褐 hè（统读）

喝hè

　～采　～道　～令　～止

　呼幺～六

鹤 hè（统读）

黑 hēi（统读）

亨 hēng（统读）

横（一）héng

　～肉　～行霸道

　（二）hèng

　蛮～　～财

訇 hōng（统读）

虹（一）hóng（文）

　～彩　～吸

　（二）jiàng（语）单说

讧 hòng（统读）

囫 hú（统读）

瑚 hú（统读）

蝴 hú（统读）

桦 huà（统读）

徊 huái（统读）

踝 huái（统读）

浣 huàn（统读）

黄 huáng（统读）

荒 huang

　饥～（指经济困难）

海 huì（统读）

贿 huì（统读）

会huì

　一～儿　多～儿　～厌（生理名词）

混hùn

　～合　～乱　～凝土　～淆　～血儿

　～杂

蠖 huò（统读）

霍 huò（统读）

豁huò

　～亮

获 huò（统读）

J

羁 jī（统读）

击 jī（统读）

奇jī

　～数

芨 jī（统读）

缉（一）jī

　通～　侦～

　（二）qī

　～鞋口

几jī

　茶～　条～

圾 jī（统读）

戕 jí（统读）

疾 jí（统读）

汲 jí（统读）

棘 jí（统读）

藉 jí

狼～（籍）

嫉 jí（统读）

脊 jí（统读）

纪（一）jǐ［姓］

（二）jì

～念 ～律 纲～ ～元

偈 jì

～语

绩 jì（统读）

迹 jì（统读）

寂 jì（统读）

箕 ji

簸～

辑 ji

逻～

茄 jiā

雪～

夹 jiā

～带藏掖 ～道儿 ～攻 ～棍

～生 ～杂 ～竹桃 ～注

浃 jiā（统读）

甲 jiǎ（统读）

歼 jiān（统读）

鞯 jiān（统读）

间（一）jiān

～不容发 中～

（二）jiàn

中～儿 ～道 ～谍 ～断 ～或

～接 ～距 ～隙 ～续 ～阻

～作 挑拨离～

趼 jiǎn（统读）

俭 jiǎn（统读）

缰 jiāng（统读）

膙 jiǎng（统读）

嚼（一）jiáo（语）

味同～蜡 咬文～字

（二）jué（文）

咀～ 过屠门而大～

（三）jiào

倒～（倒嚼）

侥 jiǎo

～幸

角（一）jiǎo

八～（大茴香） ～落 独～戏

～膜 ～度 ～儿（犄～） ～楼

勾心斗～ 号～ 口～（嘴）

鹿～菜 头～

（二）jué

～斗 ～儿（脚色） 口～（吵嘴）

主～儿 配～儿 ～力 捧～儿

脚（一）jiǎo

根～

（二）jué

～儿（也作"角儿"，脚色）

剿（一）jiǎo

围～

（二）chāo

～说 ～袭

校 jiào

～勘 ～样 ～正

较 jiào（统读）

酵 jiào（统读）

嗟 jiē（统读）

疖 jiē（统读）

结（除"～了个果子"、"开花～果"、
　　"～巴"、"～实"念 jiē 之外，其他
　　都念 jié）
睫 jié（统读）
芥（一）jiè
　　～菜（一般的芥菜）　～末
　　（二）gài
　　～菜（也作"盖菜"）　～蓝菜
矜 jīn
　　～持　自～　～怜
仅 jǐn
　　～～　绝无～有
馑 jǐn（统读）
觐 jìn（统读）
浸 jìn（统读）
斤 jin
　　千～（起重的工具）
茎 jīng（统读）
粳 jīng（统读）
鲸 jīng（统读）
境 jìng（统读）
痉 jìng（统读）
劲 jìng
　　刚～
窘 jiǒng（统读）
究 jiū（统读）
纠 jiū（统读）
鞠 jū（统读）
鞫 jū（统读）
掬 jū（统读）
苴 jū（统读）
咀 jǔ
　　～嚼
矩（一）jǔ
　　～形

（二）ju
　　规～
俱 jù（统读）
龟 jūn
　　～裂（也作"皲裂"）
菌（一）jūn
　　细～　病～　杆～　霉～
　　（二）jùn
　　香～　～子
俊 jùn（统读）

K

卡（一）kǎ
　　～宾枪　～车　～介苗　～片
　　～通
　　（二）qiǎ
　　～子　关～
揩 kāi（统读）
慨 kǎi（统读）
忾 kài（统读）
勘 kān（统读）
看 kān
　　～管　～护　～守
慷 kāng（统读）
拷 kǎo（统读）
坷 kē
　　～拉（垃）
疴 kē（统读）
壳（一）ké（语）
　　～儿　贝～儿　脑～　驳～枪
　　（二）qiào（文）
　　地～　甲～　躯
可（一）kě
　　～～儿的
　　（二）kè
　　～汗

恪 kè（统读）

刻 kè（统读）

克 kè

　～扣

空（一）kōng

　～心砖　～城计

　（二）kòng

　～心吃药

眍 kōu（统读）

矻 kū（统读）

酷 kù（统读）

框 kuàng（统读）

矿 kuàng（统读）

傀 kuǐ（统读）

溃（一）kuì

　～烂

　（二）huì

　～脓

篑 kuì（统读）

括 kuò（统读）

L

垃 lā（统读）

邋 lā（统读）

斓 lǎn（统读）

缆 lǎn（统读）

蓝 lan

　苤～

琅 láng（统读）

捞 lāo（统读）

劳 láo（统读）

醪 láo（统读）

烙（一）lào

　～印　～铁　～饼

　（二）luò

　炮～（古酷刑）

勒（一）lè（文）

　～逼　～令　～派　～索

　悬崖～马

　（二）lēi（语）多单用

擂（除"～台"、"打～"读 lèi 外，都

　读 léi）

礌 léi（统读）

羸 léi（统读）

蕾 lěi（统读）

累（一）lèi

　（辛劳义，如"受～"[受劳～]）

　（二）léi

　（如"～赘"）

　（三）lěi

　（牵连义，如"带～"、"～及"、"连

　～"、"赔～"、"牵～"、"受～"[受

　牵～]）

蠡（一）lí

　管窥～测

　（二）lǐ

　～县　范～

喱 lí（统读）

连 lián（统读）

敛 liǎn（统读）

恋 liàn（统读）

量（一）liàng

　～入为出　忖～

　（二）liang

　打～　掂～

踉 liàng

　～跄

潦 liáo

　～草　～倒

劣 liè（统读）

捩 liè（统读）

趔 liè（统读）

拎 līn（统读）

遴 lín（统读）

淋（一）lín

　～浴　～漓　～巴

　（二）lìn

　～硝　～盐　～病

蛉 líng（统读）

榴 liú（统读）

馏（一）liú(文)如"干～"、"蒸～"。

　（二）liù（语）如"～馒头"。

镏 liú

　～金

碌 liù

　～碡

笼（一）lóng（名物义）

　～子　牢～

　（二）lǒng（动作义）

　～络　～括　～统　～罩

偻（一）lóu

　佝～

　（二）lǚ

　伛～

瞜 lou

　眍～

虏 lǔ（统读）

掳 lǔ（统读）

露（一）lù（文）

　赤身～体　～天　～骨　～头角

　藏头～尾　抛头～面　～头（矿）

　（二）lòu（语）

　～富　～苗　～光　～相　～马脚

　～头

橹 lǔ（统读）

捋（一）lǚ

～胡子

　（二）luō

～袖子

绿（一）lǜ（语）

　（二）lù（文）

～林　鸭～江

孪 luán（统读）

挛 luán（统读）

掠 lüè（统读）

囵 lún（统读）

络 luò

～腮胡子

落（一）luò（文）

～膘　～花生　～魄　涨～

～槽　着～

　（二）lào（语）

～架　～色　～炕　～枕　～儿

～子（一种曲艺）

　（三）là（语）遗落义

丢三～四　～在后面

M

脉（除"～～"念 mòmò 外，一律念

mài）

漫 màn（统读）

蔓（一）màn（文）

～延　不～不支

　（二）wàn（语）

瓜～　压～

牤 māng（统读）

氓 máng

流～

芒 máng（统读）

铆 mǎo（统读）

瑁 mào（统读）

虻 méng（统读）

盟 méng（统读）

袮 mí（统读）

眯（一）mí

　～了眼（灰尘等入目，也作"迷"）

　（二）mī

　～了一会儿（小睡）　　～缝着眼
（微微合目）

靡（一）mí

　～费

　（二）mǐ

　风～　委～　披～

秘（除"～鲁"读 bì 外，都读 mì）

泌（一）mì（语）

　分～

　（二）bì（文）

　～阳〔地名〕

娩 miǎn（统读）

缈 miǎo（统读）

皿 mǐn（统读）

闽 mǐn（统读）

茗 míng（统读）

酩 mǐng（统读）

谬 miù（统读）

摸 mō（统读）

模（一）mó

　～范　～式　～型　～糊　～特儿

　～棱两可

　（二）mú

　～子　～具　～样

膜 mó（统读）

摩 mó

　按～　抚～

嬷 mó（统读）

墨 mò（统读）

糜 mò（统读）

沫 mò（统读）

缪 móu

　绸～

N

难（一）nán

　困～（或变轻声）　　～兄～弟（难
得的兄弟，现多用作贬义）

　（二）nàn

　排～解纷　发～　刁～　责～

　～兄～弟（共患难或同受苦难的人）

蝻 nǎn（统读）

蛲 náo（统读）

讷 nè（统读）

馁 něi（统读）

嫩 nèn（统读）

恁 nèn（统读）

妮 nī（统读）

拈 niān（统读）

鲇 nián（统读）

酿 niàng（统读）

尿（一）niào

　糖～病

　（二）suī（只用于口语名词）

　尿（niào）～　～脬

嗫 niè（统读）

宁（一）níng

　安～

　（二）nìng

　～可　无～〔姓〕

忸 niǔ（统读）

脓 nóng（统读）

弄（一）nòng

　玩～

　（二）lòng

　～堂

暖 nuǎn（统读）

衄 nǜ（统读）

疟（一）nüè（文）

　～疾

　（二）yào（语）

　发～子

娜（一）nuó

　婀～　袅～

　（二）nà

　［人名］

O

殴 ōu（统读）

呕 ǒu（统读）

P

杷 pá（统读）

琶 pá（统读）

牌 pái（统读）

排 pǎi

　～子车

迫 pǎi

　～击炮

湃 pài（统读）

爿 pán（统读）

胖 pán

　心广体～（～为安舒貌）

蹒 pán（统读）

畔 pàn（统读）

乓 pāng（统读）

滂 pāng（统读）

脬 pāo（统读）

胚 pēi（统读）

喷（一）pēn

　～嚏

　（二）pèn

　～香

　（三）pen

　嚏～

澎 péng（统读）

坯 pī（统读）

披 pī（统读）

匹 pǐ（统读）

僻 pì（统读）

譬 pì（统读）

片（一）piàn

　～子　唱～　画～　相～　影～

　～儿会

　（二）piān（口语一部分词）

　～子　～儿　唱～儿　画～儿

　相～儿　影～儿

剽 piāo（统读）

缥 piāo

　～缈（飘渺）

撇 piē

　～弃

聘 pìn（统读）

乒 pīng（统读）

颇 pō（统读）

剖 pōu（统读）

仆（一）pū

　前～后继

　（二）pú

　～从

扑 pū（统读）

朴（一）pǔ

　俭～　～素　～质

　（二）pō

　～刀

　（三）pò

　～硝　厚～

蹼 pǔ（统读）

瀑 pù

  ～布

曝（一）pù

  一～十寒

  （二）bào

  ～光（摄影术语）

Q

栖 qī

  两～

戚 qī（统读）

漆 qī（统读）

期 qī（统读）

蹊 qī（统读）

  ～跷

蛴 qí（统读）

畦 qí（统读）

其 qí（统读）

骑 qí（统读）

企 qǐ（统读）

绮 qǐ（统读）

杞 qǐ（统读）

槭 qì（统读）

洽 qià（统读）

签 qiān（统读）

潜 qián（统读）

荨（一）qián（文）

  ～麻

  （二）xún（语）

  ～麻疹

嵌 qiàn（统读）

欠 qian

打哈～

戕 qiāng（统读）

锖 qiāng

  ～水

强（一）qiáng

  ～渡　～取豪夺　～制　博闻～识

  （二）qiǎng

  勉～　牵～　～词夺理　～迫

  ～颜为笑

  （三）jiàng

  倔～

襁 qiǎng（统读）

跄 qiàng（统读）

悄（一）qiāo

  ～～儿的

  （二）qiǎo

  ～默声儿的

橇 qiāo（统读）

翘（一）qiào（语）

  ～尾巴

  （二）qiáo（文）

  ～首　～楚　连～

怯 qiè（统读）

挈 qiè（统读）

趄 qie

  趔～

侵 qīn（统读）

衾 qīn（统读）

噙 qín（统读）

倾 qīng（统读）

亲 qìng

  ～家

穹 qióng（统读）

黢 qū（统读）

曲（麯）qū

  大～　红～　神～

渠 qú（统读）

瞿 qú（统读）

蠷 qú（统读）

苣 qǔ

　～荬菜

齲 qǔ（统读）

趣 qù（统读）

雀 què

　～斑　～盲症

R

髯 rán（统读）

攘 rǎng（统读）

桡 ráo（统读）

绕 rào（统读）

任 rén［姓，地名］

妊 rèn（统读）

扔 rēng（统读）

容 róng（统读）

糅 róu（统读）

茹 rú（统读）

嚅 rú（统读）

蠕 rú（统读）

辱 rǔ（统读）

挼 ruó（统读）

S

靸 sǎ（统读）

噻 sāi（统读）

散（一）sǎn

　懒～　零零～～　～漫

　（二）san

　零～

丧 sang

　哭～着脸

扫（一）sǎo

　～兴

　（二）sào

　～帚

埽 sào（统读）

色（一）sè（文）

　（二）shǎi（语）

塞（一）sè（文）动作义。

　（二）sāi（语）名物义，如"活
　～"、"瓶～"；动作义，如"把洞～
　住"。

森 sēn（统读）

煞（一）shā

　～尾　收～

　（二）shà

　～白

啥 shá（统读）

厦（一）shà（语）

　（二）xià（文）

　～门　噶～

杉（一）shān（文）

　　紫～　红～　水～

　（二）shā（语）

　　～篙　～木

衫 shān（统读）

姗 shān（统读）

苫（一）shàn（动作义，如"～布"）

　（二）shān（名物义，如"草～子"）

墒 shāng（统读）

猞 shē（统读）

舍 shè

　宿～

慑 shè（统读）

摄 shè（统读）

射 shè（统读）

谁 shéi，又音 shuí

娠 shēn（统读）

什（甚）shén

～么

葚 shèn（统读）

甚（一）shèn（文）

　　桑～

　　（二）rèn（语）

　　桑～儿

胜 shèng（统读）

识 shí

　　常～　～货　～字

似 shì

　　～的

室 shì（统读）

螫（一）shì（文）

　　（二）zhē（语）

匙 shi

　　钥～

殊 shū（统读）

蔬 shū（统读）

疏 shū（统读）

叔 shū（统读）

淑 shū（统读）

菽 shū（统读）

熟（一）shú（文）

　　（二）shóu（语）

署 shǔ（统读）

曙 shǔ（统读）

漱 shù（统读）

戍 shù（统读）

蟀 shuài（统读）

孀 shuāng（统读）

说 shuì

　　游～

数 shuò

　　～见不鲜

硕 shuò（统读）

朔 shuò（统读）

艘 sōu（统读）

嗾 sǒu（统读）

速 sù（统读）

塑 sù（统读）

虽 suī（统读）

绥 suí（统读）

髓 suǐ（统读）

遂（一）suì

　　不～　毛～自荐

　　（二）suí

　　半身不～

隧 suì（统读）

隼 sǔn（统读）

莎 suō

　　～草

缩（一）suō

　　收～

　　（二）sù

　　～砂密（一种植物）

唆 suō（统读）

索 suǒ（统读）

T

跶 tā（统读）

鳎 tǎ（统读）

獭 tǎ（统读）

沓（一）tà

　　重～

　　（二）ta

　　疲～

　　（三）dá

　　一～纸

苔（一）tái（文）

　　（二）tāi（语）

探 tàn（统读）

涛 tāo（统读）

悌 tì（统读）

佻 tiāo（统读）

调 tiáo

　～皮

帖（一）tiē

　　妥～　伏伏～～　俯首～耳

　（二）tiě

　　请～　字～儿

　（三）tiè

　　字～　碑～

听 tīng（统读）

庭 tíng（统读）

骰 tóu（统读）

凸 tū（统读）

突 tū（统读）

颓 tuí（统读）

蜕 tuì（统读）

臀 tún（统读）

唾 tuò（统读）

W

娲 wā（统读）

挖 wā（统读）

瓦 wà

　～刀

喎 wāi（统读）

蜿 wān（统读）

玩 wán（统读）

惋 wǎn（统读）

脘 wǎn（统读）

往 wǎng（统读）

忘 wàng（统读）

微 wēi（统读）

巍 wēi（统读）

薇 wēi（统读）

危 wēi（统读）

韦 wéi（统读）

违 wéi（统读）

唯 wéi（统读）

圩（一）wéi

　～子

　（二）xū

　～（墟）场

纬 wěi（统读）

委 wěi

　～摩

伪 wěi（统读）

萎 wěi（统读）

尾（一）wěi

　～巴

　（二）yǐ

　　马～儿

尉 wèi

　～官

文 wén（统读）

闻 wén（统读）

紊 wěn（统读）

喔 wō（统读）

蜗 wō（统读）

硪 wò（统读）

诬 wū（统读）

梧 wú（统读）

牾 wǔ（统读）

乌 wù

　～拉（也作"靰鞡"）　～拉草

杌 wù（统读）

鹜 wù（统读）

X

夕 xī（统读）

汐 xī（统读）

晰 xī（统读）

析 xī（统读）

皙 xī（统读）

昔 xī（统读）

溪 xī（统读）

悉 xī（统读）

熄 xī（统读）

蜥 xī（统读）

螅 xī（统读）

惜 xī（统读）

锡 xī（统读）

樨 xī（统读）

袭 xí（统读）

檄 xí（统读）

峡 xiá（统读）

暇 xiá（统读）

吓 xià

　杀鸡～猴

鲜 xiān

　屡见不～　数见不～

锨 xiān（统读）

纤 xiān

　～维

涎 xián（统读）

弦 xián（统读）

陷 xiàn（统读）

霰 xiàn（统读）

向 xiàng（统读）

相 xiàng

　～机行事

淆 xiáo（统读）

哮 xiào（统读）

些 xiē（统读）

颉 xié

　～颃

携 xié（统读）

偕 xié（统读）

挟 xié（统读）

械 xiè（统读）

馨 xīn（统读）

囟 xìn（统读）

行 xíng

　操～　德～　发～　品～

省 xǐng

　内～　反～　～亲　不～人事

芎 xiōng（统读）

朽 xiǔ（统读）

宿 xiù

　星～　二十八～

煦 xù（统读）

蓿 xu

　苜～

癣 xuǎn（统读）

削（一）xuē（文）

　剥～　～减　瘦～

（二）xiāo（语）

　切～　～铅笔　～球

穴 xué（统读）

学 xué（统读）

雪 xuě（统读）

血（一）xuè（文）用于复音词及成语，

　如“贫～”、“心～”、“呕心沥～”、

　“～泪史”、“狗～喷头”等。

（二）xiě（语）口语多单用，如

　“流了点儿～”及几个口语常用词，

　如“鸡～”、“～晕”、“～块子”等。

谑 xuè（统读）

寻 xún（统读）

驯 xùn（统读）

逊 xùn（统读）

熏 xùn

　煤气～着了

徇 xùn（统读）

殉 xùn（统读）

蕈 xùn（统读）

Y

押 yā（统读）

崖 yá（统读）

哑 yǎ

　～然失笑

亚 yà（统读）

殷 yān

　～红

芫 yán

　～荽

筵 yán（统读）

沿 yán（统读）

焰 yàn（统读）

夭 yāo（统读）

肴 yáo（统读）

杳 yǎo（统读）

舀 yǎo（统读）

钥（一）yào（语）

　～匙

　（二）yuè（文）

　锁～

曜 yào（统读）

耀 yào（统读）

椰 yē（统读）

噎 yē（统读）

叶 yè

　～公好龙

曳 yè

　弃甲～兵　摇～　～光弹

屹 yì（统读）

轶 yì（统读）

谊 yì（统读）

懿 yì（统读）

诣 yì（统读）

艾 yì

　自怨自～

荫 yìn（统读）

　（"树～"、"林～道"应作"树阴"、"林阴道"）

应（一）yīng

　～届　～名儿　～许　提出的条件他都～了　是我～下来的任务

　（二）yìng

　～承　～付　～声　～时　～验　～邀　～用　～运　～征　里～外合

萦 yíng（统读）

映 yìng（统读）

佣 yōng

　～工

庸 yōng（统读）

臃 yōng（统读）

雍 yōng（统读）

拥 yōng（统读）

踊 yǒng（统读）

咏 yǒng（统读）

泳 yǒng（统读）

莠 yǒu（统读）

愚 yú（统读）

娱 yú（统读）

愉 yú（统读）

伛 yǔ（统读）

屿 yǔ（统读）

吁 yù

　呼～

跃 yuè（统读）

晕（一）yūn

　～倒　头～

　（二）yùn

　月～　血～　～车

酝 yùn（统读）

Z

匝 zā（统读）

杂 zá（统读）

载（一）zǎi

　登～　记～

　（二）zài

　搭～　怨声～道　重～　装～

　～歌～舞

簪 zān（统读）

咱 zán（统读）

暂 zàn（统读）

凿 záo（统读）

择（一）zé

　选～

　（二）zhái

　～不开　～菜　～席

贼 zéi（统读）

憎 zēng（统读）

甑 zèng（统读）

喳 zhā

　唧唧～～

轧（除"～钢"、"～辊"念 zhá 外，其他
　都念 yà）（gá 为方言，不审）

摘 zhāi（统读）

粘 zhān

　～贴

涨 zhǎng

　～落　高～

着（一）zháo

　～慌　～急　～家　～凉　～忙

～迷　～水　～雨

（二）zhuó

～落　～手　～眼　～意　～重

不～边际

（三）zhāo

失～

沼 zhǎo（统读）

召 zhào（统读）

遮 zhē（统读）

蛰 zhé（统读）

辙 zhé（统读）

贞 zhēn（统读）

侦 zhēn（统读）

帧 zhēn（统读）

胗 zhēn（统读）

枕 zhěn（统读）

诊 zhěn（统读）

振 zhèn（统读）

知 zhī（统读）

织 zhī（统读）

脂 zhī（统读）

植 zhí（统读）

殖（一）zhí

　繁～　生～　～民

（二）shi

　骨～

指 zhǐ（统读）

掷 zhì（统读）

质 zhì（统读）

蛭 zhì（统读）

秩 zhì（统读）

栉 zhì（统读）

炙 zhì（统读）

中 zhōng

　人～（人口上唇当中处）

种 zhǒng

　　点～（义同"点播"。动宾结构念 diǎnzhǒng，义为点播种子）

诌 zhōu（统读）

骤 zhòu（统读）

轴 zhòu

　　大～子戏　压～子

碡 zhou

　　碌～

烛 zhú（统读）

逐 zhú（统读）

属 zhǔ

　　～望

筑 zhù（统读）

著 zhù

　　土～

转 zhuǎn

　　运～

撞 zhuàng（统读）

幢（一）zhuàng

　　一～楼房

　　（二）chuáng

　　经～（佛教所设刻有经咒的石柱）

拙 zhuō（统读）

苗 zhuó（统读）

灼 zhuó（统读）

卓 zhuó（统读）

综 zōng

　　～合

纵 zòng（统读）

粽 zòng（统读）

镞 zú（统读）

组 zǔ（统读）

钻（一）zuān

　　～探　～孔

　　（二）zuàn

　　～床　～杆　～具

佐 zuǒ（统读）

唑 zuò（统读）

柞（一）zuò

　　～蚕　～绸

　　（二）zhà

　　～水（在陕西）

做 zuò（统读）

作（除"～坊"读 zuō 外，其余都读 zuò）

第 2 版后记

2000 年我写作出版了《现代汉字学通论》（长城出版社），2008 年由北京师范大学出版社出版了《现代汉字学》，时至 2016 年，《现代汉字学》要出第二版了。16 年来，北京教育考试院聘请我担任自学高考《汉字学概论》的考试委员，用这两本书为教材，并于 2010 年 12 月评我为北京市高等教育自学考试三十周年优秀命题教师。

从读研究生到毕业留校任教，以至退休后来到北京师范大学珠海分校文学院任教，一晃 30 多年过去了。学术在与时俱进，在有所扬弃的同时还要有所坚守。本教材坚持辩证唯物主义观点，坚持国家语言文字政策，对现代汉字学的学科内容进行了全面深刻的阐述，对有些错误观点进行了直截了当的批评。

在分析汉字的性质和特点时，不是孤立地就汉字论汉字，而是把汉字置于文字类型学中去考察，看有哪些性质是各种类型的文字共有的，哪些性质是汉字独有的。在分析汉字的个性时，着眼于文字记录语言的特点：分别称汉字为表意文字、为语素文字、为意符音符记号文字。在论述汉字的特点时，作者强调，所谓特点，既是优点，又是缺点，它们是共生的。

在论述到"决定文字类型的内因和外因"时，通过分析"语言形态变化对文字类型的要求"和"社会发展的需要对文字类型的要求"，得出"语言对文字的需求是文字发展演变的内因，社会发展对文字的需求是文字发展的外因"这一重要结论，进而说明汉字记录汉语的适应性。

在论述到汉字的语言功能和独特的文化功能时，强调汉字不仅在历史上负载着丰富的文化典籍，而且蕴含着并造就了丰富的文化。而汉字文化不仅仅是古文字的属性，也是今文字的属性，不仅仅是繁体字的属性，也是简体字的属性。

根据美国哲学家皮尔斯的符号学理论解释汉字的历史演变，说明文字和语言的关系。我认为，汉字由像似符和指示符发展为规约符和指示符，是文化发展的结果，是历史的进步。

在维护语言文字学说的科学性，国家语言文字政策的严肃性的基础上，我对鼓吹汉字优越或汉字落后的种种论调提出了严厉的批评，对《通用规范汉字表》的内容与成就进行了深入的解读，对通用规范汉字的形音义进行了定量定性的分析。

在论述汉字的前途时，我既反对"汉字落后论"，又反对"汉字优越论"，我认为，文字是历史的产物，它不仅决定于语言的特点，而且决定于文化传播及社会需求。文字不仅存在技术性问题，而且存在流通性的问题。一切强加于汉字的罪名都是错误的。我认为，汉字和《汉语拼音方案》不是对立的，而是互补的。汉字永远不会被废弃，《汉语拼音方案》会越来越成熟，用途越来越宽广，首先用于汉字不便于使用的地方。我们要善待汉语汉字，要知道语言文字的多样性正如世界的多样性一样可贵。中国要在世界一体化的大背景下有所作为，让汉语、汉字走出国门、走向世界，和英语、和拉丁字母共同造福于人类。

对于书的再版，北京师范大学出版社的马佩林老师和周劲含老师做了很多工作，在此谨表谢意。曹先擢先生以 84 岁的高龄，为书的再版写了内容非常深刻的序言，令我感动，将永生铭记。

2016 年 8 月 6 日

第 1 版后记

　　1968 年我毕业于北京大学中文系语言专业，1982 年毕业于北京师范大学中文系，获硕士学位，导师是陆宗达先生，方向是《说文解字》研究。从 1982 年留校到 1991 年，我在古代汉语教研室任教，从 1991 年开始调到现代汉语教研室，直到 2006 年 10 月退休。

　　从 1991 年 5 月到 1998 年 2 月，我在北师大中文系当了近 7 年的副主任，同时兼任北京市高等教育自学考试委员会中文专业委员。我参与制订了 1996 年到 2000 年的课程计划，在我的提议下，本科增添了一门课程——现代汉字学。自考办聘请我担任这门课的考试委员，我推荐的教材是由高教出版社 1993 年出版的《现代汉字学》，作者是高家莺、范可育、费锦昌三位先生。

　　2001 年北京教育考试院按照全国高等教育自学考试指导委员会的要求，开设《汉字学概论》，由我担任考试委员。这门学科之所以突出现代汉字的内容：一是为了避免重复，因为古代汉语和训诂学都要讲六书、讲以形说义和字体的流变；二是为了讲规范，为了在应用中宣传贯彻国家的语言文字政策。8 年来，几千名考生参加了这门课程的考试，每年的及格率都在 50% 左右。

　　从 1996 年算起，我担任这门课程的考试委员已经 20 年了，国家的语言文字生活有了很大的变化，汉语汉字的地位有了显著的提高。关于汉字，我有许多新的话要讲。我们不同意以贬低汉字、甚至以汉字为"从犯"的方式倡导拼音文字，也不同意以鼓吹汉字优越的方式诋毁《汉语拼音方案》。我们认为，汉字有许多优点，永远不会被废弃；《汉语拼音方案》也有许多优点，其价值会随着时间的推移而得到越来越多的人的认可。我们不同意某些人为了抹煞汉字理据，贬汉字为记号文字的做法。我们认为，汉字不仅具有一般文字所具有的语言交际功能，而且具有独特的文化功能，如形声字的形旁就反映了古人对世界的认识和分类，具有巨大的认识价值和文化价值。我们欣喜地看到，汉语在国际交往中的地位正在不断提升，世界各地建立了上百所孔子学院，汉语汉字已经走出国门。中华民族的和平崛起，为东西方文化的交融提供了新的历史契机。

为了这本书的出版，北师大出版社的赵月华女士做了很多工作，在此谨表谢意。曹先擢先生在 1963 年我上大学一年级的时候就教我古代汉语，至今已经 53 年了。在老师面前我从不拘束，书稿完成后，便向老师索序，老师慨然应允，在此也一并致谢。